d

Ingrid Noll

Goldschatz

ROMAN

Diogenes

Copyright © 2019
Diogenes Verlag AG Zürich
www.diogenes.ch
500/19/44/1
ISBN 978 3 257 07054 5

Inhalt

Das Bauernhaus

Arrogante Menschen würden meine Eltern für neureiche Spießer halten. Aber ich lasse nichts auf sie kommen, denn sie haben das Herz auf dem rechten Fleck. Überhaupt halte ich den Ausdruck *Spießer* für fragwürdig, denn es kommt schließlich auf den Standpunkt an. Ich kenne eine Familie, die ihrer Schrankwand aus Eiche mit eingebauter Bar immer treu geblieben ist und auch bei der gesamten Einrichtung nicht auf ein plüschiges Ambiente und Schleiflackbetten mit goldenen Leisten verzichten wollte. Gerade diese stockkonservativen Leute haben einen traumatisierten Flüchtlingsjungen liebevoll bei sich aufgenommen. Mit abwertenden Äußerungen über Stil und Geschmack kann man sich natürlich schnell auf Kosten anderer interessant machen, aber das ist nicht mein Niveau.

Echte Spießer sind nach meiner Meinung nur solche Menschen, in deren Köpfen weder Toleranz noch Empathie einen Platz gefunden hat. Sie müssen nicht unbedingt alt und verkrustet sein, sondern können auch modern und schick gekleidet daherkommen. Manchmal finde ich sogar, dass in meiner Generation das Bedürfnis nach Sicherheit derart überhandnimmt, dass von fortschrittlichen Ideen oder gar gesunder Aufsässigkeit nur in Ausnahmefällen die Rede sein kann. An unserer Uni sehen viele Studierende aus wie Banker, rundherum adrett, topgepflegt, langweilig, brav. Blütenweiße Hemden und Blusen, dunkelblaue Kaschmirpullover. Keine Spur von Opposition, keine leidenschaftlichen Diskussionen, alle streben mit großem Fleiß nach guten Abschlüssen und der Aussicht auf einen lukrativen Job mit einer gesicherten Rente. Meinem Freund Henry gingen die meisten unserer Altersgenossen derart auf die Nerven, dass er mit Gleichgesinnten einen Klub gründete und ihn *Gegenstrom* nannte. Erst viel später erkannte ich allerdings, dass Henry der Einzige von uns war, der wirklich konsequent seine hochgesteckten Ziele verfolgte. Alle anderen waren etwas halbherzig, Henry konnte sie wohl hauptsächlich durch seine charismatische Ausstrahlung überzeugen.

Wir bewunderten die Generation unserer Großväter, die frischen Wind in die Hörsäle brachten, Kommunen gründeten, Konflikten mit der Vätergeneration nicht aus dem Wege gingen und gegen die einseitig antikommunistische Orientierung der Politik protestierten. In unserem Freundeskreis wollte man bewusst gegen den Mainstream schwimmen und auf übertriebenen Konsum sowie trendige Kleidung verzichten. Bei Smartphone, Computer und Auto wollten wir uns – auch aus finanziellen Gründen – mit Secondhandware begnügen, was zugegebenermaßen meistens nicht klappte. Schon bald spottete man über uns, *Späthippies* und *Spinner* waren noch die nettesten Bezeichnungen, *Penner* und *Altpapiersammler* die unfreundlichsten. Man hätte uns wohl eher akzeptiert, wenn wir uns für eine politische Partei engagiert und zum Beispiel für die Grünen geworben hätten.

Saskia, meine beste Freundin, war zwar nicht ganz so konsumresistent wie wir, aber sie wollte unbedingt auch zum *Gegenstrom* gehören. Und so kam es, dass wir zu dritt eine verwegene Idee in die Tat umsetzten.

Meine früh verwitwete, kinderlose Tante Emma war steinalt geworden und hätte wohl nie gedacht, dass inzwischen eine Generation heranwächst, die ihren altmodischen Vornamen wieder schick findet. Meine Eltern erbten zwar ihr marodes Haus, aber vor dem geplanten Abriss überließen sie es erst einmal mir. Es handelte sich um ein bäuerliches Anwesen am Rande der Stadt, wo man bereits fast alle Fachwerkhäuser durch moderne Einheitskästen ersetzt hatte. Denkmalschutz bestand bei diesen rustikalen Gebäuden sowieso nicht, die dazugehörigen Äcker lagen einige Kilometer entfernt und waren schon vor vielen Jahren als Bauland verkauft worden.

Beinahe bis zu ihrem Tod hatte meine Großtante ganz allein hier gewohnt, und es war für Henry und mich eine wahre Lust, in ihren Hinterlassenschaften zu stöbern, um ihren uralten Plunder vielleicht verhökern zu können. Wir entrümpelten also fleißig und beschlossen schließlich, das liebgewordene Haus samt Scheune vor dem Abriss zu bewahren. Mir schwebte eine WG vor, am liebsten mit gleichaltrigen Freunden. Vor lauter Enthusiasmus und weil gerade Sommer war, übersah ich allerdings, dass es keine Zentralheizung und nur zwei Kohleöfen gab. Wir hatten kühne Pläne, wollten zum Beispiel im verwahrlosten Gemüsegarten Tomaten und Erdbeeren anbauen und ein paar Hühner anschaffen. Meine Eltern zogen zwar die Augenbrauen hoch und seufzten, aber sie hatten es mit Abriss und Verkauf nicht eilig, ich war ihr einziges Kind und würde sie sowieso einmal beerben. »Macht, was ihr wollt«, sagten sie, »aber erwarte bitte nicht, dass wir Geld in diese Ruine stecken …«

Henry war von meiner Idee restlos überzeugt,

zudem hatte er handwerkliche Kenntnisse, so dass wir zu dritt – Saskia war von Anfang an mit von der Partie – schon mal probeweise in zwei Zimmern übernachteten. Meine Freundin hatte sich erst vor kurzem von ihrem Partner getrennt und war glücklich, dass sie in Emmas Bett aus Kiefernholz mit hoher Rückenlehne schlafen durfte, denn Henry und ich entschieden uns doch lieber für den Kauf einer Doppelmatratze.

Von der Straße und den Nachbarhäusern wurde das Grundstück durch eine Mauer abgeschottet. Wenn man das knarrende Holztor aufgestemmt hatte, musste man sich zwischen dem wuchernden Unkraut des Vorgartens einen Weg bahnen. Fünf Stufen einer ausgetretenen Steintreppe führten durch einen Windfang in den größten Raum – die Küche. Im hinteren Bereich grenzte der verwilderte Garten an ein ähnlich ungepflegtes Terrain, die Trennungslinie bildete eine viel zu hohe, zum Teil schon schief wachsende Ligusterhecke. Es war eine von Henrys ersten Aktivitäten, dieses Gestrüpp radikal herunterzuschneiden. Dabei stieß er auf verschiedene leere Nester und entdeckte in einem verwitterten Vogelhäuschen das Skelett eines mausartigen Tieres. Nach gründlicher Recherche tippten wir auf einen Siebenschläfer. Wir sollten aber noch auf ganz andere Funde stoßen.

Es war ein heiterer, unbeschwerter Sommer, wir hatten Semesterferien und viel Zeit. Auch Henrys jüngerer Bruder besuchte uns oft. Fridolin musste die elfte Klasse wiederholen und sollte eigentlich in den Urlaubswochen pausenlos lernen. Er saß aber lieber auf dem Küchenfensterbrett, ließ die Beine nach außen baumeln und spielte entweder mit dem Smartphone oder auf seiner Blockflöte, worin er es allerdings zur Meisterschaft gebracht hatte. Im Übrigen war er etwas verpeilt, wie sich Saskia ausdrückte, wahrscheinlich litt er infolge seiner geringen Körpergröße unter Komplexen. Jedenfalls schaute er uns gern beim Putzen und Aufräumen zu, half zwar nur selten, unterhielt uns aber dafür mit virtuoser Musik. Wenn er nicht gerade Flöte spielte, hatte er einen Kaugummi im Mund und roch deswegen immer nach Wrigley's Spearmint. Manchmal brachte er auch sein Meerschweinchen mit, das er mir übergab, wenn er die Flöte ansetzte. Ich hielt das Tierchen auf dem Schoß, kraulte das weiche Rosettenfell und wurde durch zufriedene Quietschtöne belohnt. Henry hatte mir erzählt, dass man seinem Bruder bereits in der Grundschule den Spitznamen *Pumuckl* verpasst hatte, weil er klein und rothaarig war. Auf keinen Fall und auch nicht zum Spaß durfte man ihn damit aufziehen, es handele sich nämlich um ein spätkindliches Trauma. Aber gerade weil Henry es mir und Saskia so streng verboten hatte, mussten wir bei Fridolins Anblick stets daran denken, dass er ein Kobold oder Troll war, eventuell ein glückbringendes Maskottchen, vielleicht aber auch ein kleiner Teufel. Ich mochte ihn gut leiden.

»Schade, dass du nur ein Meerschwein und keine Ratte hast, dann würde ich dich nämlich Rattenfänger nennen«, meinte Saskia. »Mit deiner Flöte könntest du mal versuchen, die Mäuse aus der Scheune zu locken.«

Die Idee gefiel dem Pumuckl-Rattenfänger. »Darf ich dann auch bei euch wohnen?«, fragte er. Ich schaute zu Henry hinüber, Fridolin war nicht volljährig, letzten Endes mussten seine Eltern einer solchen Entscheidung zustimmen. Henry schüttelte den Kopf und wandte sich seinem Bruder zu: »Spinnst du, Frido? Wenn du das Abi in der Tasche hast, können wir vielleicht darüber reden! Ich habe jedenfalls keine Lust, dich jeden Morgen aus dem Bett zu schmeißen und in Handschellen zur Schule zu schleifen. Außerdem bin ich nicht der Hausbesitzer, sondern Trixi.«

Fridolin tat so, als würde er sich ein Tränchen abwischen. Tröstend versprach ich: »Wenn mal alles fertig ist, kannst du uns an den Wochenenden gern besuchen. Wir könnten auf dem Speicher ein kleines Gästezimmer einrichten.«

Auf dem Dachboden war ich allerdings erst ein einziges Mal gewesen, weil ich mich vor Taubendreck ekelte. Auch Henry meinte, zuerst müsse man unsere beiden Schlafzimmer und die Küche bewohnbar machen, bevor man ins Detail ginge. Aber auch das erwies sich als Sisyphusarbeit, denn mit dem Entrümpeln war es ja nicht getan. Wir brauchten dringend Geld für die Renovierung. Zuerst entfernten wir den Linoleumboden in der Küche und beschlossen, den alten Dielen wieder zu neuem Glanz zu verhelfen. Ein Schleifgerät musste ausgeliehen werden, reichlich Öl für den Holzboden gekauft werden. Neue Tapeten sollten her, doch wir überlegten noch, ob Rauhputz vielleicht authentischer wirkte.

»Der nächste Flohmarkt ist erst im September«, jammerte ich. »Wir müssen versuchen, einen Teil der Sachen schon jetzt zu verhökern!«

Kurz entschlossen startete ich ein Angebot bei eBay und setzte außerdem eine Anzeige in die Tageszeitung: *Privater Flohmarkt mit Haushaltsauflösung eines alten Bauernhauses. Samstag 10 bis 18 Uhr.*

»Ach Zicklein, du hättest mich wenigstens vorher fragen sollen«, sagte Henry mit mildem Vorwurf. Seit wir ein Paar waren, nannte er mich *Zicklein* und sich selbst einen guten Hirten. Saskia hatte mit Henrys sehr speziellem Humor ihre Probleme, denn sie nahm seine ironischen Bemerkungen allzu ernst, fiel auf seine Späße mit machohaften Sprüchen herein und fand, dass der »gute Hirte« sich allzu viel einbilde. Zicke passe eher zu mir als Zicklein, fand sie. Doch ich lasse meinem Freund seine schottischen Spleens lächelnd durchgehen. Vielleicht war Saskia auch ein bisschen neidisch auf mein Liebesglück.

Ausnahmsweise war sie aber von unserem Floh-markt-Projekt restlos begeistert. »Das wird ein-schlagen wie eine Bombe«, sagte sie. »Hoffen wir, dass das Wetter so bleibt! Wenn es zu heiß wird, gehen die Leute lieber ins Schwimmbad, wenn es regnet, sitzen sie vor der Glotze.«

Im Vorfeld mussten wir uns allerdings über die Preise abstimmen, wobei auf einem Flohmarkt na-türlich nach Herzenslust gehandelt werden durfte. Henry war nicht ganz glücklich mit diesem Projekt, er hätte Schränke, Tische und Stühle lieber nach und nach auf Hochglanz gebracht, um sie dann als teure Antiquität anzubieten. Ganz abgesehen davon mussten wir uns auch einigen, welche Möbelstücke wir behalten wollten.

Außer ein paar interessierten Sammlern kamen nur die Anwohner unserer Straße, die wir allerdings noch gar nicht kannten. Im Grunde wollten sie nicht unbedingt etwas kaufen, sondern aus purer Neugierde mal hinter die Kulissen schauen. Wie hatte Tante Emma gelebt, was hatte sie hinterlassen, konnte man vielleicht ein Schnäppchen machen?

»Die alte Dame war so süß«, sagte ein Schulmädchen. »Ich hätte gern ein Erinnerungsstück aus dem Tante-Emma-Laden!«, und sie kicherte über ihr altkluges Wortspiel.

Wenn Tante Emma etwas nicht war, dann süß oder gar eine Dame. Und wahrscheinlich wollte das Mädchen auch keinen Cent ausgeben, sondern ein Geschenk einkassieren. Leicht verärgert überließ ich ihr einen angesengten Topflappen aus orangefarbener Acrylwolle.

»Persönlicher kann ein Andenken kaum sein«, behauptete ich. »Noch im hohen Alter hat meine süße Großtante gern gehäkelt. Dieses Museumsstück kannst du dir jetzt übers Bett hängen.«

Verkauft haben wir an jenem Tag nicht allzu viel, aber es reichte immerhin für ein paar Werkzeuge. Henry war froh, dass er fast alle Möbelstücke noch behalten und restaurieren konnte.

»Die Pfosten sind, die Bretter aufgeschlagen / Und jedermann erwartet sich ein Fest«, zitierte ich Goethe. Seit ich mit siebzehn bei einer Aufführung

unseres Schultheaters als Souffleuse gedient hatte, kannte ich den halben *Faust* auswendig und nervte zuweilen meine Freunde mit Zitaten. Henry kannte mich aber gut genug, um sofort zu wissen, was ich diesmal im Sinn hatte.

Zur Belohnung für die Plackerei wollte ich ein kleines Einweihungsfest machen; das freundliche Sommerwetter war ideal für einen Grillabend im Vorgarten, den Henry durch unbarmherzige Rodung in eine Art Innenhof verwandelt hatte. Bei dieser Gelegenheit sollten sich unsere Freunde einmal anschauen, was wir bisher geleistet hatten, und überlegen, ob sie bei einer neu gegründeten wG eventuell mitmachen wollten. Henrys bester und ältester Freund Oliver stand ganz oben auf unserer Liste. Auch Martina, Kirsten und Holger kamen in Frage, Marko und Nils, Esther und Anke sollten ebenfalls eingeladen werden. Saskia wollte ihre jüngere Schwester mit Henrys Bruder verkuppeln.

»Fridooo und Dodoooo, das passt doch zusammen wie Deckel auf Topf«, fand sie. Ihre Schwester hieß zwar eigentlich Leonie, erhielt aber von Saskia schon als Baby den Spitznamen »Dodo« nach dem ausgestorbenen Riesenvogel.

Bei den Vorbereitungen halfen Fridolin und die kleine Dodo bereits mit, sie schälte Zwiebeln und Kartoffeln, die er dann etwas einschnitt, salzte, mit einem Stückchen Butter belegte und in Alufolie einwickelte.

»Kannst du auch Gitarre?«, fragte sie, aber Frido schüttelte bedauernd den Kopf.

Henry lieh einen großen, fast neuen Grill und sorgte für Holzkohle und Biergartenbänke. Ich kaufte Brot und Gemüse und legte die von meiner Mutter gestifteten Steaks nach einem amerikanischen Rezept in einer Mischung aus Öl, Sojasauce und Sesamsamen ein. Selbst mein Vater ließ es sich nicht nehmen, mit einer Wagenladung voller Getränke und einem Korkenzieher vorzufahren. Anscheinend fühlten sich meine Eltern immer noch für mein Glück verantwortlich.

»Wenn die Sonne untergeht, werden wir frieren«, meinte Dodo, sie hatte Decken, Pullover und Wollstrümpfe mitgebracht. Frido beobachtete die Fünfzehnjährige mit sichtlichem Wohlgefallen, immerhin war Dodo bloß einen halben Kopf größer als er. Schließlich trudelten unsere Gäste ein und hatten ebenfalls Naturalien mitgebracht. »Badisches Gras, von der Sonne verwöhnt«, sagten sie grinsend. Man besichtigte das Haus, man zeigte Interesse, ja man zankte sich geradezu, wer hier einziehen durfte, denn der Platz reichte höchstens für acht Personen, wobei sich Paare ja ein Zimmer teilen konnten. Die große Küche sollte als Wohn- und Esszimmer dienen.

Es wurde ein lustiger Abend. Bis in die späte Nacht wurde gegessen, getrunken, gescherzt, gelacht. Schließlich sangen wir aus voller Brust, begleitet von Fridos Flötentönen. Dodo hatte eine schöne Altstimme, am liebsten schlug sie halb vergessene Volkslieder vor, so dass ich mir wie am Lagerfeuer einer Pfadfindergruppe vorkam. Henry stimmte schließlich *Greensleeves* und Klassiker früherer Kultbands wie den Beatles, Queen oder Simon & Garfunkel an, Oliver konterte mit Songs aus den 30er-Jahren. Auch Saskia überraschte mich mit ihrem mädchenhaften, anrührenden Sopran. Um den Geschmack unserer Altersgenossen auch in diesem Punkt zu boykottieren, kamen die aktuellen Lieblingshits sowieso nicht in Frage. Unser Gesang wurde allmählich immer lauter und hemmungsloser.

Da die Toilette im Haus dauernd besetzt war, schlich sich einer der Gäste, ich glaube, es war Holger, ins Gebüsch. Sichtlich betreten kam er wieder zurück. »Wir sollten vielleicht etwas leiser sein«, schlug er vor. »Wir werden belauscht!«

Hinter der gestutzten Hecke hatte er eine glühende Zigarette entdeckt, die dazugehörige Person war im Dunkeln nicht zu erkennen. Schlagartig wurden wir etwas nüchtern, denn wir hatten gerade ausgiebig über die neuen Nachbarn gehetzt.

»Wahrscheinlich kleinkarierte Geizkrägen«, hatte ich behauptet. »Auf unserem Flohmarkt sind sie wie die Aasgeier hier aufgetaucht – gierig und hässlich. Aber wir werden gute Miene zum bösen Spiel machen und immer schön artig grüßen.«

Auch Henry hatte vom Leder gezogen. »Ich bin mir sicher, dass hier keiner die Grünen oder gar die Linken wählt, entweder sie sind an Politik völlig uninteressiert oder stockkonservativ, oder sie engagieren sich für Rechtspopulisten. Doch am Sonntag gehen sie alle brav in die Kirche, spenden sogar für den Tierschutz, aber nie im Leben für Flüchtlinge.«

»Scheinheilig, hartherzig, selbstgerecht und arm im Geiste«, pflichtete Martina bei, die aus einer Pfarrersfamilie stammte, sich aber von ihren Eltern radikal losgesagt hatte.

Es war kurz nach drei, als wir trotz der immer noch glühenden Holzkohle und den Decken froren, und die Stimmung kippte. »Aufräumen können wir auch morgen«, schlug ich vor, die Gäste brachen auf. Saskia sorgte noch dafür, dass ihre Schwester und Frido nach Hause gebracht wurden, dann stieg sie in ihr Bauernbett. Henry und ich warfen uns todmüde auf unsere funkelnagelneue Matratze, doch als es schon bald darauf hell wurde, weckten mich zwei aufdringliche Tauben. Rucke di guh – Blut ist im Schuh, dachte ich. Vorsichtig krabbelte ich über Henry hinweg und schaute schlaftrunken zum Fenster hinaus. Mir fiel sofort auf, dass der Grill nicht mehr an seinem Platz stand.

Danach konnte ich nicht gleich wieder einschlafen. So manche Probleme gingen mir durch den Kopf. Bestimmt würden wir noch viele schöne Feste hier feiern, aber meine Eltern sollten auf keinen Fall jedes Mal die Kosten übernehmen. Der städtische Flohmarkt würde sicher besser laufen und für einen stattlichen Gewinn sorgen. In einer wurmbefallenen Truhe befanden sich noch zahlreiche, fast neue Textilien, denn für die Aussteuer war vor hundert Jahren je ein Dutzend aller Wäschestücke vorgeschrieben, selbst der Vorrat an Nachthemden reichte wohl bis zum Lebensende. Die gesamte Leib-, Tisch- und Bettwäsche war mit Monogramm und Weißstickerei versehen. Man sah sofort, dass nur ein Teil der Laken, Tischdecken, Kopfkissen und Bezüge ständig gebraucht worden war, der Rest war unbenutzt, zeigte allerdings bräunliche Verfärbungsstreifen an den Faltstellen. Saskia und ich könnten mit Fleiß, Waschmaschine, Stärke und Dampfbügeleisen trotzdem schöne Ergebnisse erzielen. Sowohl die Leintücher als auch die bäuerliche Keramik würden wir hoffentlich noch auf Flohmärkten loswerden, denn nicht alle Menschen kaufen ausschließlich im schwedischen Möbelhaus.

Natürlich gab es auch so manchen Gegenstand, den man nicht einordnen konnte oder der völlig unbrauchbar geworden war. Leider waren wir bisher auf keine wahren Schätze gestoßen – der Ehering eines Vorfahren, ein Granatkettchen und eine goldene Taschenuhr waren die wertvollste Ausbeute, das Essbesteck war leider nur aus abgewetztem Neusilber.

»Alles, was noch halbwegs funktioniert, ist ein kleines Vermögen wert«, hatte Saskia mit leuchtenden Augen behauptet. Die verschlissenen Nachthemden wollten wir aber behalten, denn uns rührten die kunstfertigen Flicken und liebevoll gestopften Löcher. Der etwas steife Flachs war nach jahrzehntelangen Waschvorgängen weich und sanft geworden, eine Wohltat für die Haut. Der Shabby Look war zwar in Schüler- und Studentenkreisen wieder Mode geworden, aber nur auf kommerzieller Basis. Als Ausdruck des Protests gegen maßloses Konsumverhalten wollten wir ihn aber im Sinne der 68er wieder einführen und abgetragene Kleidung nicht einfach wegwerfen.

Auf dem Rückweg von der Toilette schaute ich in Saskias provisorische Schlafkammer hinein, denn die Tür war nur angelehnt. Tatsächlich steckte sie in einem dieser Nachthemden und schnarchte, wenn auch recht dezent. Rechts und links neben ihrem Bett hingen zwei kleine Bilder, die ihr so gut gefielen, dass sie auf keinen Fall verkauft werden sollten. Wir kabbelten uns sogar ein wenig, denn die Eigentümerin war schließlich ich, die fest daran glaubte, dass man einen schönen alten Rahmen mit Kusshand loswerden konnte, wenn man ihn polierte und das kitschige Bild entfernte. Auf den beiden kolorierten Stichen sah man je ein betendes Kind. Des Knaben Morgengebet lautete: *Gib guter Gott, auf allen Wegen, den theuren Eltern Heil und Segen.* Beim Pendant auf der anderen Seite betete ein Mädchen zur Nacht: *Laß Vater Dir die Eltern mein in dieser Nacht empfohlen sein.* Die Kleine war etwa bis zur Taille abgebildet, faltete brav die Händchen, trug ein rosa Kleid mit grüner Schärpe und passend dazu ein Röschen im Haar. Ihr Blick war hingebungsvoll gen Himmel gerichtet. Der Knabe steckte in einem braunen Kittel, der mit einem gleichfarbigen Gurt zusammengerafft wurde. Ein Spitzenkragen und die goldene Gürtelschnalle zeigten, dass der wohlerzogene Junge nicht aus armem Hause stammte.

Inzwischen hatte ich mich schlaugemacht: Diese Art populärer Graphik wurde wahrscheinlich in großer Zahl für den bürger- oder bäuerlichen Haushalt hergestellt. Im Gegensatz zu den edlen Rahmen aus dunklem Holz mit vergoldeten

Leisten gab es für religiöse oder lüsterne Schlaf-zimmerschinken kaum noch einen Markt. Nach jener feuchtfröhlichen Nacht schlief Saskia selig zwischen den kitschigen Kinderbildern, und jeder würde bei diesem engelsgleichen Anblick glauben, dass sie keiner Fliege etwas zuleide tun könne. Und ich schon gar nicht.

2

Das Meerschweinchen

An jenem Sonntagmorgen lag ich schon bald wieder neben Henry auf der Matratze, es war schließlich noch viel zu früh zum Aufstehen. Erst um die Mittagszeit wurden wir allmählich wach. Die Sonne strahlte uns direkt in die Augen, denn wir hatten vergessen, die Klappläden zu schließen. Bevor es ans Aufräumen ging, wollten wir erst einmal die Essensreste verzehren; ein uralter Kühlschrank stand zwar noch in der Küche, funktionierte aber nicht mehr. Saskia hatte für Pulverkaffee, Zucker und zwei Milchtüten gesorgt, hungrig war im Grunde keiner, faul waren wir alle drei.

»Hasch macht lasch«, sagte Saskia.

»Wo ist eigentlich der Grill?«, fragte Henry und bekam keine Antwort. Wir suchten überall, auch in der Scheune, aber die fast neue Leihgabe war verschwunden.

»Wahrscheinlich hat ihn der Pumuckl versteckt«, sagte Saskia. »Na warte nur, du Rattenfänger! Dir werden wir die Flötentöne schon noch beibringen!

Und überhaupt – eine Blechtrommel würde besser zu dir passen.«

»Eigentlich ist es nicht Fridos Art, mir einen Streich zu spielen«, meinte Henry. »Ich glaube eher, es war Dodo. Deine infantile Schwester hat ihr musikalisches Repertoire wahrscheinlich bei der evangelischen Jungschar gelernt. Wenn ich bloß daran denke, dass wir ihretwegen stundenlang im Kanon singen mussten!«

Jetzt schaltete ich mich ein. »*Abendstille überall* und *Bruder Jakob, schläfst du noch* – das sind doch schöne Lieder. Nächstes Mal singen wir: *Bruder Henry,* damit dein Ego befriedigt wird. Übrigens schaut mal, wer da kommt!«

Das unverschlossene Tor wurde gerade mühsam aufgestemmt, und Fridolin schob sein Fahrrad in den Innenhof.

»Wenn's ans Aufräumen geht, kommst du ausnahmsweise mal zur rechten Zeit«, sagte ich. »Weißt du vielleicht, wo der Grill geblieben ist?«

Fridolin schüttelte den Kopf. Zielstrebig stieg er auf eine Bank und schwang sich auf seinen Stammplatz – das Küchenfensterbrett. Dann kramte er seine Flöte und schließlich sogar einen Schuhkarton mit dem Meerschweinchen aus dem Rucksack.

»Eigentlich haben wir damit gerechnet, dass du den Abfall zusammenkehrst«, meinte Saskia.

Ihre Worte zeigten Wirkung, Frido verließ seinen Hochsitz und zeigte sich willig. »Aber du musst so lange die Curly halten«, sagte er und übergab ihr das kleine Wuscheltier. Belustigt kletterte Saskia jetzt auf die Fensterbank und meinte: »Okay, wir tauschen mal die Rollen, nur kann ich leider nicht flöten. Die Aussicht hier oben ist übrigens fantastisch!«

Während der Junge kehrte und Abfall einsammelte, erteilte sie Befehle und kraulte dabei das Meerschweinchen.

»Die Pappbecher in den blauen Sack!«, kommandierte sie, schrie gleich darauf auf und schleuderte das Schoßtier in hohem Bogen weit von sich in die Tiefe. Offensichtlich hatte Curly sich nicht manierlich betragen, denn Saskias Jeans hatten einen großen nassen Fleck. Ich grinste, aber bei Fridolins Reaktion verging mir die Schadenfreude. Der Junge ließ den Besen fallen und war in Windeseile bei seiner haarigen Freundin. Das Meerschweinchen rührte sich nicht mehr, es war in einen leeren Sandsteintrog gefallen, den ich noch bepflanzen wollte.

Nie werde ich vergessen, wie herzergreifend der Pumuckl losheulte. Saskias schuldbewusste Beteuerung, das habe sie nicht gewollt und sie würde ihm ein neues Meerschweinchen kaufen, bewirkten keinen Trost, sondern genau das Gegenteil.

»Mörderin!«, schluchzte Fridolin, wickelte das

tote Tier in ein rotkariertes Küchentuch, bettete es in die Schachtel und dann in den Rucksack, stieg aufs Rad und verließ uns. Er vergaß sogar seine Flöte, die auf dem Fensterbrett liegenblieb. Bestürzt sahen wir uns an.

»Der berappelt sich schon wieder«, meinte Saskia kleinlaut. Aber so einfach war es nicht.

»Ein siebzehnjähriger Junge, der flennt wie ein dreijähriges Mädchen, das ist doch ein bisschen übertrieben«, fand ich.

Henry zeigte sich jedoch solidarisch mit seinem Bruder. »Ihr seid echt herzlos! Immer mault ihr herum, wenn Männer keine Gefühle zeigen, nun ist es euch auch wieder nicht recht. Frido ist so was von sensibel! Das ist keine mittlere, sondern eine ungeheuerliche Katastrophe für ihn. – Im Übrigen hat Saskia total überreagiert – und nicht etwa Frido! Meerschweinchen fressen hauptsächlich Grünzeug, deswegen pinkeln sie nun mal häufig. Aber so ein bisschen Pipi trocknet doch in Windeseile …«

»Igitt«, schimpfte Saskia. »Das waren keine paar Tropfen, sondern eine volle Ladung. In Peru werden diese Viecher übrigens gegessen, und ich weiß jetzt auch, warum. – Trixi, hast du noch eine saubere Hose für mich? Außerdem müssen wir den blöden Ofen im Bad anheizen.«

»Bei diesem schönen Wetter kann man ruhig mal

unter die kalte Brause gehen«, sagte Henry. »Wenn du so empfindlich bist, ist unser Projekt vielleicht nicht ganz das Richtige für dich.«

Die beiden starrten sich giftig an.

»Also gut, wir gehen uns heute lieber aus dem Weg. Ich muss sowieso mal nach Dodo sehen und duschen«, sagte Saskia nach einer Weile. »Meine Eltern sind übers Wochenende verreist, die Kleine ist allein zu Hause. Gestern wurde etwas zu heftig gesoffen und gekifft, deswegen sind wir alle nicht in Sonntagslaune. Mein Schwesterchen hätte vielleicht gar nicht mitkommen sollen, sie ist noch keine sechzehn …«

»Ich fahre dich«, sagte ich und streckte die Hand in Henrys Richtung aus, denn er war der Einzige, der einen uralten Fiat Punto besaß. Zögernd griff er in die Hosentasche und überreichte mir die Schlüssel. »Ich soll wohl inzwischen für Ordnung sorgen?«, fragte er. »Und die feinen Damen machen sich vom Acker?«

»Bin ja gleich wieder da«, sagte ich und gab ihm einen Kuss.

»Weiber«, knurrte er und schnappte sich den Besen.

Eine Weile saßen Saskia und ich stumm im Auto, bis ich schließlich fragte: »Meinst du, Frido und Dodo haben sich gestern ein wenig angefreundet?«

»Ich glaube, eher nicht«, meinte sie. »Er zeigte zwar Interesse, aber mein Schwesterherz himmelte den Oliver an. Klar, der kann am besten singen und mit seiner erotischen Stimme jede Frau verzaubern. Damit kann eine Blockflöte niemals konkurrieren.«

»Soviel ich weiß, ist Oliver schon lange hinter Kirsten her, da hat Dodo wohl keine Chancen …«

»Kommst du noch mit rein?«, fragte Saskia, als wir ihr Elternhaus erreicht hatten. Aber ich wollte Henry nicht enttäuschen und fuhr gleich wieder zurück. Mein Freund hatte nicht gefaulenzt, es sah schon alles etwas zivilisierter aus.

»Wenn ich bloß den Grill finden würde, ich muss ihn morgen zurückgeben«, meinte er. »Abgesehen davon könnten wir ihn jetzt noch mal anschmeißen und die restlichen Auberginen drauflegen, Brot ist noch genug da. Na ja, notfalls bleiben noch Tante Emmas Eisenpfanne und der vorsintflutliche Herd – oder die Pizzeria am Marktplatz. Übrigens hättest du auch gleich bei meinen Eltern vorbeifahren können, um Frido die Flöte zu bringen. Leider habe ich nicht daran gedacht.«

»Das kann ich ja immer noch machen«, sagte ich. »Schließlich wissen wir, dass er ohne sein Instrument nur ein halber Mensch ist.«

Doch Henry wollte den Bruder lieber persönlich

trösten und außerdem im Elternhaus etwas Käse und Butter abstauben. Ich blieb also allein, hatte aber keine Lust, Teller zu spülen, sondern legte mich auf eine der Bänke, schloss die Augen und genoss die tief stehende Sonne. Plötzlich meldete sich der Hunger, ausgelöst durch einen köstlichen Duft, der mir verlockend in die Nase stieg. Neugierig ging ich ins Haus und schaute im ersten Stock aus allen Richtungen auf die umliegenden Gärten. Tatsächlich entdeckte ich eine feine Rauchfahne, die aus dem verwilderten hinteren Grundstück zu kommen schien. Nun wollte ich es genauer wissen, lief wieder ins Freie und schlug mich durchs Gebüsch bis zur Ligusterhecke. Und richtig: In einiger Entfernung konnte ich einen Grill erkennen, der in den abendlichen Sonnenstrahlen funkelte. Bei solchem Glanz konnte es sich eigentlich nur um ein neues Gerät handeln! Eine gebückte Gestalt drehte mir den Rücken zu und schien ein Stück Fleisch zu wenden. Benutzte der Unbekannte etwa unseren Bratrost für sein sonntägliches Barbecue? Ein ebenso dreister wie unprofessioneller Diebstahl! Anfangs spürte ich einen spontanen Impuls, durch die Hecke zu kriechen und den Mann – oder war es am Ende eine Frau? – zur Rede zu stellen. Aber war das klug? Konnte ich überhaupt beweisen, dass es sich um unseren Grill handelte? Sollte ich nicht lieber warten, bis Henry und Saskia zurück waren?

Saskia kam gar nicht mehr, mein Freund erst spät, offenbar hatte auch er in seinem Elternhaus geduscht. Ich war die Einzige, die an diesem Abend mit kaltem Wasser vorliebnehmen musste. Mit einer gewissen Skepsis hörte sich Henry meinen Bericht an. An einem warmen Sonntagabend hatten auch andere Leute Lust auf ein Essen im Freien, und sicherlich besaß fast jede Familie einen Grill. Auf jeden Fall wollte sich Henry die dubiose Sache erst einmal selbst anschauen, bevor er mir glaubte. Inzwischen dämmerte es bereits, weder Rauch noch Duft aus der Nachbarschaft konnte meine Behauptung beweisen.

»Vielleicht war es eine Fata Morgana, denn mein armes Zicklein hat heute noch nichts Vernünftiges gegessen. Oder du bist eingeschlafen und hast von gegrilltem Fleisch geträumt …«, überlegte Henry, schmierte ein Butterbrot, belegte es dick mit Gouda und überreichte es mir.

Aber er beschloss immerhin – bei völliger Dunkelheit und mit einer Taschenlampe bewaffnet –, auf das fremde Grundstück zu schleichen. »Eigentlich könnte man morgen ganz einfach in Erfahrung bringen, wer dort wohnt. Ich werde mal Kontakt mit den hiesigen Spießern aufnehmen, die wissen sicherlich alles.«

»Aber die Nachbarn halten uns für asozial und hassen uns«, meinte ich. »Außerdem haben wir es uns durch unser blödes Gequatsche total mit ihnen verdorben.«

»Das bildest du dir nur ein, es sind schließlich Sommerferien. In den angrenzenden Häusern sind die meisten verreist und konnten uns gar nicht hören.«

Als es beinahe stockdunkel war, kroch Henry tatsächlich durch die Hecke und sah sich bei unserem Anrainer um. Unseren Grill konnte er zwar im Lichtkegel der Taschenlampe nirgends entdecken, doch immerhin ein paar Indizien: einen abgenagten Knochen, den eine Katze bearbeitete, eine leere Schnapsflasche und einen halbvollen Sack mit Holzkohle. Das Haus war bis über die Dachkante mit Efeu bewachsen. Durch eines der Fenster schimmerte der schwache Schein einer gelblichen Lampe.

»Morgen werde ich dem mal nachgehen«, waren Henrys letzte Worte, bevor wir einschliefen.

Doch ich war schneller als Henry, weil ich am nächsten Tag als Erste aufstand, um Brötchen zu holen. Vor dem Bäckerladen traf ich die Schülerin, der ich die Topflappen angedreht hatte. Sie erkannte mich sofort und fragte gleich, ob ich jetzt wirklich in dem kaputten alten Haus wohne.

»Du kannst uns gern mal besuchen«, sagte ich und begann meinerseits mit dem Verhör. Das zutrauliche Mädchen erzählte, dass in jenem verkommenen Anwesen ein Monster wohne, vor dem sich alle Kinder fürchteten. Der Alte könne sich angeblich unsichtbar machen, Gegenstände verschwinden lassen und Menschen in Tiere verwandeln, aber daran würde sie natürlich nicht glauben. Schließlich sei sie schon fast ein Teenager und erhaben über Ammenmärchen. Mit diesen Neuigkeiten konnte ich allerdings wenig anfangen. Als ich zurückkam, das Tor aufgeschlossen hatte und ins Haus wollte, stolperte ich fast über den Grill. Natürlich nahm ich an, Henry habe das gute Stück endlich wieder aufgespürt, während er dachte, ich sei die glückliche Finderin. Eine Weile redeten wir aneinander vorbei, bis uns klar wurde, dass der Dieb in meiner kurzen Abwesenheit seine Beute zurückgebracht haben musste. Schließlich setzten wir uns auf eine der Bierbänke, bissen in die frischen Laugenbrötchen und tranken Kakao aus der Tüte. Ich berichtete Henry, was mir das Mädchen gerade erzählt hatte.

»Nachher statten wir dem ominösen Nachbarn mal einen Besuch ab«, schlug ich vor. Henry nickte.

»Auf das Kindergeschwätz darf man nicht viel geben«, meinte er. »Doch vielleicht war der alte

Zausel mit Emma befreundet. Überhaupt – wie war diese Frau überhaupt?«

Ich hatte meine Großtante nie richtig kennengelernt, hatte als kleines Mädchen sogar ein wenig Angst vor ihr. Auch meine Eltern besuchten sie selten und nicht etwa aus Sympathie, sondern aus reinem Pflichtgefühl. Als nahe Verwandte fühlten sie sich für sie verantwortlich, sorgten für einen Telefonanschluss im Bauernhaus und riefen regelmäßig an, ob alles in Ordnung sei. Notgedrungen kümmerten sie sich auch darum, dass Emma nach einem schweren Sturz in einem Altersheim unterkam. Dort verbrachte sie bis zu ihrem Tod nur noch ein paar Monate, das Haus stand unterdessen leer. Sie hatte früh geheiratet und war schon nach wenigen Jahren Witwe geworden, hatte den Ruf, geizig, versponnen und unfreundlich zu sein, Kinder anzugiften und hilfsbereite Nachbarn wegzubeißen. Man nannte sie *die alt' Hex'*.

»Komisch«, sagte Henry. »In zwei angrenzenden Bauernhäusern wohnten zwei misanthropische alte Leute, die alle beide als Kinderschreck galten. Bei so viel Übereinstimmung waren sie sich entweder spinnefeind oder die besten Freunde. Na, ich bin mal gespannt!«

Halb zwölf hielten wir für eine angemessene Zeit, um den Grilldieb aufzusuchen. Wir krochen natürlich nicht durch die Hecke, sondern klingelten artig am Vordereingang. Auf dem Namensschild lasen wir: *Gerhard Gläser*. Als sich nichts rührte, riefen wir mehrmals »Hallo« und hämmerten schließlich hörbar gegen die Haustür. Als wir gerade wieder abziehen wollten, öffnete sich ein Fenster im oberen Stockwerk, und ein weißhaariger Strubbelkopf schaute sich suchend um.

»Wir sind es, Ihre neuen Nachbarn«, rief ich, und ein Nicken deutete an, dass er verstanden hatte. Nach einer Ewigkeit wurde die Tür geöffnet, eine Katze schlüpfte blitzschnell neben uns herein, ein verwitterter Greis stand auf der Schwelle, musterte uns prüfend und sagte: »Na endlich!«

Wir wurden in die Küche geführt, die noch etwas übler aussah als unsere, bevor wir mit dem Entrümpeln begonnen hatten. Der Alte holte drei schmutzige Schnapsgläser und eine Flasche mit einer trüben Flüssigkeit, schenkte uns ein und sagte: »Prost, auf gute Nachbarschaft!«

Henry tat so, als ob er trinken würde, ich konnte mich noch nicht einmal zu einer höflichen Geste überwinden.

»Hübsch bist du geworden, Trixi«, sagte der Alte anerkennend und betrachtete mich mit zusammengezogenen Brauen. »Hast auch einen schönen Mann an deiner Seite, hoffentlich ist er dir treu!«

Nach drei weiteren Schnäpsen wurde er redselig. Wir erfuhren, dass er mich als kleines Mädchen kennengelernt hätte, woran ich mich allerdings nicht erinnern konnte. Außerdem ließ er durchblicken, dass er sehr gern beim Grillabend dabei gewesen wäre, denn wir hätten wunderschön gesungen, vor allem auch sein Lieblingslied *Wo die bunten Fahnen wehen*. Außerdem hätte es köstlich gerochen. Deswegen habe er sich in tiefer Nacht den Grill geholt, er sagte »geliehen«, um sich am nächsten Tag ein Kotelett zu brutzeln.

Etwas befremdet schaute ich ihn an. »Herr Gläser, Sie hätten uns ja einfach fragen können! Außerdem hätten Sie stürzen können, in Ihrem Alter ist es gefährlich, bei Dunkelheit durch das Gebüsch zu kriechen und dazu noch einen schweren Gegenstand zu schleppen ...«

»Erstens bin ich stark, zweitens kam ich nicht durch den Garten, sondern von der Straßenseite. Schließlich weiß ich selbst, dass ich mit einem gebrochenen Bein wahrscheinlich nie mehr richtig ...« Er schwieg, setzte dann aber wieder an: »Ich habe schon seit dreißig Jahren einen Schlüssel.«

Erneut tauschten Henry und ich Blicke. Ohne aufstehen zu müssen, griff der Alte in die Schublade des Küchentischs und zog zwei rostige, mit einem Draht zusammengeknüpfte Schlüssel heraus. »Seht ihr, die Emma hat mir voll vertraut, wir konnten uns immer aufeinander verlassen. – Aber nun wird es Zeit für ein Mittagsschläfchen, nachts kann ich oft kein Auge zutun, das werdet ihr erst verstehen, wenn ihr auch mal in die Jahre kommt.«

Wir verließen ihn schleunigst. »Er hätte dir die Schlüssel aushändigen müssen«, sagte Henry. »Wir sollten auf jeden Fall ein neues Schloss machen lassen – sonst kann er ja zu jeder Tages- und Nachtzeit bei uns eindringen. Meinst du, er ist noch ganz dicht im Kopf?«

»Kann ich nicht beurteilen. Rein äußerlich macht alles einen total verwahrlosten Eindruck, in seinem Bart klebt Eigelb, aus den Ohren wachsen stachelige Haarbüschel, in der Küche stinkt es, der Aschenbecher war randvoll, das Geschirrtuch ist jahrelang nicht gewaschen worden, alles verdreckt, der Alte selbst aber am meisten. Da sah es sogar bei Tante Emma noch appetitlicher aus …«

»Wie alt mag er wohl sein? Bestimmt schon über neunzig. Ob jemand hin und wieder nach dem Rechten bei ihm sieht? Müsste man das Sozialamt nicht einschalten? Kann er überhaupt noch einkaufen gehen? Aber woher sollte er sonst das Kotelett haben? Ich würde ihm gern mal die Haare schneiden …«

»… oder ich könnte ihm einen Zopf flechten …«

»Vielleicht finden wir unter Tante Emmas Hinterlassenschaften auch einen Schlüssel für sein
Haus, sollten wir mal suchen?«

Auf dem kurzen Rückweg stellten wir uns Fragen über Fragen, auf die wir keine Antwort wussten. Inzwischen war aber Saskia mit einem Koffer
voller Kleidungsstücke wiedergekommen und stand
etwas ratlos vor dem verschlossenen Tor. Falls hier
eine WG entstehen sollte, brauchten wir eine ganze
Menge neue Schlüssel.

3
Saskia

Meine Freundin, die doch in ihrem Elternhaus sicherlich ausgeschlafen hatte, trug stumm den Koffer in ihr Zimmer und legte sich sofort zwischen die Kitschbilder der betenden Kinder. Irgendetwas stimmte nicht mit ihr, sie hatte bisher noch kaum ein Wort mit uns gesprochen. Leise klopfte ich bei ihr an und trat ein, ohne auf Antwort zu warten. Eigentlich wollte ich ihr nur vom Besuch bei unserem seltsamen Nachbarn berichten.

»Was ist, hast du schlechte Laune?«, fragte ich vorsichtig. »Das Meerschwein ist längst im Paradies gelandet. Frido ist bestimmt schon auf der Suche nach einem neuen Schmusetier.«

Saskia schüttelte den Kopf. »Störe meine Krise nicht!«, sagte sie und drehte sich zur Wand.

»Keine Krise ohne Dornen«, kalauerte ich zurück. Es hatte wohl keinen Zweck, weiter in sie zu dringen, also verzog ich mich lieber. Eine Weile lauschte ich noch an der geschlossenen Tür und meinte, ein leises Schluchzen zu hören.

Als wäre nichts gewesen, gesellte sie sich am späten Nachmittag aber wieder zu uns. Bei einer Tasse Chai-Tee setzten wir uns zusammen und besprachen, wer von unseren Freunden als Mitbewohner geeignet und willkommen wäre.

»Ich fände es natürlich sinnvoll, wenn jeder sein Zimmer selbst renovieren würde. Dann kann man es nach persönlichem Geschmack gestalten«, sagte Henry. »Am liebsten würde ich ja in allen Räumen die alten Balken wieder zur Geltung bringen und nicht unter Putz verstecken. Doch die einen sind Höhlenmenschen und lieben dunkle Holztäfelungen, die anderen sind für strahlendes Weiß, die Dritten bevorzugen am Ende eine Bildtapete mit der Silhouette von New York ...«

»Bei vollem Einsatz würde ich mit dem Mietpreis auch ein bisschen heruntergehen. *Wer immer strebend sich bemüht, den können wir erlösen!*«, zitierte ich aus Goethes *Faust*. »Ganz umsonst kann ich ja leider keinen hier aufnehmen. Abgesehen von dir, Henry, denn ohne dich würde ich es ja niemals schaffen.«

»Und ich?«, fragte Saskia. »Wie viele Millionen gedenkst du mir abzuknöpfen?«

»Eigentlich solltest du dich, genau wie Henry, nur an den Nebenkosten beteiligen, also Strom, Wasser, Müllabfuhr und so weiter.«

»Oliver wird auf jeden Fall dabei sein«, sagte Henry. »Ich könnte mir denken, dass es mit ihm kaum Probleme gibt, schließlich sind wir seit der ersten Klasse ein eingespieltes Team. Er wäre natürlich begeistert, wenn wir uns auch für seine angebetete Kirsten entscheiden. Und Martina hat eine bemerkenswert soziale Ader, die würde bestimmt nicht lange diskutieren, wenn es um den Haushalt geht.«

Saskia grinste. »Du meinst wohl, Martina würde wie eine gute Mutter für uns alle spülen, kochen, putzen, Müll sortieren, Wadenwickel und Frühstück machen. Klar, auf so eine können wir nicht verzichten!«

»Sie hat sich zwar von ihren frommen Eltern losgesagt, aber doch irgendein religiöses Gen geerbt. Gerade liebäugelt sie mit dem Zen-Buddhismus«, sagte ich.

Mein toleranter Freund hatte nichts gegen Buddha einzuwenden. »Suspekte Gene haben wir doch alle! Als Halbschotte kreist in meinen Adern vielleicht noch das Blut von Lady Macbeth. Ich mag die Martina trotzdem recht gern, ebenso den Oliver. Unser Troubadix hat nur einen kleinen Schönheitsfehler: Er wird zwar allen Mädels den Kopf verdrehen – doch wenn er mal keinen Busen, sondern einen Schrank anpacken muss, dann hat er bestimmt zwei linke Hände. Ich möchte gern einen Handwerker im Team haben, aber leider kennen wir keinen …«

Doch, wollte ich gerade sagen, aber zum Glück hielt ich noch im letzten Moment die Klappe. Saskias Exfreund studierte Architektur und hatte schon Praktika in verschiedenen Handwerksbetrieben absolviert. Meine Freundin konnte leider Gedanken lesen und zog wieder ein Gesicht wie sieben Tage Regenwetter.

»Wie geht es Dodo?«, fragte Henry, um das Thema zu wechseln. Doch damit trat er erst recht ins Fettnäpfchen – Tränen flossen, Saskia brachte erst einmal kein Wort heraus. Schließlich bekamen wir den Grund ihrer Verstimmung zu hören.

»Meine Eltern sind früher als erwartet nach Hause gekommen. Dodo lag in ihrer Kiste und gab vor, krank zu sein. Meine Mutter lief sofort ins Badezimmer, um ein Fieberthermometer zu holen, und roch dort die Bescherung. Anscheinend hatte sich mein Schwesterherz kurz vorm Ziel auf der Badematte übergeben, aber anstatt die Schweinerei zu beseitigen, rollte die dumme Nuss die Matte samt Inhalt wie einen Pfannkuchen auf und klemmte das Paket hinters Klo. Ich hatte in meinem alten Kinderzimmer in der Mansarde übernachtet und auch dort geduscht, sonst hätte ich noch vor meiner

Mutter das Corpus Delicti entdeckt und für hygienische Verhältnisse gesorgt. Nun, um zum Punkt zu kommen, meine Mama hat das Überraschungsei angeekelt ausgepackt, und der Ärger ging los. So zornig habe ich meine Eltern lange nicht erlebt: Ich soll mich vorläufig nicht mehr zu Hause blicken lassen und vor allem das unschuldige Kind nicht zu meinen Saufgelagen und Orgien mitschleppen. Mit anderen Worten, ich wurde regelrecht rausgeschmissen und wahrscheinlich auch enterbt.«

Empört pflichtete ihr Henry bei. »Meine Alten sind ähnlich gestrickt. Wenn unsere Erzeuger gesehen hätten, wie wir am Lagerfeuer Wander- und Heimatlieder sangen, dann wären sie doch hellauf begeistert gewesen! Aber natürlich, bei denen geht es um puren Sexualneid, sie stellen sich gleich wilde Orgien vor. Im Bett läuft bei denen sowieso nichts mehr, dafür wird dreimal so viel gesoffen wie bei uns.«

»Gekifft allerdings selten«, meinte ich. »Und von Designerdrogen haben sie keine Ahnung. Übrigens hat der liebe Frido unseren Grillabend anscheinend ohne gesundheitliche Beeinträchtigung überstanden, oder nicht?«

»Frido ist ein asketischer Romantiker«, sagte Henry. »No sex, no drugs, nur Flöte, Handy, Mondschein und Meerschwein. Allerdings weilt

Curly jetzt in den ewigen Jagdgründen – ich soll morgen zur feierlichen Beerdigung kommen. Bitte, Saskia, fang nicht gleich wieder an zu flennen.«

Mit ihrer mühsamen Fassung war es nämlich bei der Erwähnung des tierischen Leichnams vorbei. »Anscheinend bin ich eine totale Versagerin, Mörderin, Tierquälerin, Kinderverführerin! Von den eigenen Eltern verstoßen! Von meinem Freund verlassen! Wie lange werdet ihr mich wohl noch ertragen können ...«

Ich umarmte sie. »Ist doch alles totaler Quatsch, komm endlich wieder auf den Teppich, alte Heulsuse. Wahrscheinlich kriegst du morgen deine Tage und bist jetzt überempfindlich. Hoffentlich hast du bei allem Kummer nicht vergessen, zu Hause etwas Olivenöl abzustauben. Wir zwei werden uns jetzt nämlich in der Küche nützlich machen, und Henry bringt endlich den Grill wieder weg.«

Henry sprang auf, tätschelte mir den Kopf und lobte mich wie einen braven Hund. »Zicklein, wenn du gelegentlich Nägel mit Köpfen machst, dann bist du effektiver als alle Handwerker der Welt. Außerdem braucht ihr nicht zu kochen, ich bestelle Pizza.« Und schon war er fort.

»Wahrscheinlich mag er Fast Food lieber als unser Galadinner«, maulte Saskia, denn heute konnte es ihr keiner recht machen. Ich tippte nur an die

Stirn. Um weiterhin Nägel mit Köpfen zu machen, rief ich Martina an, um ihr ein Zimmer in unserem Bauernhaus anzubieten. Sie war begeistert und wollte sofort ihrer Vermieterin kündigen und bei der Renovierung mithelfen.

»Weißt du«, sagte sie, »nach der tiefen Versunkenheit und den täglichen Entspannungsübungen, die ich in den letzten Wochen praktiziert habe, lechze ich geradezu nach Taten. Ich habe so viel Energie gespeichert, dass ich fast platze!«

Ich bat sie darum, am nächsten Tag vorbeizukommen, und rieb mir die Hände. Martina studierte Wirtschafts- und Sozialwissenschaften und konnte besser kochen als unsere Mütter. Wir waren zusammen zur Schule gegangen, wo ich hin und wieder einen Aufsatz für sie schrieb, den sie mit selbstgebackenem Kuchen bezahlte. Alle Mädchen fanden sie patent oder einfach nett, bei den Jungs hatte sie allerdings weniger Glück. Sie war eben einen Tick zu brav und kumpelhaft, das absolute Gegenteil einer Femme fatale und keine Konkurrenz für Saskia und mich. Bestimmt würde sie mal einen langweiligen Beamten heiraten und viele Kinder kriegen, aber vorerst war noch keiner in Sicht. Der langhaarige Oliver kam schon gar nicht in Betracht, ich rief ihn deswegen als Nächsten an.

»Olli, hast du dir mal überlegt, ob du bei uns

einziehen willst?«, fragte ich nach den üblichen Floskeln, ob ihm der Grillabend gefallen habe.

»Von mir aus eher heute als morgen«, sagte er. »Meine Bude in Heidelberg ist viel zu teuer. Was stellst du dir denn preislich so vor? Und wie ist es mit Kirsten, hat sie schon zugesagt?«

»Die habe ich noch gar nicht erreicht«, log ich und nannte ihm einen vorläufigen Mietpreis. »Aber bevor die Zimmer bezugsfertig sind, gibt es noch viel zu tun, da müsste jeder mit anpacken. Vielleicht kommst du morgen mal vorbei, falls du Zeit hast.«

Saskia hatte bei meinen Telefonaten aufmerksam zugehört.

»Wenn du die Kirsten aufnimmst, ziehe ich wieder aus«, sagte sie. »Diese *skinny bitch* ist so ein intrigantes Weib, die stiftet nur Unfrieden! Ich kenne sie länger als ihr alle, schon seit der Grundschule. Sie hatte mir meinen allerersten Freund ausgespannt. Wir waren beide erst fünfzehn, und ich habe gelitten wie ein Tier, das werde ich ihr nie verzeihen …«

»Hör mal – das ist doch längst verjährt. Eigentlich dachte ich immer, ihr seid befreundet! Aber wenn du sie nicht magst, dann fragen wir gar nicht erst an. Wie wäre es stattdessen mit der Esther – oder hast du gegen sie auch etwas einzuwenden? Sie ist blitzgescheit und ein echtes Schätzchen.

Schließlich wollen wir keinen Stress, sondern gute Stimmung.«

»Versteh mich bitte nicht falsch, ich habe zwar von den Männern die Schnauze voll, aber es ist nicht gut, wenn außer Henry und Oliver kein einziger Kerl dabei ist. Wenn auf vier Frauen nur zwei Typen kommen, dann halten sich die beiden Gockel für Halbgötter ...«

»Oder sie haben bei einer dominanten Weiberwirtschaft nicht viel zu melden. Doch wie kommst du eigentlich darauf, dass Henry ein Gockel sein soll? Das will ich lieber nicht gehört haben. Abgesehen davon sind die Ferien irgendwann zu Ende, am 1. Oktober beginnt das Wintersemester, bis dahin müssen wir das Gröbste geschafft haben.«

Saskia und ich studierten etwas halbherzig an der Pädagogischen Hochschule in Heidelberg mit dem vagen Ziel, Sonderschullehrerinnen zu werden.

Als drei fettige Kartons und eine Flasche Chianti gebracht wurden, machten wir uns gierig über unsere Pizzas her, und Saskia wurde wieder etwas zugänglicher. Endlich konnten wir ausführlich über unseren Nachbarn Gerhard Gläser berichten.

»Beinahe hätte ich vorhin seine Katze überfahren«, sagte Henry. »Sie schlief nämlich direkt unter meinem Auto. Dann hätte ich morgen noch einen zweiten Sarg besorgen müssen ...«

Ich warf ihm einen warnenden Blick zu, aber Saskia hatte die Anspielung auf Curlys Bestattung zum Glück nicht verstanden.

»Neulich habe ich gelesen«, erzählte ich, »dass bei der Sanierung eines uralten Wirtshauses eine eingemauerte Katzenmumie zum Vorschein kam. Anscheinend waren Tieropfer früher ein beliebtes Mittel, um böse Geister fernzuhalten. Wer weiß, was uns hier noch alles blüht, aber Emmas Häuschen ist wohl nicht alt genug, um auf die Spuren heidnischer Bräuche zu stoßen.«

»Böse Geister gibt es allerdings immer noch«, knurrte Saskia. »Heutzutage sehen sie aus wie Kirsten.«

Henry warf mir einen verständnislosen Blick zu. »Martina und Oliver treten morgen zum Arbeitsdienst an«, sagte ich. »Saskia möchte aber nicht, dass wir Kirsten überhaupt fragen.«

»Warum?«, fragte Henry arglos. »Ich finde, sie passt ganz gut zu uns. So ein kleiner Harem wäre mir ganz recht – auch wenn mir ein Schreinermeister noch lieber wäre.«

»Und mir wäre ein reicher Mäzen am liebsten«, sagte ich. »Einer, der gar nicht hier wohnen will, aber sowohl ein Herz für die Jugend als auch für alte Häuser hat und uns aus purer Güte einen Schreiner bezahlt.«

»Du hast doch selbst keine armen Eltern«, sagte Saskia. »Hast du nicht damit angegeben, dass sie uns eine Waschmaschine spendieren würden?«

Das stimmte. Außerdem hoffte ich, den alten vw meiner Mutter zu erben, da sie sich demnächst einen neuen Wagen kaufen wollte. Leider rückten meine Eltern aber für das Bauernhaus keinen Cent heraus, sondern lauerten nur darauf, dass ich *diese Schnapsidee* wieder aufgab.

Eigentlich sollte sich Saskia über eine in Aussicht gestellte Waschmaschine freuen, deswegen ärgerte ich mich über ihren permanenten Neid. Schon ging es nämlich wieder los: »Mit Sicherheit werden sie auch noch für eine Spülmaschine und einen Kühlschrank sorgen. Als Einzelkind dreht sich ja sowieso alles nur um dich. Bei uns ist es umgekehrt, Dodo wird gehätschelt und verwöhnt bis zum Gehtnichtmehr, und ich kann sehen, wo ich bleibe!«

»Kenn ich«, moserte jetzt auch Henry. »Bei uns ist es Frido, dessen ausbleibendes Wachstum mit ständiger Sorge beobachtet wird, doch man spricht es nie offen aus. Mein Bruder wird immer geschont, obwohl er natürlich ganz gut mal den Rasen mähen könnte. Seit ich nicht mehr zu Hause bin, übernimmt es wieder unser Papa, dabei leidet er seit Jahren unter Gelenkschmerzen.«

»Und ich habe mir nichts sehnlicher gewünscht

als Geschwister«, sagte ich. »Wahrscheinlich ist man nie zufrieden.«

Wir erschraken sehr, als die Haustür plötzlich aufging und sich schlurfende Schritte näherten. Auf der Schwelle stand Gerhard Gläser mit einer Schnapsflasche.

»Einen Guten!«, sagte er. »Ihr habt mich besucht, jetzt möchte ich mich revanchieren. Und wer ist das andere Mädchen?«

»Das ist meine Freundin Saskia«, sagte ich. »Herr Gläser, es ist sicherlich nett von Ihnen gemeint, aber eigentlich geht es nicht, dass Sie einfach so hereinplatzen. Außerdem wollten wir gerade schlafen gehen, morgen müssen wir nämlich früh aufstehen. Unsere Freunde wollen kommen, um bei den Renovierungen zu helfen, da müssen wir fit sein.«

Er hörte wohl gar nicht hin, sondern ließ sich auf einen Küchenstuhl fallen und öffnete die Flasche.

»Vier Gläser her!«, verlangte er.

Jetzt schaltete sich Henry ein. »*Ein Gläser* ist schon mehr als genug«, sagte er. »Bitte legen Sie jetzt unsere Schlüssel auf den Tisch, und gehen Sie nach Hause, es passt heute wirklich ganz schlecht.«

»Früh aufstehen, dass ich nicht lache!«, sagte der Alte. »Ich sehe doch genau, wann hier abends das Licht ausgeht und am Morgen die Fensterläden geöffnet werden. Langschläfer seid ihr allemal, aber ich gönne es euch ja. Die Schlüssel rücke ich allerdings nicht heraus, die hat mir Emma zu treuen Händen überlassen. Ihr werdet noch froh sein, einen aufmerksamen Nachbarn zu haben. Wenn zum Beispiel ein Feuer ausbricht und keiner zu Hause ist – wer wird dann euer Hab und Gut aus den Flammen retten? Ich natürlich. Guten Abend allerseits.«

Beleidigt und etwas mühsam stand er auf und tappte hinaus. Wir tauschten ratlose Blicke. Irgendwie tat uns der einsame Sonderling ja leid, aber man musste den Anfängen wehren, damit er nicht als Dauergast an unserem Tisch saß. Saskia, mit der allerdings an diesem Tag sowieso nicht gut Kirschen essen war, fing wieder an, uns Vorwürfe zu machen.

»Ihr hättet den traurigen Alten nicht gleich rausschmeißen müssen, vielleicht wäre er ja nach ein, zwei Gläschen von selbst wieder abgezogen. Morgen werde ich ihn mal besuchen und ihn ein wenig aufheitern.«

»Wenn du schon hingehst, kannst du dich gleich als Mutter Teresa betätigen und ihm zum Beispiel Haare, Finger- und Fußnägel schneiden. Vergiss aber nicht, Sagrotan und Gummihandschuhe mitzunehmen …«

»Ihr könnt mich alle mal«, knurrte Saskia.

»Deine Busenfreundin ist ja heute ein richtiges Herzchen«, sagte Henry kopfschüttelnd, als wir allein waren.

»PMS«, erklärte ich. »Das prämenstruelle Syndrom. Morgen ist ihre Überempfindlichkeit wahrscheinlich wie weggeblasen.«

»Weiber! Das kann ja heiter werden!«, seufzte Henry. »Meine Tante in Glasgow fing auf einmal an, sinnloses Zeug zu klauen, und wurde erwischt. Der Arzt bescheinigte ihr eine klimakterische Depression, und sie wurde freigesprochen. Man kann doch nicht alles mit den Hormonen entschuldigen!«

»Ganz ohne Hormone würden wir aber schnell aussterben«, sagte ich.

4

Der Goldschatz

Am nächsten Morgen saßen wir gerade erst beim Frühstück, als die tatendurstige Martina bereits um zehn Uhr bei uns klingelte. Saskia war – wie ich bereits vorausgesagt hatte – wieder ganz vergnügt und munter. Nach dem ersten Rundgang stellten wir fest, dass unsere Besucherin nicht nur eine patente Hauswirtschafterin war, sondern fast mehr technisches Know-how besaß als Henry.

»Das Wichtigste ist ein Durchlauferhitzer im Bad«, stellte sie fest. »Wer will denn schon täglich einen kupfernen Dinosaurier aus den fünfziger Jahren anheizen! Da ist der morgendliche Streit doch vorprogrammiert. Aber eins muss ich euch sagen, von den elektrischen Leitungen solltet ihr die Finger lassen, da muss ein Fachmann ran.«

Nachdem wir gemeinsam alle Zimmer besichtigt hatten, wollte Martina auch noch auf den Dachboden und in den Keller. Daraus wurde jedoch nichts, weil jetzt auch Oliver zu uns stieß. Und schon setzten sich alle wieder an den Kaffeetisch. Es entging mir nicht, dass sowohl Saskia als auch Martina den hübschen Neuankömmling anstrahlten.

»Du hast die Kirsten zwar gestern nicht erreichen können, aber ich hatte heute mehr Glück«, sagte Oliver, lächelte mir zu und trank einen Schluck Milch aus der Tüte. »Ich bin dir zuvorgekommen und habe ihr dringend ans Herz gelegt, bei unserem Projekt mit einzusteigen.«

O Gott, dachte ich, jetzt wird Saskia wieder ausflippen. Doch sie zuckte nicht mit der Wimper, eher war es Martina, die mit leicht hochgezogenen Brauen reagierte. Nur Henry fragte ganz direkt: »Und? Will sie nun, oder will sie nicht?«

Alle warteten gespannt auf Olivers Antwort, aber der biss erst einmal in eine der frischen Butterbrezeln, die Martina mitgebracht hatte. Wir sahen ihm angespannt beim Kauen zu.

»Vielleicht«, sagte er. »Sie überlegt es sich noch. Ich warte auf eine Nachricht.« Und dabei legte er demonstrativ sein Smartphone neben die Kaffeetasse.

Schließlich wurde es Mittag, bis wir mit der Arbeit anfingen. Obwohl wir bisher schon viel geschleppt und sortiert hatten, gab es immer noch unendlich viel zu tun. In der ehemaligen Scheune, die wohl seit Ewigkeiten nicht mehr ihrer ursprünglichen Bestimmung gedient hatte, lagerte allerhand Gerümpel, und dort legten wir auch eine gigantische Sammlung für den Flohmarkt an: eine schwere hölzerne Leiter, eine Heugabel, eine gewölbte Truhe, eine Wärmflasche aus Kupfer, einen blinden Spiegel im geschnitzten Rahmen, mehrere Krüge, eine Wanduhr mit Hinterglasmalerei, einen ledernen Reisekoffer, eine sperrige Küchenwaage, ein Emailsieb, diverse Werkzeuge, ein Röhrenradio, Senf-, Schmalz- und Gurkentöpfe aus grauem Steinzeug, eine Wiege, zwei Weidenkörbe und last but not least eine Bohnenschnippelmaschine. Befremdet untersuchte Saskia einen klobigen Stuhl, dessen Sitz man herausnehmen konnte, um den eingebetteten Nachttopf zu benutzen. Henry fand sogar einen noch brauchbaren Kaninchenstall und schleppte vor allem diverse Möbelstücke herbei, die er abbeizen und aufarbeiten wollte. Auf einem großen Haufen landete alles, was beim besten Willen niemand mehr haben wollte: unter anderem ein zerbrochenes Spinnrad, dreiteilige fleckige Matratzen, zerlöcherte Flickenteppiche, verbeulte Eimer, ein Bruchband, Einmachgläser mit längst verfallenem Kirsch- und Mirabellenkompott, verschimmelte Strohmatten und ein verrostetes Kohlebügeleisen. Martina fackelte nicht lange und machte einen Termin für den Sperrmüll.

Irgendwann waren wir alle dreckig und hungrig. Oliver fuhr in die Pizzeria und versorgte uns großzügig mit ausreichenden Kalorien. Im Grunde hatten wir heute schon genug geschafft, die meisten der ursprünglich vollgestopften Zimmer waren jetzt leer, und man konnte mit der eigentlichen Renovierung beginnen.

»Was habt ihr denn mit der Scheune vor?«, fragte Oliver. »Wenn ihr den ganzen Plunder los seid, ist es doch ein toller Raum.«

»Man könnte so etwas wie einen dörflichen Ballsaal daraus machen«, empfahl Saskia spöttisch. »Oder wisst ihr etwas Besseres?«

»Stimmt, drinnen würde die Musik auch keine Nachbarn stören«, sagte ich und sah mich schon als Schwarzwaldmädel beim Volkstanz auf der Tenne.

»Ich halte eine Ausstellungsmöglichkeit für heimische Künstler für interessanter«, schlug Henry, dem unsere Art von Humor wiederum fremd war, kopfschüttelnd vor.

»Im Sommer geht doch beides«, sagte die praktische Martina. »Eine Disco am Abend, tagsüber eine Galerie.«

»Außerdem wäre es ein wunderbarer Ort für meine Proben«, stellte Oliver fest. Wir starrten ihn verständnislos an.

»Seit kurzem habe ich mit ein paar Kommilitonen

einen A-cappella-Chor gegründet«, erklärte er. »Wir wollen aber weder klassische Lieder noch die neuesten Hits einstudieren, sondern ganz nostalgisch als Comedian Harmonists auftreten. Sechs tolle Jungs, gestylt wie in den zwanziger Jahren, das kommt doch an bei den Mädels! Wenn unser geplantes Programm fertig ist, wollen wir öffentlich auftreten, eventuell lasse ich mir dann sogar meine Mähne kürzen.«

»Sechs Jungs?«, fragten Martina und Saskia mit leuchtenden Augen.

»Eine Boygroup! Harem ade!«, klagte Henry.

Oliver trällerte: »*Mein kleiner grüner Kaktus steht draußen am Balkon, hollari, hollari, hollaro!*«

Schließlich schwang sich Martina hinter Oliver auf die Vespa und ließ sich glückstrahlend nach Hause fahren. Henry war so nett, den Badeofen einzuheizen, denn wir hatten eine heiße Dusche mehr als verdient. Als meine Mutter anrief und für den morgigen Tag die versprochene Waschmaschine und einen großen Kühlschrank ankündigte, war auch ich äußerst zufrieden. Ebenso konnte Henry nicht über Olivers linke Hände klagen, denn unser Troubadour hatte tüchtig mit angepackt, wenn auch mit ledernen Schutzhandschuhen.

Die nächste Woche verging mit Knochenarbeit, doch wir waren alle in bester Laune. Henry und Martina machten den meisten Lärm, hobelten, sägten, rissen Tapeten ab, hämmerten, feilten, gipsten, bohrten und berieten sich bei kniffligen Aufgaben mit Fachleuten. Inzwischen lief auch die neue Waschmaschine. Bei dem ebenso neuen Durchlauferhitzer hätten sowohl der frustrierte Elektriker als auch der Installateur diesen Auftrag am liebsten abgelehnt. Unmöglich, geht nicht, lohnt nicht, waren ihre Argumente, aber da mein lieber Papa ausnahmsweise beide Handwerker bar bezahlte, fügten sie sich in ihr hartes Los. Oliver machte sich als Kurierfahrer unentbehrlich. Mit Henrys Wagen holte er Material aus den Baumärkten, kaufte Nahrungsmittel oder schaffte Möbelstücke und Gegenstände aus unseren früheren Wohnungen herbei, als Letztes auch sein E-Piano. Saskia und ich putzten unermüdlich und kochten für die ganze Crew. Sie fühlte sich eher für die ästhetischen, ich mich für die finanziellen Aspekte verantwortlich. Reich war schließlich keiner von uns. Martina erhielt BAföG, Oliver und Henry, Saskia und ich waren noch von den Eltern abhängig, die wiederum nur in meinem Fall die Spendierhosen anhatten. Meine sprachbegabte Freundin gab zwar Nachhilfeunterricht, das Honorar aber sofort wieder aus – von ihr war nichts zu erwarten. Immerhin hatte Henry etwas Geld gespart, weil er in den vergangenen Ferien einen Job als Taxifahrer hatte. Er vergaß seine schottische Abstammung und kaufte großzügig den Durchlauferhitzer für das gemeinsame Badezimmer. Oliver haute dann und wann in einem Jazzclub oder bei einer Combo auf die Tasten und verfügte ebenfalls über ein paar kleine Rücklagen, die er einbringen wollte.

Unverhofft tauchte und spielte sogar Frido wieder auf. Die Katze unseres Nachbarn war zwar scheu, gleichzeitig aber auch neugierig. Nachdem sie unsere Aktivitäten eine Zeitlang von weitem beobachtet hatte, wagte sie sich täglich etwas näher heran. Man hätte es fast erwarten können, dass Frido die ersten Kontakte mit ihr hatte, woraus sich nach und nach eine vorsichtige Freundschaft entwickelte.

»Kunststück, wenn er seine Frikadellen mit ihr teilt«, meinte Saskia. »Aber ich verstehe es ja, jeder zähmt und besticht gern eine hungrige Bestie mit Fressalien. Schon als Kleinkind will man mit Mama zum Ententeich, um den See mit verschimmeltem Brot zu kontaminieren.«

»Gut, dass er sich kein neues Meerschwein angeschafft hat«, sagte Henry. »Die Katze würde es wahrscheinlich für eine Maus halten.«

Saskia war sichtlich erleichtert, dass Frido ihr anscheinend verziehen hatte. Einmal fragte er sie sogar nach Dodo, die sich aber nicht mehr bei uns blicken ließ. Im Übrigen hatte sich meine Freundin im Gegensatz zu Henry und mir schon sehr idyllisch eingerichtet. Mit Olivers Hilfe hatte sie den Restbestand einer Biedermeiertapete mit grün-weißen Streifen und rosaroten Streublümchen aufgespürt, der für ihr Zimmer gerade noch ausreichte.

»Ich nenne unser Heim nicht mehr Bauern-, sondern Landhaus, das klingt doch gleich viel nobler«, sagte sie. »Wenn du nichts dagegen hast, werde ich mir Emmas rotkariertes Bettzeug unter den Nagel reißen. Und die Milchkanne möchte ich mit Ähren, Klatschmohn und Kornblumen bemalen, die stellen wir dann vor den Eingang. Vielleicht schreibe ich noch *Welcome* oder *Gegenstrom* drauf, falls mir nichts Originelleres einfällt.«

»*Villa Kunterbunt* oder *Kommune Morgenrot*«, sagte ich spöttisch.

Obwohl es Wichtigeres zu tun gab, ließ sich Saskia von Oliver in ein Bastelgeschäft chauffieren, um Acrylfarbe auszusuchen. Im Grunde interessierte ich mich nicht besonders für ihre dekorative Landhauseinrichtung, denn ich war mir mit Henry einig, dass es eher auf ein sozial funktionierendes Gesamtkunstwerk ankam. Trotzdem folgte ich Saskia in die Scheune, wo sie ihr Malatelier aufschlagen wollte. Eigentlich hatte ich ja vorgehabt, den gesamten Bauernkram auf dem Flohmarkt anzubieten. Große alte Milchkannen wurden gern als Schirmständer benutzt.

»Acrylfarben stinken nicht und trocknen schnell«, sagte Saskia stolz, denn sie hatte sich schlaugemacht.

»Man sollte dieses Monstrum aber erst mal gründlich abwaschen«, empfahl ich. Saskia nickte, hob die leicht zerbeulte Aluminiumkanne hoch und drehte sie um. Es schepperte auf dem Betonboden, denn eine Menge undefinierbares, schmutziges Zeug purzelte heraus. Unter einer Staublawine entdeckten wir eine mumifizierte Maus in einem Nest aus Wollfäden, zahlreiche tote Insekten, verrostete Schlüssel, einen großen flachen Stein, welke Blätter, Spinngewebe und einen dicken grünen Lederbeutel. Wir grabschten gleichzeitig danach, aber Saskia war eine Spur schneller. Mühsam versuchte sie, den Knoten der mürben Kordel zu lösen, bis er platzte und sich der gewichtige Inhalt auf dem Sitz des unappetitlichen Klostuhls entleerte. Verblüfft bestaunten wir einen Haufen alter Münzen.

»Gold?«, fragte Saskia ehrfürchtig.

»Es scheint so«, sagte ich. Tausend Gedanken schwirrten mir blitzschnell durch den Kopf. Ein Schatz aus dem Dreißigjährigen Krieg? Was mochte er wohl wert sein? Gehörte er nicht eigentlich meinen Eltern? Woher stammten diese Geldstücke?

Gab es vielleicht irgendwo noch mehr davon? Man musste auf jeden Fall unseren Müllberg noch mal penibel untersuchen. Sollten wir Martina und Oliver einweihen?

Inzwischen begann Saskia zu zählen. Es waren insgesamt neunundvierzig unterschiedliche Münzen. Ich nahm eine in die Hand, polierte sie mit einem Zipfel meines T-Shirts und entzifferte die Schrift: »20 Mark. Deutsches Reich, 1873. Abgebildet ist Wilhelm 1. von Preußen.«

»Ob so ein Taler nur nach dem Gewicht des Goldes bewertet wird, oder ob Sammler ein Vielfaches dafür zahlen, weil es vielleicht seltene Exemplare sind?«, überlegte Saskia. »Auf jeden Fall sollten wir den anderen erst mal nichts davon sagen. Außer Henry natürlich.«

Das war ja auch meine Meinung.

»Die Münzen sind nicht alle gleich und wahrscheinlich älter als die Milchkanne, denn die gehörte wohl meinen Urgroßeltern. Ob Tante Emma den Schatz ihrer Vorfahren irgendwo gefunden und in der Kanne versteckt hat? Doch woher hatten arme Bauern so viel Geld?«

»Richtig arm waren sie bestimmt nicht«, meinte Saskia. »Das Haus ist jetzt zwar völlig heruntergekommen, aber ziemlich groß. Es muss mal eine mehrköpfige Familie darin gewohnt haben, vielleicht auch Gesinde. Allein das Gelände ist größer als ein Schrebergarten, und sicherlich hatten sie außerhalb auch noch Felder. Ich vermisse allerdings Stallungen.«

»Soviel ich weiß, gehörte das Nachbargrundstück dazu, wo auch das Vieh untergebracht war«, erinnerte ich mich vage an die Erzählungen meiner Mutter. »Das wurde aber ebenso wie die Felder verkauft, als Emma noch ein kleines Kind war.«

»Und was machen wir jetzt mit dem ganzen Geld?«, fragte Saskia, überwältigt vom Goldrausch. Ich sah sie nachdenklich an, denn sie ging selbstverständlich davon aus, dass es auch ihr gehörte. Mit Henry eine Weltreise machen, dachte ich sekundenlang, das wäre ein Traum und viel sinnvoller, als meinen gesamten neuen Reichtum in diese Bruchbude zu stecken. Meine Eltern waren schließlich keine Idioten, wenn sie es für verlorene Liebesmüh hielten.

Gleich darauf hörten wir Martina heranlatschen. Ich reagierte blitzschnell und stülpte eine Emailschüssel über den geheimnisvollen Fund. Unser praktisches Hausmütterchen erkannte sofort, dass wir die Blechkanne auf den Kopf gestellt hatten, und fragte: »Was habt ihr damit vor? Anmalen? Das wäre im Moment purer Luxus und bloß Zeitverschwendung. Aber ich habe gesehen, dass ihr die

Fenster in der Küche richtig sauber gekriegt habt, alle Achtung! Nur sind sie leider in desolatem Zustand. Das ist jetzt im Sommer zwar egal, aber im Winter wird es ziehen wie Hechtsuppe. Wenn Geld durch den Flohmarkt reinkommen sollte, müssten als Erstes neue Fenster her.«

»Ein ziemlicher Brocken«, befürchtete ich. »Denn es sind ja nicht bloß die Küchenfenster! Ob wir uns das leisten können?«

»Ich habe meine alte Wohnung bereits gekündigt und möchte so bald wie möglich bei euch einziehen«, sagte Martina. »Wenn das Wintersemester beginnt, haben wir alle nur noch wenig Zeit für die Renovierung. Und ich wiederhole es noch mal: Am wichtigsten sind gut schließende Fenster! Man muss ja nicht unbedingt echte Sprossen vom Schreiner anfertigen lassen, es gibt auch preiswerte Einbaumodelle. Jedenfalls hat wohl niemand Lust, den ganzen Winter über zu bibbern.«

»Stimmt«, sagte ich resigniert.

Schließlich wollte Martina uns zeigen, wie man eine spanische Tortilla für das Abendessen zubereitet. Wir folgten ihr also in die Küche und waren von da an bis nach dem gemeinsamen Essen nicht mehr allein. Ich wagte noch nicht einmal, mich in unser Schlafzimmer zu stehlen und heimlich auf meinem Laptop nach Goldpreisen und Münzen aus dem Kaiserreich zu suchen. Martina und Oliver verabschiedeten sich erst spät, und ich konnte mich endlich als Neureiche outen und Henry von unserem spektakulären Fund berichten. Allerdings wollte ich es spannend machen, denn ich hatte mich die ganze Zeit schon auf diesen Moment gefreut. Es wurde schon etwas dunkel, also nahm ich die Taschenlampe und Henry an die Hand und kündigte eine Überraschung an. Auch Saskia war richtig aufgeregt, als wir zu dritt die Scheune betraten.

Henry wusste nicht recht, was ihm bevorstand. Die umgedrehte Schüssel auf dem Klostuhl schien ihn nicht sonderlich zu beeindrucken.

»Simsalabim!«, rief ich. Wie ein Kellner in einem feinen Restaurant die Cloche von den servierten Speisen abnimmt, so gewandt lüftete ich die Schüssel und starrte fassungslos auf die absolute Leere darunter. Nicht nur die Goldmünzen, auch der Lederbeutel war verschwunden.

»Was soll das?«, fragte Henry irritiert, während ich Saskia anbrüllte: »Das ist ein völlig geschmackloser Gag, den du dir da ausgedacht hast!« Sie konterte ebenso hysterisch: »Das muss Martina gewesen sein, sie hatte uns bestimmt schon beobachtet, bevor sie hereinkam!«

Wir klärten Henry auf und kramten und wühlten noch eine Weile in der Scheune herum, aber es war aussichtslos, bei schlechter Beleuchtung in diesem willkürlich aufgehäuften Chaos die berühmte Stecknadel im Heuhaufen zu finden. Schließlich waren wir es leid, gingen zurück ins Haus, setzten uns wieder an den Küchentisch und überlegten, wer den Goldschatz versteckt oder gestohlen haben könnte. Ich entschuldigte mich bei Saskia, dass ich sie verdächtigt hatte. Schließlich war sie die gesamte Zeit nicht von meiner Seite gewichen, es gab kein besseres Alibi. War Frido hier gewesen, ohne dass wir ihn gesehen hatten? Henry schüttelte den Kopf. Oliver? Niemals! Henry würde die Hand für ihn ins Feuer legen. Und Martina war ein so gradliniger Mensch, dass niemand ihr im Ernst einen Diebstahl zutrauen mochte.

Es musste also unser Nachbar gewesen sein, der ja immer noch die Schlüssel besaß. Während wir zu fünft beim Essen saßen, könnte er sich unbemerkt in die Scheune geschlichen haben.

»Was machen wir jetzt?«, fragte ich. Henry ließ sich genau erklären, wie alt die Münzen waren und wie sie aussahen, wie viele es waren, ob sie tatsächlich aus Gold oder vielleicht doch nur aus Kupfer oder Messing bestanden. Aber ihren Wert konnte er trotzdem nicht einschätzen, denn er war ebenso wenig ein Experte wie wir. Genau wie ich wollte er im Internet recherchieren.

»Du musst den Diebstahl anzeigen und deinen Verdacht gegen Gerhard Gläser glaubhaft vorbringen«, meinte er, nachdem wir zu dritt ausgiebig gegoogelt hatten. Das war mir allerdings nicht recht. Denunzierung fand ich schon immer ziemlich abstoßend, vor allem, wenn man keinerlei Beweise hatte.

»Es geht wahrscheinlich um viele tausend Euro, die können wir nicht tatenlos abschreiben. Du wolltest ihn doch sowieso besuchen«, sagte ich zu Saskia. »Morgen könntest du ja mal hinübergehen und dich einschleimen. Vielleicht verrät er sich sogar, wenn du behauptest, du hättest ihn auf unserem Grundstück gesehen. Und wenn wir Glück haben, liegt der grüne Lederbeutel noch gut sichtbar irgendwo bei ihm herum ...«

Meine Freundin zog ein langes Gesicht. »Und wenn er seine Wut auf euch an mir auslässt? Er könnte mich fesseln, foltern, vergewaltigen, erstechen, erdrosseln, und ihr würdet meine Schreie nicht hören.«

»Unsinn«, sagte Henry. »Zu deiner Beruhigung könnte ich mich im Gebüsch verstecken und mit einem Fernglas die Szene beobachten. Aber du bist allemal stärker als dieses klapprige alte Männlein, vor dem fürchten sich höchstens kleine Kinder. Du hast ihn doch gesehen, als er uns neulich besuchte –

wenn es zu einem Nahkampf kommen sollte, hast du ihn mit links niedergestreckt.«

»So klapprig ist er auch wieder nicht«, bemerkte ich. »Schließlich hat er den schweren Grill weggeschleppt.«

»Aber wenn er mir vergifteten Schnaps anbietet?«, jammerte Saskia.

»Dann lehnst du einfach ab. Stell dich nicht dümmer an, als du bist«, schimpfte ich. »Und jetzt Schluss für heute. Fazit für den heutigen Tag: Wie gewonnen, so zerronnen, neue Fenster können wir wohl vergessen.«

Etwas später, als Henry und ich eng umschlungen auf unserer Matratze lagen, sagte ich: »Du bist der einzige Goldschatz, der unersetzlich ist.«

5

Besuch der Eltern

Am nächsten Vormittag rief ich einen Fachbetrieb an, um das Auswechseln unserer Schließzylinder an der Haus- und Straßentür sowie sechs komplette Schlüsselsätze in Auftrag zu geben. Leider war es eine teure Anschaffung, aber Henry traute es sich nicht zu, ein preiswertes Schloss vom Baumarkt selbst einzubauen oder gar eine komplette Tür mit dem Vermerk »einbruchhemmend«, die ihm sehr imponierte. Im Übrigen war er der Meinung, wir sollten Oliver und Martina ruhig die Wahrheit über unseren verschwundenen Goldschatz erzählen, schließlich wollten wir eine eingeschworene Gemeinschaft werden und nicht hinter ihrem Rücken unsere privaten Süppchen kochen. Außerdem nahte der Termin für den Sperrmüll, da sollten uns Martina und Oliver helfen, den gesamten Krempel durchzuchecken. Vielleicht war doch noch irgendwo ein wertvoller Gegenstand versteckt. Wir stimmten ihm schließlich zu.

»Und jetzt zu dir, Saskia«, sagte ich. »Gehst

du nun rüber zu Gerhard Gläser, oder bist du zu feige?«

»Meinetwegen, aber nur wenn du mitkommst. Eigentlich wollte ich jetzt die Milchkanne anmalen«, sagte sie missmutig.

Henry musste grinsen. »Nehmt euch ein Beispiel an Fridolin und seiner neuen Katzenfreundin. Bringt dem ollen Knacker unseren Schinken mit, und er frisst euch aus der Hand! Und horcht ihn ganz nebenbei ein bisschen über sein Verhältnis zu Tante Emma aus. Wenn alte Leute ins Schwafeln kommen und man ihnen sogar zuhört, werden sie sofort zugänglicher.«

»Schade um den guten Schinken«, sagte ich. Wir hatten ihn erst gestern gekauft, als Gastgeschenk war er eigentlich zu edel, doch ich sah ein, dass ein Blumenstrauß wohl weniger in Frage kam. Wir konnten allerdings noch nicht gleich zur Tat schreiten, denn Martina und Oliver standen einsatzbereit vor der Tür. Wir erzählten also unseren Freunden die ganze Räuberpistole und säbelten dabei hauchdünne Schinkenscheiben ab, um die Delikatesse wenigstens mal probiert zu haben.

Oliver hatte eine Zeitung mitgebracht und las uns einen Artikel vor, in dem es um nachbarliche Streitfälle ging.

»Sommerliche Partys mit Musik und Grill sind bei vielen Gartenbesitzern beliebt und grundsätzlich zulässig. Ab 22 Uhr muss man den Geräuschpegel aber stark absenken. Bei einem schweren Verstoß gegen die Ruhestörung kann ein Bußgeld bis zu 5000 Euro fällig werden.«

Wir fanden das ziemlich gemein und diskutierten eine Weile über die harschen Gesetze, aber irgendwann musste es mit dem Quatschen ein Ende haben, und ich verteilte die Aufgaben. Martina und Oliver sollten den Müllhaufen durchforsten, Henry aus alten Holzteilen ein Bettgestell für unsere Matratze zimmern. Saskia hatte den Schinken bereits in Klarsichtfolie eingewickelt. Als wir für den Gang nach Canossa gerade startklar waren, rief meine Mutter an. Meine Eltern hatten vor, gegen halb vier zum Kaffee zu kommen und sich anzuschauen, was wir bisher geleistet hatten. Natürlich brächten sie auch selbstgebackenen Zwetschgenkuchen und Schlagsahne mit. Ich stöhnte theatralisch auf, denn eigentlich wollte ich sie erst einladen, wenn wir halbwegs fertig waren. Aber man darf es sich mit seinen Sponsoren auf keinen Fall verscherzen.

Seit sie Henry kennengelernt hatten, wurde er von meinen Eltern bewundert. Vermutlich sahen sie ihn schon irgendwann als Gymnasialdirektor und mich als gut versorgte Gattin und glückliche Mutter zweier Kinder. Vielleicht wäre ihnen ein cleverer Geschäftsmann noch lieber gewesen, aber sie haben sich diesbezügliche Äußerungen stets tapfer verkniffen. Dank seiner schottischen Mama war Henry zweisprachig aufgewachsen und studierte deswegen Anglistik sowie Germanistik, allerdings nicht unbedingt mit dem Ziel, Lehrer zu werden. Manchmal behauptete er sogar, eine Schreinerlehre hätte ihm mehr Freude gemacht. Ganz anders als wir hatte sich mein Vater hocharbeiten müssen. Mit fünfzehn wurde er als Lehrling in eine Autowerkstatt gesteckt. Erst nach vielen harten Jahren war er durch Fleiß und kaufmännisches Geschick zum gutverdienenden Pächter mehrerer Tankstellen mit angeschlossener eigener Werkstatt geworden. Auch meine Mutter lag nie auf der faulen Haut und hatte sich immer für Buchhaltung, Steuer, Gehälter und Investitionen sowie den Haushalt verantwortlich gefühlt. Wie so viele Eltern hofften auch meine, dass ich in akademischen Kreisen ein angenehmeres Leben haben würde.

»Na gut, sollen sie kommen«, sagte ich. »Das ist kein Grund, dass wir uns jetzt nicht auf den Weg machen.«

Es dauerte wieder lange, bis uns Gerhard Gläser die Tür öffnete. Wie beim ersten Mal führte er uns in seine verdreckte Küche und holte die Schnapsflasche. Mitten auf dem Küchentisch lag der schlaffe grüne Lederbeutel.

Saskia und ich wechselten Blicke. Dann überreichte ich dem Alten unseren leckeren Schinken. »Der wird Ihnen sicherlich schmecken«, sagte ich zuckersüß. »Luftgetrocknet, aus Italien! Wenn Sie mir ein scharfes Messer geben, werde ich Ihnen mal eine dünne Scheibe zum Probieren abschnippeln.«

Die Klinge war zwar stumpf, aber immerhin schien unser Mitbringsel Eindruck zu schinden. Der Alte nahm mir das Messer aus der Hand und säbelte ein viel zu dickes Stück herunter, das er sich gierig in den Mund stopfte. Er kaute verbissen darauf herum.

Die Gelegenheit erschien mir günstig, ich schnappte mir den leeren Lederbeutel und wedelte damit vor seiner Nase herum. »Herr Gläser, bitte verraten Sie uns jetzt, wo Sie unsere Münzen gebunkert haben! Oder wollen Sie Ostereiersuchen mit uns spielen? Ihre Streiche sind ja überaus lustig, aber wir haben Sie durchschaut.«

»Das war kein Streich, ich habe mir nur mein Eigentum zurückgeholt. Als ich vor zehn Jahren ins Krankenhaus musste, bat ich Emma darum, meine Wertsachen aufzubewahren. Aus Angst vor Einbrechern hatte sie alles so gut versteckt, dass sie später nichts mehr wiederfinden konnte. Wir haben tagelang gesucht. Als ihr das ganze Mobiliar ausgeräumt habt, hatte ich die Hoffnung, dass meine Münzen endlich wieder auftauchen – und ich hatte recht.«

»Können Sie eigentlich beweisen, dass das Gold Ihnen gehört?«, fragte Saskia.

»Woher stammt überhaupt dieser Schatz?«, fragte ich gleichzeitig.

»Das geht euch gar nichts an«, sagte Herr Gläser unwillig. »Aber ich muss zugeben, dass ich Emma noch etwas schuldig bin. Wir haben immer wie Pech und Schwefel zusammengehalten.«

Er griff in seine Hosentasche und zog zwei Goldmünzen heraus.

»Jede von euch kriegt einen Taler«, sagte er großzügig. »Aber mehr ist nicht drin. Und jetzt lasst mich gefälligst in Ruhe.«

Ratlos und etwas verdattert zogen wir wieder ab. Kaum waren wir draußen, als der Wind eine zauberhafte Flötenmelodie herübertrug. Erst als wir unseren Hof betraten, konnten wir die Musik richtig einordnen: Oliver begleitete Fridolin auf dem E-Piano und hatte ihm offenbar eine Tin Whistle – eine Blechflöte – mitgebracht. Irische und schottische Folk Music gehörte sonst nicht zu Frido's Repertoire, aber nun hatte er einen Lehrmeister gefunden, der seinen Horizont erweiterte. Die beiden brachen aber sofort ab, als wir das Tor öffneten. Auch die anderen liefen herbei und wollten wissen, was wir erreicht hatten. Von den zwei erhaltenen Münzen sagten wir vorläufig nichts. In meiner Jackentasche fühlte sich die wertvolle Scheibe sehr verheißungsvoll an, mit Zeigefinger und Daumen musste ich mich immer wieder vergewissern, dass ich nicht geträumt hatte.

Henry meinte, wir sollten den alten Mann nicht weiter bedrängen, Martina regte sich dagegen furchtbar auf. »Ist doch klar, dass er gelogen hat«, meinte sie. »Das gibt noch ein Nachspiel! Aber sollten wir jetzt nicht erst einmal einen schönen Kaffeetisch für Trixis Eltern herrichten? Ich finde, unsere Jungs könnten den Küchentisch auf den Hof tragen und unter dem Apfelbaum aufstellen. Bei diesem herrlichen Wetter wirkt eine Kaffeetafel im Grünen doch wie aus der Werbung!«

Sie hatte völlig recht. Saskia zog zwar schon wieder ein langes Gesicht, weil sie endlich die Milchkanne anmalen wollte, aber sie half dann doch, eine idyllische Kulisse herzustellen. Dekoration war ja im Grunde ihre Domäne. Tante Emmas blaukarierte Leinendecke, Keramikbecher und ein paar geschickt verstreute Gänseblümchen würden jedes romantische Herz und sicherlich auch das meiner Mutter entzücken. Oliver und Henry sollten zum Empfang ein irisches Volkslied spielen, so dass auch mein musikliebender Papa wie Eis in der Sonne dahinschmelzen müsste.

Bevor meine Eltern kamen, war noch eine halbe Stunde Zeit, um wenigstens die angelaufenen Kuchengabeln zu putzen. Saskia nahm die Gelegenheit wahr, um endlich in der Scheune zu verschwinden. Doch schon nach wenigen Minuten kam sie wieder angeflitzt und strahlte.

»Trixi, ich hatte gerade einen Geistesblitz!«, rief sie atemlos und hielt die rostigen Schlüssel hoch, die ebenfalls aus der Kanne geplumpst waren. »Es wäre doch logisch, dass Tante Emma den Schatz zusammen mit den Hausschlüsseln ihres Nachbarn aufbewahrt hat! Wenn die Schlüssel tatsächlich zu seiner Eingangstür passen, dann können wir doch Gleiches mit Gleichem vergelten und heute Nacht unsere Goldmünzen zurückholen!«

»Wenn du so genau weißt, wo er sie jetzt versteckt hat – ich habe jedenfalls keine Ahnung!«, sagte ich. »Falls er sie zum Beispiel unter seine Matratze gestopft hat, möchte ich mal wissen, wie du das anstellst.«

Wir hörten jetzt einen Wagen, nein, zwei. Meine

Eltern kamen tatsächlich in zwei Autos vorgefahren, hoffentlich hatten sie nicht allzu viele gutgemeinte, aber unwillkommene Mitbringsel dabei. Ich kannte das schon: »*Sieh mal, Trixi, Omas Bügeleisen habe ich nur selten benutzt, und könnt ihr vielleicht unsere Mikrowelle brauchen, Papa hat gerade eine neue zum Einbauen bestellt ...*« So liebenswert wir die nostalgischen Gerätschaften eines Bauernhauses fanden, so wenig mochten wir ausrangierte, nicht ungefährliche Stromfresser.

Aber peinlich wurde es zum Glück nicht. Vater zog zwei Bleche mit Mutters wunderbarem Obstkuchen aus dem Kofferraum, sie trug eine große Kristallschale mit Schlagsahne. Unsere Musiker spielten ihr irisches Lied, und ich stellte meinen Eltern schließlich Oliver und Martina vor, die sie noch nicht kannten. Das pittoreske Szenario in unserem Innenhof wirkte so überzeugend, dass sich der Widerstand meiner Eltern gegen meine *Schnapsidee* bestimmt in Wohlgefallen auflösen musste. Meine Mutter fiel auch sofort auf unser Bauerntheater herein und äußerte ihre Begeisterung mit Worten wie *entzückend, allerliebst* oder *herzig*. Die Blicke meines Vaters ruhten zwar als Erstes auf dem großen Müllhaufen neben der Scheune, aber er verkniff sich einen Kommentar. Die empathische Martina hatte ihm sein Missfallen an der tiefen Stirnfalte angesehen und behauptet, für morgen werde ein Container erwartet, und vor der Hausbesichtigung sollten wir erst einmal Kaffee trinken. Alle setzten sich brav hin, auch die beiden Musiker.

Um gut Wetter zu machen und aus taktischen Gründen, wollte Henry Näheres über die Familiengeschichte erfahren, obwohl er von mir ja bereits alle wichtigen Details kannte. War Emma meine Großtante väterlicher- oder mütterlicherseits? Meine Mama erzählte ausführlich und nur allzu gern, dass ihre Großeltern – also meine Urgroßeltern – den Hof noch bewirtschaftet hätten. Als beide kurz hintereinander während einer Grippeepidemie starben, erbten die gerade erst volljährigen Töchter den gesamten Besitz. Aus Unwissenheit verkauften sie die Felder und das Nachbargrundstück zu einem Schleuderpreis. Meine Oma erhielt den Erlös, ihre Schwester Emma bekam das Haus, doch letzten Endes hatten beide nichts von ihrem bescheidenen Reichtum. Meine verstorbene Großmutter heiratete nämlich einen blendend aussehenden Geschäftsmann, der in kurzer Zeit das Vermögen durchbrachte und sich absetzte. Seitdem lebte sie mit ihrer einzigen Tochter in ärmlichen Verhältnissen. Deswegen musste meine Mutter – ähnlich wie mein Vater – schon früh eine kaufmännische Lehre antreten, um Geld zu verdienen. Tante

Emma hatte genauso wenig Glück, ihr Ehemann starb schon nach wenigen Jahren an Tuberkulose. Sie lebte von einer kleinen Rente und wurde mit der Zeit verbittert und menschenscheu.

Natürlich hatten wir vereinbart, kein Wort über den Goldschatz zu verlieren. Falls meinen Eltern etwas davon zu Ohren käme, würden sie in einer großangelegten Suche das gesamte Haus in seine Bestandteile zerlegen. Wir plauderten also noch ein wenig über belanglose Themen wie irische Musik, die Nachbarskatze oder unsere Studienfächer. Schließlich wurde die Tafelrunde aufgehoben, und die Besichtigung begann. Ich wusste längst, dass mein Vater den Ausdruck *Renovierung* für unangemessen hielt, weil eine *Sanierung* viel wichtiger sei, sich aber im vorliegenden Fall kaum mehr lohne.

Als Erstes betraten wir die Küche, die jetzt ohne den klobigen Tisch und die Stühle etwas karg, aber immerhin sauber aussah. Das angrenzende große Zimmer stand leer, es war wohl einmal die *gute Stube* gewesen, und wir waren uns noch nicht einig, ob es ein gemeinsames Wohnzimmer oder Olivers Reich werden sollte. Das kleine Stübchen war für Martina vorgesehen und sah bereits ganz manierlich aus. Im ersten Stock konnte Saskia mit ihrem nahezu fertigen Zimmer glänzen; meine Mutter war hingerissen vom rustikalen Muster der Gardinen und dem lässig drapierten Schaffell. »Ich stehe total auf Country, Martina ist eher für Ethno«, erklärte die stolze Innenarchitektin.

Gegen das blumige Reich meiner Freundin wirkte unser Schlafzimmer noch etwas provisorisch und nüchtern, nur die Dielen hatten wir sorgfältig abgeschliffen und geölt. An den Wänden hatte Henry weißen Rauhputz aufgetragen und mit einem Reibebrett aus Holz eine senkrechte Struktur erreicht, die den niedrigen Raum höher wirken ließ. Zum ersten Mal nickte mein Vater anerkennend, klopfte Henry auf die Schulter und meinte: »An dir ist ein guter Handwerker verlorengegangen!«

Aber schon im nächsten Zimmer, dessen Bestimmung auch noch unklar war, konnte er nicht mehr an sich halten. »Da könnt ihr euch noch so viel Mühe geben, euer Projekt ist trotzdem zum Scheitern verurteilt und der reine Wahnsinn! Es wundert mich, dass das Dach noch dicht ist. Alle Fenster müssten erneuert werden, im Badezimmer schimmelt es, nur in zwei Räumen steht überhaupt ein Ofen. Im Winter werdet ihr reumütig wieder bei Mama und Papa einziehen.«

Meine Mutter stieß ihn vorsichtig an, ich ahnte, dass sie auf unserer Seite stand. Im Grunde hatte sie ein gewichtiges Wörtchen mitzureden, denn sie hatte schließlich dieses Haus geerbt und nicht mein Papa. Sie verhinderte schließlich auch, dass mein Vater Dachboden, Keller und Scheune inspizierte, wo wir sowieso noch gar nichts unternommen hatten.

»Das machen wir ein andermal, so etwas dauert immer eine Ewigkeit«, sagte sie. »Ich muss schließlich heute noch kochen. Und jetzt gibt es eine Überraschung, oder denkst du, wir hätten nur den Kuchen mitgebracht?«

Mir schwante nichts Gutes, als sie mich auf die Straße zu ihren Autos führten. Meine Freunde folgten neugierig. Was mochte jetzt kommen? Welche Geschenke würden meine Eltern ans Tageslicht befördern und dafür überschwenglichen Dank erwarten? Es kam jedoch ganz anders. Mutter öffnete den Fahrersitz ihres vws, ließ mich einsteigen und drückte mir die Autoschlüssel in die Hand.

»Er gehört jetzt dir, damit du uns oft besuchen kannst!«

Und mein Vater setzte hinzu: »Der TÜV ist ganz neu. Tanken kannst du immer gratis bei mir, und in meiner Heidelberger Werkstatt darfst du jeden Tag den Wagen abstellen. Parkplätze in der Tiefgarage sind ja unbezahlbar.«

Obwohl ich ja erwartet hatte, irgendwann ihren Golf zu erben, war ich nun doch sehr gerührt.

Gleichzeitig schämte ich mich vor den anderen, die nicht aus einem wohlhabenden Elternhaus stammten. Henry hatte sich seine Karre, Oliver seinen Roller mühsam erarbeitet. Martina hatte vier Geschwister und bloß ein abgelegtes Fahrrad, Saskia besaß ein ungeliebtes Mountainbike. Ich wusste genau, dass meine neidische Busenfreundin jetzt wieder einen Grund hatte, über meinen privilegierten Status zu lästern. Sie verkniff sich jedoch eine süffisante Bemerkung, sondern winkte mit allen anderen meinen Eltern freundlich hinterher. Danach konnte sie sich endlich absetzen und ihrer geliebten Bauernmalerei widmen. Henry begutachtete meinen Wagen von allen Seiten und öffnete schließlich auch den Kofferraum.

»Hey!«, rief er. »Was haben wir denn da!« Amüsiert zog er einen schrecklichen alten Ghettoblaster sowie einen zerbeulten Dampfkochtopf heraus und legte schleunigst einen neuen Misthaufen für die Entsorgung defekter Elektrogeräte an.

Dann ging es ans Aufräumen. Oliver deckte mit mir den Tisch ab, Martina und Henry schleppten die Möbel in die Küche zurück. Frido hatte immerhin die Schüssel mit der restlichen Sahne für die Nachbarskatze gerettet, zu weiteren Handgriffen fühlte er sich sowieso nie verpflichtet. Statt aber nach Hause zu gehen, zupfte er Oliver dauernd am

Ärmel. Offenbar wollte er weiter mit ihm musizieren.

»Mein Brüderchen sollte lieber Mathe lernen, das hat er dringend nötig«, meinte Henry kopfschüttelnd. »Oliver kann ihm zwar in puncto Musik noch so manches beibringen, sogar schottische Lieder, die noch nicht einmal unsere Mutter kennt. Er könnte mit ihm auch auf Englisch parlieren – aber darin ist Frido seinem Meister sogar überlegen. Ebenso kennt er sich als *Digital Native* im Netz besser aus als unser Troubadix.«

Klar, Henrys Bruder war zwar nur wenige Jahre jünger als wir, aber sozusagen von Geburt an mit seinem Smartphone verwachsen. Frido konnte sogar Henry und mir auf die Sprünge helfen, wenn wir Probleme mit unseren Rechnern hatten. Andererseits drückte er sich vor unangenehmen Pflichten, wo es nur ging, und setzte wie ein hartnäckig bettelnder Hund seine Wünsche durch. An jenem Abend wurde so lange geflötet und gesungen, bis Henry seinen Bruder energisch fortschickte.

6
Kaufrausch

Unsere Männer bearbeiteten gerade die Holzdielen in Olivers künftigem Zimmer, Martina hatte sich für einen Tag entschuldigt. Immerhin hatte sie noch etwas Merkwürdiges im Gerümpel entdeckt, leider war es kein Diadem, sondern bloß ein abgeschnittener Zopf. In eine alte Zeitung gewickelt, hatte sie ihn zwischen vergammelten Matratzenteilen hervorgezogen und mir leicht angewidert präsentiert. Saskia und ich saßen beisammen und betrachteten nachdenklich sowohl Emmas graue Haare als unsere Goldmünzen. Da ich jetzt die Besitzerin eines Autos war, bekam ich Lust auf eine kleine Spritztour. Sollten wir vielleicht in einem Fachgeschäft unsere Ware mal anbieten? Saskia war sofort Feuer und Flamme.

»Heidelberg? Mannheim? Darmstadt? Frankfurt?«, fragte sie. Wir entschieden uns für Mannheim, wo wir uns auskannten und im Smartphone die Adressen mehrerer Münzhandlungen fanden. Dann zogen wir unsere Arbeitskleidung aus und halbwegs seriöse Sachen an, um nicht für Kriminelle gehalten zu werden.

Hinterher ist man immer klüger. Anstatt mehrere Läden abzuklappern und die Angebote zu vergleichen, waren wir gleich beim ersten Händler so zufrieden, dass wir unsere zwei Münzen sofort verkauften.

»Das reicht bestimmt für ein paar neue Fenster«, hoffte ich.

»Eigentlich könnten wir uns jetzt eine Belohnung gönnen«, meinte Saskia. »Tagelang haben wir bloß geschuftet! Wo wir schon mal hier sind, lass mich wenigstens ein bisschen windowshoppen, ich habe mir seit Ewigkeiten keine schicken Schaufenster angesehen.«

»Na gut«, sagte ich. »Eigentlich brauche ich neue Jeans, das ist ja nun wirklich kein Luxus.«

Die Einkaufsmeile im Zentrum der Mannheimer Quadrate hat es in sich. Auf den *Planken* reihen sich sowohl preiswerte als auch edle Warenhäuser, Boutiquen, Parfümerien und Schuhläden dicht an dicht, so dass wir kaum von der Stelle kamen. Tagelang hatten wir nur unsere ältesten Latschen, schmutzigen Hosen und zerrissenen Pullover getragen. Ich muss gestehen, dass wir plötzlich das Motto unserer *Gegenstrom*-WG völlig vergaßen, nämlich den Konsumverzicht. Aufgeregt las mir meine Freundin den Slogan vor: *Alles fürs Oktoberfest*. Unser Kaufrausch begann, als wir das Trachtengeschäft betraten. Inzwischen wird der clevere Münchner Brauch ja überall und sogar in Norddeutschland gewinnbringend kopiert. Saskia deutete auf ein Dirndlkleid und behauptete, darin würden wir auf jedem Flohmarkt auffallen.

»Henry mag keine Trachten«, sagte ich. »Er hält es für verlogenen Kitsch, wenn sich Städter und Touristen plötzlich verkleiden, nur weil es zur Saison passt. Und ich finde, er hat einen guten Geschmack.«

»Lass mich trotzdem mal anprobieren, *just for fun*«, bat Saskia. Sie sah hinreißend aus, und ich konnte nicht anders, zog auch ein Dirndl an und stellte mich neben sie vor den Spiegel. Wir wirkten wie die Stars eines folkloristischen Heimatfilms – meine Freundin in einem kurzen Kleid mit gestickten knallroten Herzen, tiefem Ausschnitt und grüner Taftschürze, ich in einem bodenlangen Rock, weißer Spitzenbluse unterm schwarzen Mieder und einer pink, golden und violett gestreiften Schürze.

»Rosenresli und Geierwally«, sagte ich.

»Wenn wir in diesem Outfit unsere Bauernmöbel verkaufen, kann uns niemand widerstehen«, tröstete mich Saskia, weil sich mein Gewissen ein wenig regte. Es handelte sich ja leider nicht um ein Schnäppchen. Um unseren Spontankauf zu feiern, gingen wir erst einmal einen Espresso trinken und bestellten dazu je drei Eclairs mit Schokofüllung. Für alle Fälle ließ ich mir noch eine Kollektion einpacken, um zu Hause für gute Stimmung zu sorgen. Henry war schließlich ein halber Schotte, und ich liebte es, ihn mit seiner Abstammung etwas aufzuziehen. Wenn ich behauptete, unsere Konsumverweigerung sei nur durch seinen sprichwörtlichen Geiz entstanden, ärgerte er sich wirklich. Aber wie die Nachbarskatze durch Frikadellen, Herrn Gläser durch Schinken, so konnte man Henry mit Schokolade und Nutella handzahm bekommen.

Am Ende unserer Tour war fast das gesamte Geld verbraten, und fünf riesige Tüten füllten den Kofferraum. Vor allem unsere neuen Schuhe passten nicht so recht zu unserem bäuerlichen Ambiente, sie waren unerhört schick und ein bisschen unbequem.

»Ich war die ewigen Jeans sowieso etwas leid«, rechtfertigte ich mich auf der Rückfahrt. »Bis auf die Bundeskanzlerin tragen jetzt alle prominenten Frauen Röcke oder Kleider.«

»Na schön, dass du dich für prominent hältst«, spottete Saskia. »Und gut, dass Martina heute nicht da ist. Wir müssen unsere Beute unauffällig ins

Haus schmuggeln und erst mal ganz hinten in den Schränken einlagern.«

»Ach, die Jungs merken doch gar nicht, dass die Sachen neu sind«, sagte ich. »Aber du hast recht, sie sollten uns nicht als stolze Besitzer ertappen.«

Wir kicherten wie Schulmädchen, die ihrem Lehrer einen albernen Streich gespielt haben. Es dauerte aber nicht lange, dann meldeten sich meine Skrupel. »Ach Saskia, Henry ist die Liebe meines Lebens. Ich habe ihn noch nie belogen, jetzt habe ich ein mulmiges Gefühl.«

»Trixi, da denkst du viel zu moralisch. Verschweigen ist doch nicht lügen! Meinst du, er erzählt dir immer alles? Andererseits wäre es schade, wenn unsere neuen Kleider nur im Schrank versauern, es wäre doch nett, wenn wir es heute Abend mal krachen lassen. Seit Wochen wühlen wir im Dreck herum.«

»Meinst du, nur wir beide – ohne unsere Jungs?«

»Soviel ich weiß, macht sich Henry nichts aus Discos, Oliver wahrscheinlich auch nicht.«

»Doch«, sagte ich. »Oliver tanzt sogar sehr gern. Er steht schon lange unter Artenschutz, weil seine Spezies vom Aussterben bedroht ist. Kannst ihn ruhig abschleppen, ich bleibe zu Hause bei meinem Goldschatz.«

Es gelang problemlos, unsere Tragetaschen ins

Haus zu schaffen. Schon als wir aus dem Auto stiegen, dröhnte uns der Lärm der Schleifmaschine entgegen. Oliver hatte sich entschlossen, auf den großen Raum neben der Küche zu verzichten und sich mit dem dritten, etwas kleineren Zimmer neben Saskia zu begnügen. Bei ihrer geräuschvollen Arbeit waren Ohrenstöpsel nötig, unsere Helden konnten uns weder sehen noch hören, als wir unsere Beute klammheimlich verstauten. Sobald wir wieder unsere Lumpen anhatten, stellte Saskia die Pfanne auf den Herd und schnitt gekochte Kartoffeln vom Vortag in Scheiben. Ich machte mich bei den fleißigen Handwerkern bemerkbar.

»Ihr seid ja wirklich unermüdlich!«, sagte ich. »Für heute ist Feierabend, es gibt jetzt Essen.«

Das ließ man sich nicht zweimal sagen. Geduscht und gekämmt saßen sie bald darauf in der Küche, aßen mit bestem Appetit Bratkartoffeln, Eier und Speck und verzehrten zum Nachtisch die mitgebrachten Köstlichkeiten.

»Frische Eclairs hast du wohl kaum beim hiesigen Bäcker bekommen«, meinte Henry begeistert. »Ist mein liebes Zicklein extra wegen mir nach Heidelberg gefahren?«

»Nur nach Leutershausen, dort gibt es ein wunderbares Café, ein Geheimtipp meiner Mutter.« Und schon hatte ich ihn angelogen und wurde rot.

Saskia fragte jetzt endlich: »Hättet ihr vielleicht Lust, heute Abend noch mal um die Häuser zu ziehen?«

»Mir tun alle Knochen weh«, sagte Henry. »Ich freue mich schon aufs Bett.«

»Mir geht's genauso«, sagte Oliver. »In der *Musikfabrik* öffnen sie erst um zehn, das ist mir definitiv zu spät.«

Doch er ließ sich weichklopfen, als ihm Saskia eine Disco vorschlug, die er noch gar nicht kannte. Auf dem Weg nach Heidelberg wollte er noch schnell in seiner Bude vorbeifahren und sich umziehen. Kurz darauf erschien Saskia startbereit im Dirndlkleid, worin sie in der Disco bestimmt die Einzige sein würde. Die beiden Männer sagten einstimmig: »Wow!«

Im Grunde war es mir sehr recht, auch mal einen Abend mit Henry allein zu verbringen. Es war zwar Spätsommer, aber immer noch warm. Wir konnten draußen sitzen, schön romantisch mit einer Flasche Wein und ein paar Kerzen. Henry war allerdings noch nie ein schmachtender Liebhaber gewesen, sondern ein praktischer, ja nüchterner Zeitgenosse. Schon nach einer halben Stunde und dem ersten Mückenstich stand er auf.

»Zicklein, wir gehen lieber rein. Nach der heutigen Schinderei muss ich mich ausstrecken …«

Na gut, dachte ich, ausstrecken ist auch nicht verkehrt, dann nehmen wir halt Wein und Kerzen mit ins Schlafzimmer. Doch fünf Minuten nachdem er sich hingelegt hatte, fing Henry auch schon an zu schnarchen. Leicht frustriert stieg ich über ihn hinweg, schnappte mir die Flasche und ging wieder ins Erdgeschoss. Jetzt tat es mir fast leid, dass ich Saskia und Oliver nicht begleitet hatte. Allerdings blieb ich nicht allzu lange einsam, denn plötzlich wurde die Haustür aufgerissen, und meine schluchzende Freundin stöckelte herein. Es dauerte eine Weile, bis ich den Grund ihres Kummers erfuhr. In der Disco hätten sie zufällig die mannstolle Kirsten getroffen, und von da an habe Oliver nur noch Augen für dieses Weib gehabt. Außer sich vor Enttäuschung und Wut war Saskia mit der Straßenbahn nach Hause gefahren.

»Ich denke, du pfeifst sowieso auf alle Männer«, wandte ich ein.

»Man wird doch mal eine Ausnahme machen dürfen«, sagte sie schniefend, schlüpfte aus den neuen Highheels und kickte sie in eine Ecke.

Ich holte ihr ein Glas und schenkte uns beiden ein, im Nu war die Flasche leer, und ich öffnete eine zweite. Alkohol kann ganz unterschiedliche Wirkungen erzeugen. Die unglückliche Saskia wurde zusehends übermütiger, mich dagegen überwältigte ein heftiger Weltschmerz. Schluchzend klagte ich meinen Egoismus an.

»Während Henry und Oliver sich abgequält haben, sind wir mit der gesamten Kohle shoppen gegangen. Mein Vater hat recht und Martina ebenfalls, wir werden im Winter erfrieren, und alle Mühe war umsonst! Ach, könnte ich doch diesen blödsinnigen Einkauf wieder rückgängig machen!«

Mit dem Glas in der Hand tanzte Saskia barfuß in der Küche herum, meine Tränen schienen sie aber irgendwann doch zu beeindrucken. Plötzlich hielt sie inne und umarmte mich.

»Ich hab's!«, rief sie euphorisch. »Wir holen uns jetzt frisches Geld, und alles wird gut! Komm jetzt, die ganze Welt schläft tief und fest und Gerhard Gläser bestimmt auch, wir schleichen uns mal rüber und probieren den Schlüssel aus!«

»Der ist doch völlig verrostet!«

»Nein, ich habe ihn bereits gründlich abgeschmirgelt.«

»Aber so kann ich doch nicht weg, ich habe bloß Emmas Nachthemd an«, jammerte ich.

»Keine Ausreden, zieh dir schnell was über, und los geht's.«

Wir waren beide sturzbetrunken. Saskia trug noch das fesche Dirndl, aber keine Schuhe. Ich band mir bloß eine Schürze über das Hemd und schlüpfte in

Henrys Gummistiefel – wahrscheinlich sah ich aus wie eine Gewitterhexe. Mein Schluchzen ging in Kichern über, als wir Hand in Hand auf die Straße traten. Es war bereits sehr spät, kein Licht schien mehr in den Häusern, nur ein paar Katzen zankten sich lautstark unter einer Straßenlaterne. Ein bisschen unheimlich war mir schon zumute, als wir vor dem Nachbarhaus ankamen. Saskia zögerte allerdings keine Sekunde, zückte den Schlüssel und fluchte.

»Scheiße, man kann nichts sehen! Wir hätten eine Taschenlampe mitnehmen sollen!«

Sie fummelte eine Weile im Dunkeln herum, bis sie das Schlüsselloch fand und sich die Tür zu meinem Erstaunen fast geräuschlos öffnen ließ.

Das Nachbarhaus sah dem unseren sehr ähnlich, auch hier ging es durch einen kleinen Windfang zuerst in die Küche. Ich tastete nach dem Lichtschalter, und auch der befand sich fast an der gewohnten Stelle. Als eine schwache Glühbirne aufleuchtete, konnte man den Raum überblicken. Auf der harten Eckbank schlief Gerhard Gläser mit dem Kopf auf dem Tisch. Verwirrt fuhr er hoch und rieb sich die Augen. Neben ihm stand eine leere Schnapsflasche. Saskia öffnete den Mund zum Schrei, brachte aber keinen Ton heraus. Ich erstarrte zur Salzsäule. Weil wir anscheinend alle drei zutiefst erschrocken waren, herrschte sekundenlanges Schweigen.

»Emma, du brauchst nicht mehr jede Nacht zu kommen«, sagte Herr Gläser schließlich. »Ich habe deiner Erbin ja schon einen Taler geschenkt. Du könntest jetzt endlich mal Frieden geben und in deiner Grube bleiben.«

Gerade wollte ich erklären, dass ich weder Emma noch ein Gespenst war, als Saskia wieder einen ihrer Geistesblitze hatte.

»Herr Gläser, Emma wird so lange wiederkommen, bis sie ihren Anteil erhalten hat«, sagte sie.

»Wer bist du denn?«, fragte der Alte, der Saskia bisher gar nicht wahrgenommen hatte.

»Ich bin der Geist, der stets verneint«, zitierte ich völlig unpassend an Saskias Stelle, weil mir nichts Besseres einfiel.

»Also der Teufel!«, sagte er. »Ich hab's ja geahnt, dass er auf deiner Seite steht. Na gut, damit du endlich Ruhe gibst! Du weißt ja selbst, wie schrecklich es ist, wenn man keine Nacht mehr durchschlafen kann.«

Er stand mühsam auf, grinste hinterlistig und ging zwei Schritte weiter bis an ein Regal. Dort griff er nach einer offenen Blechdose und hielt sie mir auffordernd hin. Uralter, gelblicher Würfelzucker voller Fliegenschiss war nicht gerade das, was man Gästen anbietet. Nicht nur ich, selbst ein Pferd hätte sich geschüttelt.

»Taler, Taler du musst wandern«, krächzte der alte Mann und leerte die Dose auf dem Tisch aus. Unter den Zuckerstücken leuchtete es golden.

»Nimm dir ein paar«, sagte er. »Aber komm nie wieder!«

Ich grabschte nach möglichst vielen verzuckerten Münzen, um sie hurtig einzustecken. Dabei stieß ich auf etwas Haariges im Inneren meiner Schürzentasche, das sich anfühlte wie eine tote Maus. Ähnlich wie Saskia das nässende Meerschweinchen fortgeschleudert hatte, so warf ich panisch Emmas Zopf auf den Zuckerhaufen, dann rannten wir davon, als sei der Leibhaftige hinter uns her. Erst als wir in Sicherheit waren und die Haustür abgeschlossen hatten, zählten wir die Beute: Es waren immerhin zwölf Goldmünzen.

»Bist du jetzt zufrieden?«, fragte Saskia. »Wir hatten unseren Spaß in Mannheim und können uns demnächst neue Fenster leisten. Und wem verdankst du das alles? Deiner hysterischen Freundin! Jetzt dürfen wir stolz und wunschlos glücklich ins Bett kriechen.«

Das taten wir auch, denn plötzlich waren wir hundemüde. Ich hätte wohl bis in die Puppen geschlafen, wenn mich Henry nicht irgendwann mit den Worten geweckt hätte: »Du schnarchst heute wie eine Kreissäge!«

Bei unserem späten Frühstück, an dem auch Martina und der nach Zigarettenrauch stinkende Oliver teilnahmen, tischte Saskia unseren Freunden eine geschönte Fassung des neuen Reichtums auf: Wir wären in Emmas weißen Nachthemden wie feenhafte Geister im dunklen Garten herumgeschwirrt und hätten durch diesen elfenhaften Anblick den Alten angelockt. Plötzlich sei er ganz weich geworden und hätte uns in einem Anflug von Sentimentalität einen Teil der Goldmünzen geschenkt – beziehungsweise zurückgegeben.

»Ich möchte zu gern wissen, wem der Schatz tatsächlich gehört hat«, sagte Oliver. »Wetten, dass eine anrüchige Geschichte dahintersteckt. Aber egal, nun rücken wir nichts mehr heraus. Verjährt ist verjährt, geschenkt ist geschenkt.«

Henry hatte uns mit einer weniger erfreulichen Nachricht bisher verschont. Nun erzählte er, dass er sich schon vor zwei Tagen nach günstigen Einbaufenstern umgesehen hätte. Ein Fachmann habe ihn beraten. Bedauerlicherweise könne man die genormten Modelle wohl kaum für unsere Zwecke verwenden, sondern müsse Fenster nach Maß vom Schreiner anfertigen lassen.

»Das soll bei schiefen alten Häusern häufig der Fall sein«, berichtete er. »Auch deswegen ist eine Sanierung meistens teurer als Abriss und Neubau.

Trixis Vater hat uns gewarnt. Aber da wir es uns jetzt leisten können, sollten wir einen Kostenvoranschlag von einem erfahrenen Handwerker einholen, vielleicht gibt es ja ein Happy End in einem gemütlichen und winterfesten Haus.«

Da es sich ja eigentlich um mein Geld handelte, waren auch Oliver und Saskia sofort einverstanden. Diesmal verkaufte Henry die Münzen und erzielte einen viel höheren Preis als ich. Aber da er von unserem Ausflug nichts wusste, konnte er uns auch nicht rüffeln. Alles schien zu klappen, nur der Schreinermeister, den wir bestellt hatten, schüttelte missbilligend den Kopf. Genau wie mein Vater bezeichnete er unseren Plan als Schnapsidee. Nach einigem Hin und Her ließ er sich aber dazu herab, Maß zu nehmen und den ungefähren Preis zu errechnen. Auch wenn man auf die stilechten Sprossen verzichtete, wurde es eine teure Angelegenheit. Die Fenster auf dem Dachboden und im Keller konnten vorerst nicht erneuert werden, denn mein Etat reichte höchstens für das Erdgeschoss und das obere Stockwerk. Trotzdem erteilte ich dem skeptischen Handwerker den Auftrag, so bald wie möglich mit der Arbeit zu beginnen.

7
Der Dachboden

Das Bauernhaus war in den 70er-Jahren teilsaniert worden, wie sich meine Mutter zu erinnern glaubte. Damals habe man defekte Ziegel auf dem Dach ersetzt und die veraltete Elektroinstallation nachgebessert, aber zum Glück wohl keine giftigen Holzschutzmittel verwendet. Tante Emma hatte jahrelang nur in zwei Zimmern gehaust, die anderen Räume waren von mehreren Generationen mit Gerümpel vollgestopft worden. Anscheinend wurde niemals etwas weggeworfen, was man irgendwie noch brauchen konnte. Den Dachboden hatte ich erst ein einziges Mal betreten und danach den Zugang abgeschlossen. Martina, Saskia und Oliver wollten nun endlich wissen, welche Überraschungen oder gar Goldschätze dort oben auf uns warteten. Wir folgten Henry, der vor uns die steile Treppe hinaufstieg.

»Mist«, sagte er sofort. »Gestern wurde der Sperrmüll abgeholt!«

Er hatte recht, hier galt es noch viel zu entrümpeln. Eigentlich wollte ich drei schöne Mansarden einbauen lassen, bisher gab es dort nur ein zugiges Kämmerchen, in dem wahrscheinlich Aschenputtel geschlafen hatte. Für eine arme Magd hatte man keinen Wasseranschluss gelegt, mit Sicherheit musste sie früh am Tag mit einem vollen Nachttopf die Stiege hinunterbalancieren. Immerhin gab es Strom, eine Glühbirne baumelte an der Decke.

Martina stürzte sich auf eine Eichentruhe mit gewölbtem Deckel, die man sicherlich noch gut verkaufen konnte. Innen befanden sich aber außer einem Taufkleidchen und einem Stickmustertuch keine weiteren Textilien, sondern unzählige zerfledderte Liebesromane und Westernheftchen, auch ein paar schön gebundene alte Bücher und ein geschnitzter Christophorus. Eine großformatige Haus- und Bilderbibel von 1880 war wohl ein paar hundert Euro wert, auch ein uraltes Kochbuch von Henriette Davidis ließ sich zu Geld machen. Aber bevor ich auch nur den Mund auftun konnte, rief Martina hocherfreut: »Das Kochbuch kriege ich!«, und Saskia brüllte begeistert: »Und ich die Bibel und den Heiligen! Das passt doch ausgezeichnet zu den frommen Bildern neben meinem Bett!«

Jetzt ärgerte ich mich, denn ich fand es schon immer geschmacklos, wenn man religiöse Gegenstände, also Buddhas, Kruzifixe oder Heiligenstatuen, zu reinen Dekorationszwecken einsetzte.

»Nein«, sagte ich unmissverständlich. »Das werde ich alles bei eBay anbieten. Falls hier oben noch Wohnraum entstehen soll, brauchen wir jeden Cent. Kauf dir einen Gartenzwerg, Saskia, wenn du unbedingt einen Mann im Schlafzimmer brauchst!«

Beleidigt überließen sie es mir, weiterhin staubige Bücher auszuräumen, und begaben sich in eine andere Ecke. Kurz darauf hörte ich Saskias schrillen Schrei. Ich ließ einen ledernen Folianten fallen und rannte zu ihr, auch die Männer verließen einen offenbar interessanten Fund und wollten ihr helfen. Es war aber nur eine tote Taube, vor der sich meine Freundin entsetzlich ekelte.

»Mein Gott«, sagte Henry genervt. »Stell dich nicht so an! Wenn du etwas Nützliches tun willst, könntest du mal kehren.«

Ungefähr ein Viertel der Gesamtfläche war nämlich nicht zugemüllt. Hier waren Wäscheleinen gespannt, an denen noch klobige hölzerne Klammern steckten. Auf diesem freien Terrain wollten wir alles anhäufen, was für den Flohmarkt in Frage kam. Henry wurde ein wenig nervös, da dieser Termin näher und näher heranrückte und er bis jetzt noch kaum zum Restaurieren der Möbelstücke gekommen war. Plötzlich winkte er mich heran.

»Sieh mal, was ich entdeckt habe – einen Munitionsbehälter! Leider kann ich das Vorhängeschloss nicht knacken. Aber die Kiste ist relativ leicht, innen sind wohl keine schweren oder scheppernden Gegenstände. Ich hole mal eine Zange und eine Metallsäge …«

Während Henry Werkzeug besorgte, versuchte Oliver, die verblichene Schrift auf dem Deckel zu entziffern. »Heeresmunition, Gesamtgew. 35 kg«, las er vor. »Ich schätze, aus dem Zweiten Weltkrieg.«

Inzwischen standen wir alle vor dem ominösen Kasten. »Und wenn nun doch Granaten drin sind, die beim Öffnen das ganze Haus in die Luft jagen?«, fragte Saskia ängstlich und starrte dabei mich und nicht Oliver an. Mir war aufgefallen, dass sie ihm nach jenem Discobesuch aus dem Wege ging, während Martina den Troubadour ungeniert anhimmelte.

Als Henry die Kiste aufbekommen hatte, krachten wir vor Neugierde mit den Köpfen zusammen. Innen lag nur eine Kladde mit der gedruckten Aufschrift *Konto-Buch*. Henry übergab sie mir, doch schon beim ersten Aufschlagen sah man, dass hier keine Zahlenreihen zwischen den senkrechten Linien aufgelistet waren. Es handelte sich vielmehr um handgeschriebene Eintragungen in Sütterlinschrift, die wir auf die Schnelle nicht entziffern konnten. Oliver griff zum Smartphone, machte sich schlau und belehrte uns schließlich: »1915 wurde diese deutsche Schrift erfunden und 1941 wieder abgeschafft, also könnte das Buch durchaus hundert Jahre alt sein. Allerdings haben vielleicht manche Leute weiterhin in Sütterlin geschrieben, weil sie es nun mal gewohnt waren. Aber wir kriegen schon noch raus, was drinsteht!«

»Vielleicht ein Tagebuch?«, fragte Martina. »Das wäre doch höchst interessant!«

Saskia riss mir das geheimnisvolle Heft aus der Hand und versuchte, eine Überschrift zu enträtseln. »Ich glaube, es sind Kochrezepte!«, rief sie aus. »Hat jemand von euch eine Oma, die noch Altschrift gelernt hat?«

Ich nahm es ihr energisch wieder weg und blätterte weiter, wobei ich auch auf eingeklebte Zeitungsausschnitte in Druckschrift stieß. »*Vorteilhafte Mästung mancherlei Geflügels*« lautete eine Kopfzeile. Auf den freien Rand hatte jemand in ungelenken Blockbuchstaben vermerkt: BAYERISCHES KOCHBUCH VON 1843.

»Na gut, Mädels, nun könnt ihr endlich kochen lernen«, sagte Henry. »Heute Abend erwarte ich ein Schmankerl nach einem Rezept von Trixis Urahnen. Aber jetzt wird nicht weiter geschmökert, sondern malocht. Korbflasche, Kaffeemühle, Nähkasten und Vogelkäfig können gesäubert und in die Scheune gebracht werden.«

»Was ist mit der Wanduhr?«, fragte Martina. »Das Zifferblatt ist noch heil, aber das bemalte Glas ist gesprungen. Sperrmüll oder Flohmarkt?«

Und so ging es den ganzen Tag weiter – räumen, putzen, sortieren. Am Ende waren wir alle unerhört verdreckt und sehr hungrig, aber auf einen Schatz waren wir nicht gestoßen. Oliver hatte angeboten, Martina beim Kochen zu helfen. Sie strahlte, als sie ihm zeigen konnte, wie man Spätzle auf einem Brett ins kochende Wasser schabt. Aufgebraten mit reichlich Käse und Zwiebeln, dazu eine Schüssel Salat, schmeckten sie ganz wunderbar, und wir wurden satt und angenehm müde.

Bevor Henry endgültig die Augen zumachte, setzte ich mich noch einmal auf. »Bitte nicht gleich pennen, du Schnarchnase! Findest du es nicht seltsam, dass man eine Kladde mit Rezepten in einer abgeschlossenen Munitionskiste aufbewahrt? Bis jetzt hat sich noch keiner von euch klugen Köpfen Gedanken darüber gemacht.«

»Hast ja recht wie immer«, knurrte Henry. »Aber morgen ist auch ein Tag.«

Mit dem geheimnisvollen Konto- oder Kochbuch unterm Kopfkissen schlief ich sehr schnell ein. In meinem Traum kamen tote Tiere vor, aber am Frühstückstisch konnte ich die wirre Geschichte nicht mehr rekonstruieren. Meine Freunde schienen sich sowieso nicht sonderlich dafür zu interessieren. Martina bat mich inständig, ihr noch einmal das Konto-Buch zu überlassen. Ihre Kaffeetasse war noch voll, das Brötchen nicht angerührt, da blätterte sie schon darin herum.

»Ist das eigentlich die Schrift deiner Großtante?«, fragte sie.

»Nein, da bin ich mir ziemlich sicher«, sagte ich. »Meine Oma und ihre Schwester Emma hatten zwar eine altmodische, aber gut lesbare Handschrift, die Eintragungen stammen vielleicht von meiner Urgroßmutter.«

»Hier habe ich gerade etwas Tolles gefunden, das werde ich demnächst für euch kochen!«, rief Martina begeistert. »Dieses lesbare Rezept ist zum Glück eingeklebt. Hört mal zu: *Aus 2 Pfund Karree schneidet man 8 Stück Koteletts, schlägt sehr wenig darauf, sie können ¼ Zoll dick bleiben und rund geputzt, dann wird eine tiefe Schüssel stark mit Butter bestrichen, legt die Koteletts oder Rippen in guter Ordnung darauf, mit Pfeffer, Muskate, Salz und Butter belegt, wie auch Sardellen, etwas weißen Wein, einen Deckel darauf, darüber noch ein feuchtes Tuch, dass keine Luft heraus geht und noch eine Stürze darüber, dann auf Kohlen eine Stunde gar gemacht.*«

»Da läuft mir ja das Wasser im Mund zusammen, die Koteletts will ich heute Abend auf dem Tisch sehen«, sagte Oliver und lächelte Martina zu. »Die gute Ordnung der Rippchen ist sicher äußerst wichtig. Aber was ist eine Stürze?«

»Wahrscheinlich ein zweiter Deckel«, meinte Saskia. »Aber versteht einer, warum man eine simple Kladde so gut versteckt hat?«

»Ach Gott«, sagte Henry. »Hier ist doch nirgends eine gute Ordnung, nur Unordnung und frühes Leid, nichts ist logisch oder nachvollziehbar, alles Tohuwabohu, Saustall, Chaos, Kraut und Rüben.«

»Kraut könnte man ganz gut in der hinteren Wildnis anpflanzen«, überlegte Oliver. »Nur der Alte kann einsehen, und der weiß wahrscheinlich nicht mal, wie Cannabispflanzen aussehen.«

»Du bist wohl nicht ganz dicht«, fuhr Saskia ihn an. »Nur dieser schwachsinnige Steffen züchtet noch sein berühmtes Odenwälder Gras, sonst ist Haschisch seit fünfzig Jahren völlig out. Willst du dich unbedingt um deinen letzten Rest Verstand bringen? Martina möchte im Frühling Tomaten und Erdbeeren setzen, das macht wenigstens Sinn.«

»Heuchlerin, beim Grillfest hast du keinen einzigen Joint abgelehnt«, sagte Oliver. »Und schließlich warst du viel zu stoned, um auf deine brave kleine Schwester aufzupassen, obwohl doch jeder sehen konnte, dass sie zu viel getankt hatte!«

»Kinder, hört auf mit eurem Geplänkel«, sagte Henry. »Wenn ihr nächste Woche hier einziehen wollt, gibt es noch genug zu tun. Eigentlich sollten zuerst eure Zimmer fertig werden, bevor der Dachboden drankommt!«

»Ich hab Rücken«, sagte Oliver plötzlich. »Wenn ich heute noch weitere Truhen schleppen soll, kriege ich einen Bandscheibenvorfall und muss am Wochenende einen gutbezahlten Gig absagen!«

»Dann werde ich deine Aufgaben übernehmen«, sagte Martina und strich ihm mitfühlend über das Kreuz. »Übrigens hätte ich niemals geahnt, dass Konsumverzicht so teuer ist.«

»Teuer und wahnsinnig anstrengend«, maulte nun auch Saskia, massierte ihre Füße und warf Henry einen anklagenden Blick zu. Mein Freund geriet in die Defensive.

»Niemand hat euch gezwungen«, sagte er ärgerlich. »Ihr könnt jederzeit wieder aussteigen! *Gegenstrom* bedeutet ja nicht nur Konsumverzicht, es ist auch eine Haltung. Wenn ihr so angepasst und oberflächlich werden wollt wie unsere Altersgenossen – bitte schön. Die haben ja nur die Karriere im Kopf, die neueste Mode, das schnellste Auto, den exotischsten Urlaub. Wahrscheinlich haben sie niemals Tomaten gepflanzt oder einen Schrank abgeschliffen.«

Weil sich Henry offenbar angegriffen fühlte, zeigte ich mich solidarisch.

»Wenn ihr findet, dass unser Projekt zu teuer wird, dann überlegt mal, was ihr bisher investiert habt. Nämlich keinen Cent. Es ist nicht euer Geld, das Henry und ich in dieses Haus stecken. Ihr genießt schließlich nur die Vorteile, günstig und in angenehmer Gesellschaft hier zu wohnen. Wenn ihr also beim Renovieren nicht helfen wollt, muss ich leider die Miete erhöhen.«

Oder wir suchen uns andere Partner, dachte ich. Doch Oliver, Martina und Saskia starrten mich ganz bestürzt an und beteuerten, sie hätten es nicht so gemeint, wir hätten sie bloß missverstanden. Bevor es aber zu weiteren Diskussionen kam, wurden wir durch mehrmaliges Klingeln unterbrochen. Fridolin hatte sich einige Tage nicht mehr sehen lassen, wir freuten uns alle, dass er wieder auftauchte und das Thema gewechselt wurde.

»Habt ihr zufällig noch 'ne Cola?«, fragte er und ließ sich von seinem großen Bruder bedienen.

»Gerade habe ich gesehen, wie euer Nachbar aus einem Taxi gestiegen ist«, erzählte er und trank zwischendurch in gierigen Zügen. »Und der Fahrer hat ihm mehrere Plastiktaschen ins Haus getragen.«

»Großer Einkauf?«, fragte Oliver.

»Es stand EDEKA drauf«, sagte Frido. »Sah aus

wie der Vorrat für ein paar Wochen. – Hast du vielleicht Lust?«, fragte er Oliver und zog seine Flöte heraus. Es war klar, dass die beiden heute nicht mehr für irgendeine Arbeit zur Verfügung standen.

»Für Taxifahrten gibt Gerhard Gläser anscheinend Geld aus«, bemerkte Saskia. »Viel wichtiger wäre eine Haushaltshilfe, die täglich nach dem Rechten sieht und auch einkauft. Na schön, wenigstens wird er nicht verhungern. Ich würde seinen Chauffeur gern mal fragen, ob die Reise nur zum Supermarkt ging oder auch zum Arzt, zu einer Bank oder gar zum Frisör.«

»Kommt jetzt«, sagte Henry. »Wenn wenigstens ihr drei helft, kriegen wir Martinas Zimmer heute fertig tapeziert.«

Die knallgelben Tapeten gefielen ihm zwar nicht, aber Martina wollte unbedingt den Sonnenschein einfangen. Wir erfuhren, dass sie sich im Dunkeln fürchtete, weil sie als kleines Kind von einem Einbrecher erschreckt worden war. Von Flöten- und Klaviermusik begleitet, ging die Arbeit zügig voran, und wir konnten nach ein paar Stunden Feierabend machen. Zum Abendessen blieb Frido noch bei uns, dabei erwähnte er, dass er einen früheren Klassenkameraden von Henry getroffen habe.

»Er hat gefragt, ob ihr Vegetarier seid und nackig im Garten tanzt«, erzählte er.

»Dieser Trottel hat etwas verwechselt«, belehrte ihn sein Bruder. »Vor etwa hundert Jahren gab es im Tessin eine alternative Landkommune. Auf dem Monte Verità trafen sich Künstler, Schriftsteller, Pazifisten und Freidenker, wir vom *Gegenstrom* sind einfach nur Konsumverweigerer.«

»Trotzdem habt ihr viel Fleisch gekauft«, meinte Frido und schob ein halbes Kotelett unter den Tisch, weil er anscheinend die Katze eingeschleust hatte.

»Und Saskias neues Dirndl war sicher auch nicht ganz billig«, bemerkte Martina höhnisch.

»Hast du etwa in meinem Kleiderschrank geschnüffelt?«, fragte Saskia. »Das Dirndl war tatsächlich teuer, ich habe es von meiner reichen Kusine mal ausgeliehen.«

Bevor es zu weiteren Sticheleien kam, stand Oliver auf, um gemeinsam mit Martina das Haus zu verlassen. Henry ging ins Badezimmer, Frido schwang sich aufs Rad, Saskia telefonierte mit ihrer Schwester, und ich beschäftigte mich wieder mit dem geheimnisvollen Konto-Buch.

Wenn man die Kladde von vorn bis hinten sorgfältig durchging, fanden sich tatsächlich fast nur Kochrezepte, die ich halbwegs erraten konnte. Dazwischen gab es sowohl eingeklebte Zeitungsausschnitte als auch leere Stellen, wo man offensichtlich etwas gelöscht oder radiert hatte, ebenso Spuren von herausgerissenen Seiten. Unerklärlich waren mir sehr kleine, mit Bleistift geschriebene Zahlen, die ich mehrfach zwischen den Zeilen entdeckte, zum Beispiel: 118 = G. Es konnte durchaus sein, dass es Emma war, die sich diese Notizen gemacht hatte, aber was sie bedeuteten, blieb mir ein Rätsel. Stand das G vielleicht für Geld, Goldmünzen, eine Gasheizung oder eine Gesamtsanierung? G konnte natürlich auch Gerhard Gläser bedeuten oder auch Gisela, denn so hieß meine verstorbene Großmutter. Wenn es sich um Geld handelte, hatte Emma diese hohe Summe erhalten oder ausgezahlt? Oder waren es am Ende Schulden? Ein andermal las ich: 50 Ru + 68 De. Manchmal stand ein Datum darunter, oft waren es nur Zahlen, einmal ein Name und ein Pluszeichen: Rolf +. Ein System konnte ich eigentlich nicht entdecken, aber immerhin wurde mir klar, dass die seltsamen Notizen für Emma wichtig waren und das Heft zur Tarnung diente.

Als Henry frisch geduscht unser Schlafzimmer betrat, musste ich ihm recht geben: In diesem Haus gab es keine gute Ordnung, sondern bloß Kraut und Rüben, die man sortieren musste. Mein Freund ließ sich die rätselhaften Zahlen und Eintragungen zeigen und schüttelte ratlos den Kopf.

»Wie war eigentlich der Vorname von Emmas Mann? Etwa Rolf?«, fragte er.

»Nein, ich glaube, Theodor«, sagte ich.

»Ich könnte mir denken, dass ein gewisser Rolf gestorben ist«, meinte er. »Vielleicht ist das kein Pluszeichen hinter seinem Namen, sondern ein Kreuz. Du könntest deine Mutter fragen, ob sie den Namen Rolf im Zusammenhang mit Emma schon mal gehört hat. Schade, dass deine Großmutter nicht mehr lebt, die könnte uns bestimmt über viele Ungereimtheiten aufklären. Aber es ist sicherlich nicht sehr produktiv, wenn du dich dauernd mit diesem dummen Kochbuch beschäftigst, das läuft dir sowieso nicht weg. Gute Nacht, Zicklein, träum von deinem guten Hirten und nicht von anderen Männern!«

Und damit war unsere Unterhaltung schon beendet, denn wir schliefen sofort ein, völlig erschossen von den täglichen Strapazen.

8

Auftritt der Sänger

Anfang September nahm unser Projekt an Fahrt auf. Die Schulferien waren vorbei, Henrys Bruder Fridolin musste lernen und ließ sich nicht mehr blicken, Saskias Schwester Dodo sowieso nicht. Wir vermissten die beiden Teenager ein wenig. Dafür waren unsere Freunde Martina und Oliver jetzt endgültig bei uns eingezogen. Selbst mein Vater war weichgeworden und hatte uns einen Transporter geliehen, mit dem Oliver seine gesamte Habe und für uns beide schwere Bücherkisten, Lampen und den restlichen Besitz ins Bauernhaus transportierte. Martina besaß nicht allzu viel, sie hatte bis zum Abi das Zimmer mit einer Schwester teilen müssen und danach in einer möblierten Absteige gewohnt. Natürlich war sie sehr dankbar, aus unserem Fundus einen Schrank, ein Bett und ein Vertiko zu erhalten. Mein früheres Kinderzimmer im Elternhaus sollte prinzipiell so bleiben, wie es war, ich nahm nur einen Teppich, eine Stehlampe und meinen Schreibtisch mit. Überhaupt gab es im Bauernhaus relativ viele Truhen, Schränke, Kommoden, Bänke, Schemel, Hocker und Stühle, aber zum Schreiben diente wohl allenfalls der Küchentisch. Henry hatte von einem Onkel ein wuchtiges Ledersofa geerbt, das nun in unserem großen Wohnzimmer stand, Saskia stattete es zusätzlich mit ihren zwei violetten Sitzsäcken aus. Inzwischen waren auch die Privatzimmer von Martina und Oliver relativ komfortabel ausgestattet, Henrys und mein gemeinsames Schlafzimmer war geräumig genug, um alle unsere Siebensachen aufzunehmen und auch tagsüber als Aufenthaltsraum zu dienen. Darüber hinaus konnte jeder nach Belieben in der Küche oder im Wohnzimmer verweilen. Ende des Monats sollten die Fenster eingebaut werden, wir sahen dem Winter gefasst ins Auge. Durch ein paar Holzöfen konnte man wohl jeden Raum warm bekommen.

Nach den ersten Übernachtungen im Bauernhaus waren Oliver und Martina hochzufrieden. Sooft es ging, hockten wir alle in der Küche und schmiedeten Pläne, wie es weitergehen sollte.

»Eigentlich brauche ich einen kleinen Raum ganz für mich«, sagte Henry. »Wo soll ich sonst meine Seminararbeiten schreiben, wenn Trixi den einzigen Schreibtisch blockiert?«

»Nichts leichter als das«, meinte ich. »Noch hast du die Wahl, ob du unterm Dach büffeln willst oder lieber in der Kammer neben der Küche. Und überhaupt – wir müssen ja nicht unbedingt weitere Untermieter aufnehmen, bevor wir genug Geld für die geplanten Mansarden haben. Von mir aus kannst du dir auch das letzte der größeren Zimmer als Arbeitszimmer einrichten.«

Er wolle sich das überlegen, sagte Henry bescheiden.

»Eigentlich braucht man heutzutage keinen Schreibtisch«, meinte Oliver. »Ich haue mich aufs Bett mit dem Laptop auf dem Bauch, das ist doch für die Wirbelsäule viel schonender. Jedenfalls kann man als Klavierspieler nicht früh genug mit der Entlastung des Rückens beginnen.«

Leider brachte Martina auch ein unerfreuliches Thema zur Sprache. »Jetzt sind noch Ferien, aber wenn wir demnächst alle früher aufstehen müssen, gibt es ein Problem. Wir brauchen dringend ein zweites, besser noch ein drittes Badezimmer und mindestens eine weitere Toilette.«

Henry stimmte ihr zu: »Du hast recht, ich habe mir auch schon Gedanken gemacht. Wir sollten die Einkünfte vom Flohmarkt – hoffentlich wird es ein stattliches Sümmchen – hauptsächlich für die sanitären Maßnahmen verwenden. Im Keller ist ein Wasseranschluss, dort bauen wir eine Dusche und ein Klo ein. Allerdings können wir nicht alle Möbel aus der Scheune verticken, weil ich bisher keine Zeit zum Aufarbeiten hatte. Es kommt jedoch bestimmt wieder eine Gelegenheit, die restaurierten Antiquitäten richtig teuer zu verkaufen.«

»Na gut, in zehn Tagen ist der hiesige Flohmarkt, da müssen wir früh aus den Federn und stundenlang auf den Beinen bleiben. Deswegen sollten wir vorher noch ein bisschen abschalten«, schlug Saskia vor. »Jeder darf einen Lieblingsmenschen einladen, dann sind wir gerade mal zehn Leute, das ist gut überschaubar. Auf keinen Fall darf es in Stress ausarten, deswegen sollten wir vielleicht nicht am Abend, sondern nur am Samstagnachmittag feiern. Dann können unsere Nachbarn nicht behaupten, hier wären die Hunnen eingefallen und würden ihnen den Schlaf rauben.«

»Wunderbar! Da bin ich sofort dabei!«, meinte Martina. »Wie wäre es, wenn auch Olivers Jungs mal vorbeischauen? Wenn die Spießer von nebenan gepflegten Gesang und kein Gegröle hören, sind sie bestimmt überzeugt von unserem kulturellen Niveau.«

»Unbedingt! Wir wollen endlich deine Boygroup kennenlernen!«, sagte Saskia.

»Die Jungs sind alle schwul«, behauptete Oliver. »Da gibt es für euch nichts zum Vernaschen.«

Daraufhin überlegte jeder, wen er als Gast mitbringen könnte. Wir waren uns einig, dass es diesmal familiär und solide zugehen sollte, fast wie beim Besuch meiner Eltern. Die Kiffer aus dem Odenwald waren unerwünscht. Wie zu erwarten, wollte Henry seinen kleinen Bruder einladen und Saskia ihre Schwester. Für Oliver gab es eine Ausnahme, er durfte alle fünf Sänger mitbringen, Martina und ich waren noch unschlüssig. Ich dachte kurz an meine Mutter, aber dann wäre mein Vater beleidigt. Natürlich hatte ich Freundinnen und Freunde, aber es gab keinen Favoriten. Als ich zufällig mit Martina allein war, überraschte sie mich mit einem bizarren Vorschlag: »Ich werde unseren einsamen alten Nachbarn fragen. Wir verdanken ihm schließlich die wertvollen Goldmünzen, ohne die wir keine Fenster bestellt hätten! Henry hat mir erzählt, dass er beim Grillfest gern dabei gewesen wäre. So ein alter Mann wird uns bestimmt nicht stören und sowieso nicht lange bleiben. – Oder hast du etwas dagegen? Du schaust mich so entsetzt an?«

»Ich weiß nicht, ob das eine gute Idee ist«, sagte ich gedehnt. »Er passt überhaupt nicht zu uns und unseren Gästen. Und die anderen Nachbarn werden doch auch nicht eingeladen …«

Wir schwiegen beide und dachten nach. Seit wir neue Türschlösser hatten, war Gerhard Gläser nicht mehr hier aufgekreuzt, anscheinend war er auch nicht heimlich durch die Hecke gekrochen. Martina konnte nicht ahnen, dass er mir die Goldmünzen nur ausgehändigt hatte, weil er an Gespenster glaubte. Außerdem befürchtete ich, dass es ihm in nüchternem Zustand wie Schuppen von den Augen fiel, wer ihn da zu später Stunde überrumpelt hatte. Aber war es auf die Dauer überhaupt möglich, ihm völlig aus dem Weg zu gehen? Vielleicht war es besser, man schloss Frieden oder sogar Freundschaft. Nach einer längeren Pause sagte ich versöhnlich: »Meinetwegen, man könnte es ja mal versuchen, aber du musst selbst hingehen und ihn herbitten. Kennt er dich überhaupt? – Aber wen soll ich bloß einladen? Findest du, ich sollte eher Hiranur oder meine Kusine Geli fragen?«

»Nimm dein Kusinchen als Verstärkung für Frido und Dodo. Die Türkin ist zwar besonders lustig, aber sie wird sicher von ihrem Bruder begleitet, und der ist ein Macho, wie er im Buche steht. Zum Glück leiden wir ja nicht unter Männermangel, wenn die Comedian Harmonists aufmarschieren. Ich glaube, Oliver hat uns angeschwindelt und seine Kumpel sind nicht alle schwul.«

Ich lachte. »Und wenn schon, sie gehören schließlich auch zu den Hominiden. Ich kenne nur nette, mit denen man wunderbar Quatsch machen kann.«

Bis jetzt hatte es keine klare Arbeitsteilung bei uns gegeben, aber es war irgendwie selbstverständlich, dass besonders schwere Lasten von Henry und Oliver geschleppt wurden. Saskia und ich waren eher zierlich und klein, man mutete uns keine Herkulesaufgaben zu. Bei Martina war das anders, sie war groß und stark und liebte es, kräftig mitanzupacken. Doch im Übrigen wollten wir Frauen auf keinen Fall, dass deswegen die Hausarbeit an uns hängenblieb und die beiden Männer sich ums Kochen, Waschen, Spülen oder Putzen drückten. Für das große Kuchenbacken am kommenden Samstag meldeten sich alle freiwillig, so dass Saskia und ich darauf verzichteten. Ich kümmerte mich also um den Einkauf und die Finanzierung, Saskia um die Dekoration. Es war einer dieser wunderbaren blauen Septembertage, an denen man noch gut draußen sitzen konnte, und alle freuten sich auf einen heiteren Nachmittag. Wir hatten den Tisch und die Stühle wieder in den Hof getragen, es roch nach warmem Apfelkuchen, den Henry und Oliver unter Martinas Aufsicht gebacken hatten.

Dodo, Geli und Frido waren schon etwas früher eingetroffen. Mein Kusinchen hatte in diesem Jahr das Abi bestanden und wartete auf einen Studienplatz, die beiden jungen Mädchen kannten sich bereits und unterhielten sich angeregt. Frido saß wieder auf seinem Stammplatz und improvisierte auf der Flöte. Doch heimlich lauerten wir alle auf den spektakulären Einzug der Sänger. Als es klingelte, stürzte Saskia an das Tor und blieb dort vor Schreck wie angewurzelt stehen. Vor ihr stand ihre Rivalin Kirsten und behauptete, Oliver habe sie eingeladen. Wohl oder übel musste Saskia gute Miene zum bösen Spiel machen. Und zu allem Überfluss erschien fast gleichzeitig unser Nachbar Gerhard Gläser.

Ich lief in die Küche, packte Oliver am Ärmel und fuhr ihn an: »Was soll das denn? Wo bleiben deine schwulen Freunde, und warum kommt stattdessen Kirsten, von der du uns kein Wort gesagt hast?«

»Die Jungs werden nur kurz bleiben können, leider müssen sie noch für eine Mucke am Abend proben«, knurrte Oliver, während ihn Martina mit tief enttäuschter Miene anstarrte. Jetzt sah ich erst, dass es in der Küche geschneit hatte, alles war mehlbestäubt, und Henry hatte weiße Haare wie ein Greis. Martina griff beleidigt zum Mopp.

»Das hat man davon, wenn man die Männer mal machen lässt«, murmelte sie. »Für die Drecksarbeit ist ja euer Aschenputtel zuständig.«

Oliver und Henry waren Schulfreunde von der ersten Stunde an, manchmal benahmen sie sich immer noch wie Kindsköpfe.

»Kommt jetzt, die Gäste sind da«, sagte ich streng. »Und verteilt euch so, dass zwischen Saskia und Kirsten der größtmögliche Abstand entsteht.«

Schließlich versammelten wir uns ohne die Sänger am Kaffeetisch. Saskia und ich trugen die neuen Dirndlkleider und servierten Kuchen, Kaffee, Saft, Cola und Pfefferminztee. Meine Freundin machte weiterhin ein Gesicht wie sieben Tage Regenwetter, Kirstens Anwesenheit hatte ihr die Petersilie gründlich verhagelt. Die wiederum hatte sich natürlich neben Oliver gesetzt. Die weitere Tischordnung ergab sich wie von selbst. Die opferbereite Martina hatte den alten Nachbarn ja eingeladen und musste sich jetzt auch um ihn kümmern. Etwas nachdenklich bestaunten beide unsere festlichen Dirndl, denn der Kontrast zu den anderen Gästen war groß. Zur Feier des Tages steckte Martina bloß in einem T-Shirt mit der Aufschrift *Tree-hugger*. Doch Gerhard Gläser hatte sich feingemacht und trug einen speckig glänzenden Anzug, darunter ein langärmliges Unterhemd aus dickem grauen Flanell, wie man es aus alten Heimatfilmen kennt. An seiner rechten Seite hatte Henry Platz genommen und versuchte auf freundliche Art, den alten Herrn in ein Gespräch zu verwickeln.

Unser Nachbar war sichtlich aufgeregt, seine

zusammengekniffenen Augen schweiften unruhig umher und musterten einen nach dem anderen mit einer gewissen Ratlosigkeit.

»Trixi, dich kenne ich schon lange!«, sagte er. »Du siehst Emma sehr ähnlich. Die anderen sind wohl deine Freunde.«

Anscheinend erinnerte er sich nicht mehr an Henry, Saskia oder Martina. Der noch lauwarme Kuchen schien ihm aber gut zu schmecken, er häufte sich Sahne auf den Teller und wischte sich den Mund am Ärmel ab. Die drei Teenager starrten ihn an wie einen Alien, kicherten und tuschelten miteinander. Anscheinend amüsierten sie sich über das quittengelbe Spitzentuch, das sich Gerhard Gläser effektvoll in die Brusttasche gesteckt hatte. So gut es ging, behielt ich ihn immer im Auge. Ob ihn Saskia im Dirndlkleid nicht vielleicht doch an den nächtlichen Spuk denken ließ? Er konnte offenbar nicht mehr gut sehen, das erkannte ich an der eigenartigen Technik, mit der er einen geschnitzten Wanderstab wie einen Blindenstock tastend vor sich herschob.

Trotzdem schien der Alte plötzlich etwas entdeckt zu haben, denn er stand auf und lief zu einer kleinen Truhe, die Henry und Oliver aus der Scheune geholt und als Anrichte neben dem Esstisch aufgestellt hatten. Mit inniger Betonung las er halblaut eine Inschrift, die zwischen stilisierten

Pfingstrosen in schwarzen Lettern auf dem Eichen-
holz prangte:

Schöne Mädchen und Geigenklang
hab ich geliebt mein Leben lang!

Anscheinend weckten die Zeilen eine Erinnerung,
die ihn sehr bewegte. Henry fragte: »Erkennen
Sie das gute Stück wieder? Hat man vielleicht eine
Geige darin aufbewahrt? Wir wollen die Truhe
demnächst verkaufen, ich werde sie aber zuerst dem
hiesigen Heimatmuseum anbieten. Das scheint mir
persönlich die beste Lösung.«

»Nein«, sagte der Alte. »Nicht weggeben, bitte!
Was willst du denn dafür haben?«

Henry meinte, über den Wert müsse er sich
erst noch informieren. Mit Sicherheit fand er es
schwachsinnig, dass Gerhard Gläser sein Haus noch
mit zusätzlichen Gegenständen vollstopfen wollte,
wo es bei ihm doch sicher nicht anders aussah als
bei uns vor der Entrümpelung. Um das Thema zu
wechseln, fragte er: »Können Sie eigentlich mit dem
Namen *Rolf* etwas anfangen?«

Daraufhin zuckte der Alte zusammen und wurde
blass, soweit man das seinem verwitterten Gesicht
ansehen konnte. Er ließ sich wieder auf seinen Stuhl
fallen und schnaufte.

»Habt ihr ihn jetzt gefunden?«, fragte er und fixierte mich ängstlich, denn ich saß ihm direkt gegenüber.

»Wir haben keine Ahnung, wer dieser Rolf sein könnte«, sagte ich. »Sollen wir ihn etwa suchen?«

»Ihr macht ja doch, was ihr wollt«, sagte der Alte und rieb sich unermüdlich die knotigen Hände. »Ich kenne keinen Rolf. So heißen doch viele. Tot ist tot.«

Intuitiv erfasste Martina die Verwirrung ihres Gastes, strich mit einer mütterlichen Geste über seinen Arm und fragte mit sanfter Stimme: »Haben Sie früher manchmal mit Emma hier im Garten gesessen? Wir wissen so wenig von Ihnen, waren Sie verheiratet, haben Sie Kinder und Enkelkinder?«

»Immer nur Arbeit«, sagte Gerhard Gläser. »Jetzt sind alle tot.«

Bevor wir ihm weiterhin ein bisschen auf den Zahn fühlen konnten, wurden wir durch lautes Hupen auf die Ankunft der A-cappella-Sänger aufmerksam gemacht. Oliver sprang auf und begrüßte seine fünf Kollegen, die zwar nicht im eleganten Look der 20er-Jahre erschienen, aber immerhin alle einen runden Strohhut trugen. Es fehlte nur ein Bollerwagen mit Bierflaschen, dann hätte man sie für einen lächerlichen Männerverein am Vatertag gehalten. Nach der Begrüßung rückten wir alle zusammen, damit unsere neuen Gäste einen Platz bekamen. Wir Frauen nahmen insgeheim einen nach dem anderen unter die Lupe und rätselten, wer von ihnen wohl schwul sein könnte. Erst ein paar Tage später rückte Oliver mit der Wahrheit heraus, und wir erfuhren, dass nur der Attraktivste mit einem festen Partner zusammen war. Die Heteros lebten zumeist in wechselnden On-Off-Beziehungen.

Mein Kusinchen trägt ihren Namen zu Recht, denn sie sieht aus wie ein Rauschgoldengel, Henry meint, man könne sie ohne weiteres an den Weihnachtsbaum hängen. Mit ihrem Unschuldsblick und den langen blonden Locken war sie bereits als Fünfjährige auf einer Zwiebackreklame zu sehen, später verdiente sie als Kindermodel ihr Taschengeld. Doch schon mit dreizehn endete ihre Karriere als Mannequin, und jetzt wollte sie etwas Solides studieren, wenn möglich Wirtschaftspsychologie. Sie gehörte, ebenso wie Dodo, bestimmt nicht zu den Konsumverweigerern. Selbst Frido hatte seinen Bruder Henry neulich angeranzt: »Ich kann das Wort *Nachhaltigkeit* nicht mehr hören!«

Oliver stellte uns der Reihe nach vor, den Vornamen meiner Kusine kannte er allerdings nicht. Das hübsche Mädchen schmachtete ihn an und hauchte: »Ich bin die Angelika, aber ihr könnt Geli zu mir sagen.«

Daraufhin winkten die Vokalisten Oliver zu sich und berieten sich flüsternd. Als sie sich geeinigt hatten, erhoben sie sich theatralisch und intonierten: *Angelika, der Lenz ist da, die Mädchen singen tralala. Die ganze Welt ist wie verhext, Angelika, der Spargel wächst!*

Nachdem der letzte Ton verklungen war, gab es natürlich heftigen Applaus, es wurde getrommelt und gepfiffen. Nur Gerhard Gläser wurde ärgerlich: »Falsch, falsch! Nichtskönner!«, rief er. »Ich kenne das Lied besser als ihr, das Fräulein heißt nicht Angelika! Es ist die Veronika!«

»Viktoria! Sie haben gesiegt, Herr Gläser!«, sagte Henry. »Und was steht jetzt auf dem Programm?«

Es folgten noch drei Songs, dann verschwand die Truppe, um für ihren abendlichen Auftritt bei einem Popkonzert ein völlig konträres Programm zu proben. Ebenso wie Oliver studierten sie an der Staatlichen Hochschule für Musik und Darstellende Kunst in Mannheim. Kaum waren sie fort, als Kirsten sich zu Wort meldete. »Ihr habt mir doch ein Zimmer in eurer Bruchbude angeboten. Neulich habe ich mir die Räume gar nicht so genau angeschaut. Bevor ich mich positiv entscheide, möchte ich gern noch mal alles unter die Lupe nehmen.«

Saskia warf mir einen drohenden Blick zu. »Es ist leider zu spät«, log ich. »Inzwischen sind alle

Zimmer vergeben beziehungsweise verplant.« Nun traf mich allerdings ein bitterböser Blick von Oliver.

»Bei einem Rundgang würde ich gern mitkommen«, sagte Gerhard Gläser. Und dann meinte er bedächtig, als sei es ihm inzwischen erst eingefallen: »In der Truhe lag mal eine Zither, und Rolf war ein Schäferhund.«

9

Teddybär

Obwohl ich behauptet hatte, wir hätten keinen Platz mehr für weitere Untermieter, wollte sich Kirsten wenigstens anschauen, wie toll wir die Zimmer hergerichtet hätten.

»Soll eure Bruchbude eine Edel-WG oder gar eine Clusterwohnung werden?«, fragte sie leicht von oben herab.

Während ich also mit ihr, Oliver und Gerhard Gläser einen Rundgang machte, räumten Martina und Henry den Tisch ab und trugen Stühle ins Haus. Es sah auf einmal nach Regen aus, wahrscheinlich konnten wir nicht mehr allzu lange draußen sitzen. Saskia verfütterte einen Rest Schlagsahne an die Katze, obwohl das eigentlich Fridolins Vorrecht war. Der hatte sich jedoch mit Dodo und Geli in die Scheune verzogen, wo sie neugierig unsere Waren für den Flohmarkt begutachteten.

Bei der Begehung klagte der alte Mann unentwegt über fehlendes Inventar. *Wo sind denn nur all die Sachen geblieben?*, war sein häufigster Satz. Die zahlreichen Musikinstrumente in Olivers Zimmer entlockten ihm immerhin ein beifälliges Grunzen. Doch bei Saskias Schlafzimmer geriet er fast in Verzückung:

»Das ist ja Emmas Bett!«, rief er, und es fehlte nicht viel, er hätte sich hineingelegt. Auch die Bilder mit den betenden Kindern waren ihm anscheinend lieb und vertraut. Kirsten schien sich jedoch gerade über dieses Zimmer köstlich zu amüsieren. »Kitsch as Kitsch can«, spottete sie. Seit ich sie kannte, hatte ich mich höchstens über ihre Wehleidigkeit wegen ihrer Laktoseintoleranz geärgert, denn ich mochte ihre Schlagfertigkeit und ihren Witz. Jetzt war ich stellvertretend für meine Freundin ein wenig beleidigt.

»Saskia hat sich bemüht, eine authentische Kunstrichtung für unser innovatives Projekt zu entwickeln«, sagte ich großspurig. »Wenn du darin nur Kitsch siehst, hast du überhaupt nicht begriffen, dass wir hier Pionierarbeit leisten. Nimm mal drei Buchstaben vom Bauernhaus weg und du erhältst Bauhaus! Doch wahrscheinlich denkst du bei diesem Wort bloß an eine Firmenkette und nicht an die Weimarer Kunstschule von Walter Gropius!«

Meine Worte waren zwar purer Quatsch, hatten aber trotz ihrer Sinnlosigkeit Eindruck geschunden. Allerdings war ich über mein improvisiertes Plädoyer selbst am meisten verwundert. Saskias Hang zum dekorativen Landhausstil hatte auch bei Henry ironische Kommentare ausgelöst, und ich hatte ihm aus Loyalität stets beigepflichtet. Doch im hintersten Kämmerchen meiner Kinderseele versteckte sich immer noch die Liebe zu rosa Einhörnern, Glitzerschmuck und Barbiepuppen. Nachdenklich schaute ich zum Fenster auf den Hof hinaus und sah dort meine Freundin vor dem leergeräumten Tisch sitzen und einen Kerzenleuchter aus Messing putzen. Ob sie ihn für sich selbst oder den Flohmarkt so akribisch polierte, war mir nicht klar.

Kirsten ließ es sich nicht nehmen, über den muffigen kleinen Raum neben der Küche die Nase zu rümpfen. Dort standen Gegenstände, die ich inzwischen alle benennen konnte: Lammfellrollen, Glättekellen, Malerbürsten, Eimer mit Dispersionsfarbe, Schwämme, Pinsel in Wassergläsern und ein großer Bottich mit undefinierbarer Brühe. »Pfui!«, sagte sie. »Hattest du diesen Kerker als Arbeitszimmer für deinen Henry vorgesehen?«

Als schließlich alle wieder in der Küche versammelt waren, sah ich sofort, dass sich die drei Jugendlichen ganz aufgeregt um Fridolins Tablet geschart hatten.

»Frido hat eine galaktische Entdeckung gemacht!«, rief Dodo begeistert und hielt einen Teddy in die Höhe, für den ich höchstens zehn Euro verlangen wollte.

»Ihr werdet es nicht glauben, aber das ist ein uraltes, echtes Steiff-Bärchen!«, jubelte Geli mit leuchtenden Augen. »Ein ganz seltenes Exemplar, dafür kannst du bestimmt ein paar Tausender verlangen! Sieh mal!«, und sie verwies auf eine Auktion, wo tatsächlich ein ähnlicher Geselle für eine märchenhafte Summe verkauft worden war. Die Teenager hatten bereits fleißig recherchiert und wussten, dass der Knopf im Ohr mit den großen Druckbuchstaben STEIFF nur bis 1952 verwendet wurde.

Dodo las uns aus dem Internet vor: »Für Bären aus den 30er-Jahren wird auf Auktionen bis zu 30 000 € gezahlt!«

»Bravo«, sagte Henry und strich seinem Bruder über den Rotschopf. »Das habt ihr gut gemacht! Aber für den Flohmarkt ist das Kuscheltier viel zu schade, dort hat niemand ein paar Tausender in der Hosentasche stecken, wir sollten es bei eBay anbieten. Sicher spielt es auch eine wichtige Rolle, wie gut solche Teddys erhalten sind. Falls Meister Petz den Wert einer neuen Toilette hat, wird euch Trixi sicher eine Fangprämie zahlen.«

Auf einmal bemerkte ich, dass Gerhard Gläser hinter mir stand und schnalzende Töne von sich gab. Er war so aufgeregt, dass es ein paar Sekunden dauerte, bis er sprechen konnte. »Emma wollte meiner Katze zu Weihnachten den Teddy schenken, aber vorher ist sie leider gestorben! Es war ihr Letzter Wille, den müsst ihr respektieren!«, forderte er.

Fridolin tippte sich mit dem Finger an die Stirn, wir mussten lachen, aber Gerhard Gläser hatte die ungezogene Geste leider auch bemerkt. Zornig schlug er mit seinem Stock in Fridos Richtung. Da sich der Missetäter aber rasch wegduckte, erwischte der Alte fast seine eigene Katze. Wütend hieb er mehrmals in die Luft, bis er sich umdrehte und ging. Die Katze sauste wie ein geölter Blitz in den verwilderten Garten. Wir zuckten ratlos mit den Schultern, doch nach einigen Schrecksekunden lief ihm Martina hinterher. Sie kam aber bald zurück, weil der Alte auf ihre Beschwichtigungsversuche mit trotzigem Schweigen reagierte.

Zum Abendessen hatten wir unsere Gäste zwar nicht eingeladen, aber ich hatte für alle Fälle drei Ringe Fleischwurst und einen halben Eimer Kartoffelsalat besorgt. Als Kirsten sich verabschiedet hatte, wurde es gemütlich, denn wir wollten endlich auf den Sensationsfund anstoßen.

»Eigentlich sollten wir weniger Fleisch essen«, ermahnte uns Martina. »Immerhin heißt unser Markenzeichen *Gegenstrom*! Wir wissen schließlich alle, dass viel gegen die Massentierhaltung spricht – sowohl ethische als auch gesundheitliche Gründe.«

»Ich werde trotzdem keine Veganerin«, sagte Saskia. »Mageres Fleisch macht nicht dick.«

»Wir haben einen ziemlich fetten Vegetarier in der Klasse, den nennen wir *Biotonne*«, erzählte Fridolin.

»Bei Männern ist Hopfen und Malz verloren, denn wir sind eingefleischte Karnivoren«, reimte Oliver.

Auch Henry verteidigte unsere deftige Mahlzeit: »Ein Metzger wurde auf dem Totenbett gebeten, endlich das Geheimrezept für seine berühmte Fleischwurst zu verraten. Daraufhin sagte der Sterbende: ›Es ist auch Fleisch drin.‹ Kannst also beruhigt zuschlagen, Martina.«

Ich kannte auch noch einen Kalauer: »Dann rufst du wohl demnächst: Kommt endlich zu Tisch, das Essen wird welk!«

»Wartet nur ab«, sagte die leicht gekränkte Martina. »Wenn ich euch nächstes Jahr mein selbstangebautes Gemüse vorsetze, werdet ihr euch die Lippen lecken und endlich begreifen, dass es auch ohne tote Tiere geht. Falls es nicht regnet, fange ich morgen mit dem Umgraben an. Auf jeden Fall möchte ich Radieschen aussäen, vielleicht kann man bei den milden Temperaturen sogar noch Erdbeeren pflanzen.«

Die Stimmung blieb aber trotz aller Frotzelei heiter und freundschaftlich – vielleicht, weil wir nur wenig Alkohol tranken. Oliver, unser Genie, der sich in allen Musikrichtungen auskannte und mehrere Instrumente beherrschte, spielte gemeinsam mit Frido das englische Volkslied *Greensleeves*, auf Dodos Wunsch übte er zum Abschluss Mozarts Kanon *Bona nox* mit uns ein. Danach schickten wir die Jugend frühzeitig nach Hause und lagen selbst bereits um zwölf im Bett. Am Sonntag hatten wir demzufolge auch keinen Kater, standen bereits um zehn Uhr auf und fingen gleich nach dem Frühstück damit an, uns den selbst auferlegten Pflichten zu widmen.

Da wir für den baldigen Flohmarkt noch allerhand vorbereiten mussten, knöpften Saskia und ich uns die bereits gewaschene Leinenwäsche vor und stärkten und bügelten wie die Weltmeister. Henry und Oliver werkelten in der Scheune und versuchten, noch rasch ein paar kleinere Möbelstücke aufzuarbeiten. Martina begab sich in Gummistiefeln mit Hacke und Spaten in den verwilderten Garten und hatte sich zweifellos die mühsamste Aufgabe vorgenommen. Da es die ganze Nacht geregnet hatte, meinte sie, der Boden sei jetzt weich und das Gestrüpp leichter zu roden.

Wie durch Zufall trudelten alle fast gleichzeitig

zum Nachmittagskaffee wieder in der Küche ein. Zum Glück war noch Apfelkuchen übrig, leider keine Sahne. Martina kam als Letzte und Dreckigste aus dem Urwald zurück. Nachdem sie sich die schwarzen Hände gründlich gewaschen und gebürstet hatte, hielt sie einen kleinen Gegenstand unter den Wasserhahn.

»Diesmal habe ich auch mal etwas gefunden, und zwar in Mutter Erde«, sagte sie stolz und zeigte uns einen goldenen Ring. Er wanderte von einem zum anderen, Saskia und ich probierten ihn natürlich am eigenen Finger aus, er war jedoch zu groß.

»Genial! Der Ehering eines Mannes«, sagte ich. »Wenn du beim Graben auf weitere Goldschätze stößt – immer her damit!«

»Bis jetzt waren es nur Wurzeln, Steine und Knochen, ich habe alles auf einen Haufen geworfen«, sagte Martina. »Klar, auf jedem Bauernhof wurden Schweine geschlachtet. Könnt ihr lesen, ob im Ring etwas drinsteht?«

Man konnte das Datum nicht mehr entziffern, ich erkannte jedoch einen verschwommenen Schriftzug, holte eine Lupe und las vor: »Rolf und Hedwig.«

Daraufhin brüllten alle durcheinander: »Rolf? Rolf? Das kann doch kein Zufall sein!«

»Es ist mir neu, dass Schäferhunde verheiratet sind und Eheringe tragen«, sagte Henry »Das alte

Schlitzohr hat uns einen Bären aufgebunden. Und wer mag diese Hedwig wohl sein?«

»Zeig uns jetzt mal die Stelle, wo du den Ring gefunden hast«, sagte ich. »Lag er tief im Erdreich oder nur unter einer dünnen Schicht? Hat Rolf ihn vielleicht im Zorn weggeworfen, weil seine Hedwig ihn betrogen hatte?«

Im Gänsemarsch eilten wir in die Wildnis, wo Martina auf einem überschaubaren Stück schon ganze Arbeit geleistet hatte. Ein Kamm mit ein paar fehlenden Zinken, ein Stück Maschendraht und ein platt gestochener Gummiball lagerten etwas abseits in einer Zinkwanne. Mit Bewunderung registrierten wir den riesigen Haufen, den sie in einer Ecke aufgetürmt hatte – Äste, Zweige, Moos, Wurzeln, Brombeergestrüpp, Stöcke, Unkraut, halbe Holunderbüsche. Henry runzelte misstrauisch die Brauen, stocherte mit einer Mistgabel darin herum, zuckte merklich zusammen und förderte schließlich einen großen erdverkrusteten Knochen zutage.

»Glaubst du, dass Schweine auf Stelzen laufen?«, blaffte er Martina an. »So ein langer Röhrenknochen stammt mit Sicherheit von einem Menschen! Hier liegt der Hund begraben, mit anderen Worten der Rolf.«

»Dann müssen wir wohl die Polizei einschalten«, sagte Saskia.

»Moment mal! Der Kerl liegt sicherlich schon sehr lange unter der Erde, da brauchen wir jetzt nichts zu überstürzen. Vielleicht finden wir ja noch ein paar Kronjuwelen«, sagte ich.

»Oder einen Friedhof«, flüsterte Martina. »Das ist kein gutes Karma! Die Toten muss man ruhen lassen, sonst werden sie sich rächen. Vielleicht sollten wir alles stehen und liegen lassen und fliehen …« Dabei griff sie sich ängstlich an den Hals, als sei sie bereits von Dracula angefallen worden.

»Geh wieder rein und reg dich ab«, sagte Henry beschwichtigend. »Oliver und ich werden jetzt die Sache in die Hand nehmen, denn es wird wahrscheinlich nicht bei einem Knochen bleiben«, und er schnappte sich energisch den Spaten. Saskia und Martina ließen es sich nicht zweimal sagen, wieder in die Küche zurückzukehren. Ich blieb jedoch wie angewurzelt stehen und schaute zu, wie Henry große Klumpen Erde aushob, die Oliver mit der Mistforke zerteilte. Es dauerte auch nicht lange, da stießen sie auf weitere Gebeine. Notgedrungen musste ich jetzt ebenfalls mitanpacken, Plastiktüten holen, die Zinkwanne damit auslegen und Rolfs Einzelteile vorsichtig hineinbetten.

»Was wollt ihr denn damit machen?«, fragte Oliver, der auf einmal sehr blass geworden war. Henry und ich schauten uns ratlos an.

»Erst mal im Keller bunkern«, entschied mein besonnener Freund. »Und dann in Ruhe überlegen.«

»Heutzutage reichen kleinste Spuren für einen genetischen Fingerabdruck«, sagte Oliver. »Es ist schließlich überhaupt nicht klar, ob es sich um einen gewissen Rolf handelt oder um einen Neandertaler. Allerdings trugen die Urmenschen wohl keine Ringe mit Inschrift. Aber Saskia hat recht, wir müssen den Fund auf jeden Fall der Polizei melden und die Identität des Toten feststellen lassen. Wahrscheinlich handelt es sich um eine Straftat, sonst hätte man Rolf einen Platz auf dem Friedhof gegönnt.«

»Übrigens – ist euch wirklich nichts aufgefallen?«, fragte Henry. »Nein? Wir sind noch längst nicht fertig, der Schädel fehlt! Neben der DNA hat die Untersuchung des Gebisses ja ebenfalls einen hohen Stellenwert.«

Oliver und ich sahen uns betreten an, schwiegen eine Weile und grübelten.

»Für heute reicht's. Morgen ist auch ein Tag, wir werden den Totenkopf bestimmt noch finden«, entschied Henry und rammte den Spaten in die Erde.

»Aber den Ring behalten wir, schließlich wurde er auf meinem Grund und Boden gefunden«, sagte ich. »Und mit der Kripo ist es nach so langer Zeit bestimmt nicht eilig. Ich würde nämlich gern wissen, was der alte Gerhard Gläser zu unserer Entdeckung sagt.«

Henry wischte sich den Schweiß von der Stirn und nickte. Dann bat er Oliver, ihm beim Tragen der gutgefüllten Wanne zu helfen. Als die beiden mit ihren unerwünschten Fundstücken verschwunden waren, freute ich mich, dass die Dusche frei war. In der Küche wartete Martina mit heißem Tee.

»Man muss einen kühlen Kopf bewahren«, sagte Saskia, die sonst immer die empfindlichste war. »Trixi hat wohl recht, mit einer Anzeige können wir noch warten. Die Knochen sind jetzt erst mal aus dem Sichtbereich, niemand kann ahnen, was wir heute entdeckt haben. Wir sollten uns jetzt wieder auf den Flohmarkt konzentrieren, der Termin rückt immer näher. Über weitere Schritte können wir schließlich ohne Eile nachdenken.«

Es dauerte eine Weile, bis auch Henry und Oliver geduscht hatten und sich alle einigermaßen beruhigt hatten. Saskia wühlte in den Vorräten, um ein warmes Abendessen zu improvisieren, doch unser Hunger hielt sich in Grenzen. Auf allgemeinen Wunsch gab es bloß Butterbrot und Käse.

»Glaubt ihr an Seelenwanderung?«, fragte Martina. »Ich habe das Gefühl, Rolf ist immer noch hier. Vielleicht in Gestalt der Katze?«

»Oder als Teddybär?«, fragte ich.

»Wenn schon als Tier, dann als Schäferhund«, spottete Henry. »Spar dir die Schauermärchen lieber für deine Enkelkinder auf, die Tatsachen sind schon gruselig genug. Und halte jetzt mal die Klappe, denn ich will wenigstens den Wetterbericht noch hören.«

Aber nun war es Saskia, der plötzlich ein schrecklicher Gedanke kam: »Meint ihr denn, man hat ihn nackig verscharrt? Gab es keine Reste von Leder oder Stoff? Oder vielleicht einen Knopf oder einen Reißverschluss aus Metall?«

Oliver grinste. »Morgen kannst du ja mal Goldgräber spielen und die Erdbrocken in einem Sieb auswaschen. Oder wie ein Archäologe jede Tonscherbe mit einem Pinsel freilegen …«

Dabei fiel mir auch noch etwas ein. »Man könnte doch einen Metalldetektor kaufen oder ausleihen, vielleicht gibt es tatsächlich irgendwo einen Goldschatz aus dem Dreißigjährigen Krieg. Was kosten solche Geräte eigentlich?«

Saskia recherchierte blitzschnell im Internet, es gab erschwingliche Metallsonden. Eine solche Anschaffung hielt ich für sinnvoll.

»Zicklein, sei nicht so gierig«, sagte Henry. »Es geht uns doch eigentlich um alternative Lebensformen und nicht immer nur um goldene Münzen.«

Selbst an diesem aufregenden Tag lagen wir irgendwann alle im Bett. Obwohl es schon sehr spät war, konnte ich nicht einschlafen, wälzte mich hin und her und zog immer neue abenteuerliche Erklärungen für den heutigen Fund in Betracht. Meine Großtante hatte – jedenfalls nach ihren geheimen Notizen – einen Rolf gekannt, ja seinen Namen mit einem Kreuz versehen. Und in ihrem Garten hatten wir menschliche Knochen gefunden. War meine Tante Emma eine Mörderin? Inwieweit war unser seltsamer Nachbar in ihre Machenschaften eingeweiht? Henry schlief tief und fest, ich konnte ihm meine wirren Gedanken nicht mitteilen. Doch plötzlich hörte ich einen kläglichen Ton, der wie das Weinen eines Kleinkindes klang. Ich schlüpfte aus den Federn und war im Nu bei Saskia, aber sie war ebenso wie Henry nicht ansprechbar. Also lauschte ich an Martinas Tür. Es war tatsächlich unsere starke und tatkräftige Mitbewohnerin, die so verzweifelt schluchzte.

Als ich behutsam anklopfte, hörte ich immerhin einen Laut, den ich als *herein* deutete. Auf Martinas Nachttisch stand eine brennende Kerze, ihr Kopfkissen schien patschnass zu sein. Ich ließ mich auf der Bettkante nieder und reichte ihr ein Taschentuch. Sie schneuzte sich heftig, drückte das wertvolle Steifftierchen an sich und starrte mich mit angsterfüllten Augen an.

»Rolf war hier!«, flüsterte sie. »Er wollte mir ein Zeichen geben und hat mir den Teddy aufs Bett gelegt.«

»Natürlich war jemand hier«, sagte ich und grinste. »Aber es war kein Untoter, Oliver hat dir einen Bären aufgebunden beziehungsweise einen kleinen Streich gespielt.«

»Ihr seid so was von gemein! Alle wollen was von mir, aber niemand liebt mich«, schluchzte sie, drehte sich zur Wand und schlief kurz darauf ein.

Da habe ich mir ja gleich zwei Heulsusen ins Haus geholt, dachte ich, die eine rastet aus, bevor sie ihre Periode bekommt, die andere glaubt an böse Geister wie der alte Gläser nebenan. Ich beruhigte mich erst, als ich mich endlich wieder eng an meinen guten Hirten kuscheln konnte.

10

Flohmarkt

Am nächsten Tag regnete es schon wieder, und eigentlich waren wir froh darüber. Martina hatte nun einen triftigen Grund, nicht mehr draußen ackern zu müssen, die beiden Männer brauchten nicht nach dem Totenkopf zu graben. Ein wenig verdrängten wir die makabre Angelegenheit und sprachen lieber vom kommenden Flohmarkt. Welche Preise konnte man fordern, wie weit wollten wir beim Handeln heruntergehen?

Saskia befreite unseren wertvollen Teddy mit einer weichen Zahnbürste von Flusen und Staub, tupfte ihn mit ein wenig Shampoo vorsichtig ab und fotografierte ihn von seiner vorteilhaftesten Seite. Anschließend wollte sie ihn ins Netz stellen und nur mit einem kurzen Text versehen: *Antiker Steiffbär für Kenner, Sammler und Liebhaber. Preis: Verhandlungssache.*

»Vielleicht sollten wir erst noch eine Expertise vom Steiff Museum in Giengen einholen, bevor ich abschicke?«, fragte sie mich, als wir allein waren.

»Das ist eine gute Idee«, sagte ich. »Beim Umtausch der Goldmünzen waren wir viel zu schnell, Henry hat fast das Doppelte herausgeschlagen. Aber das braucht niemand zu erfahren.«

»Im Scheunenkeller steht noch so was wie ein ramponiertes Schaukelpferd, sollten wir das vielleicht auch anbieten? Für ein putziges Foto könnte ich doch unseren Teddy draufsetzen …«

»Du warst wirklich im Erdloch?«, fragte ich, denn irgendwie schreckte ich vor diesem düsteren Ort zurück und hatte ihn kaum je betreten. Mein Anwesen hatte nämlich eine Besonderheit: Ein großer Keller lag wie üblich unter dem Erdgeschoss, doch noch ein zweiter unter der Scheune. Wahrscheinlich hatte er früher als Lager für Viehfutter oder gar als Schweinestall gedient. Dort gab es im Grunde nichts, was man noch gebrauchen konnte.

»Natürlich war ich schon unten«, sagte Saskia. »Los, komm! Wir zwei steigen jetzt mal gemeinsam in die Katakombe. Die anderen sind wohl immer noch mit Flohmarktsachen beschäftigt und kleben Preisschildchen an.«

Leicht beklommen folgte ich meiner verwegenen Freundin. Hinter der Scheune führte eine regennasse Steintreppe in ein Tonnengewölbe, denn dieser Keller war nur von außen zugänglich. Wie immer steckte der Schlüssel im Schloss. Es roch muffig, vielleicht nach Schimmel oder faulenden Pilzen, und ich hatte Mühe, meinen Ekel zu unterdrücken. Wir bewegten uns vorsichtig, weil der gestampfte Lehmboden uneben und holprig war. Es schien sich hier um den ältesten Teil des Hofes zu handeln, denn die hintere Außenwand stammte wohl noch aus vorsintflutlichen Zeiten. Unterschiedlich große Steine waren wie bei alten Stadtmauern miteinander verspachtelt. Eine schwache Glühbirne erhellte den Raum nur ungenügend, doch mein Blick fiel trotzdem zuerst auf die Zinkwanne mit den erdverkrusteten, zersplitterten Knochen, weil Oliver und Henry sie wohl so schnell wie möglich nahe am Eingang abgesetzt hatten. Ich bekam zwar eine Gänsehaut, wollte aber vor der unerschrockenen Saskia nicht zurückstehen. Als wir tiefer in die finstere Gruft vorstießen, waberten uns immer wieder Spinnengewebe ins Gesicht, was meinen Widerwillen noch verstärkte. Aber meine Freundin wusste anscheinend genau, wohin sie wollte. In der dunkelsten Ecke, fast völlig verdeckt von einem Stapel aussortierter Dachziegel, stand ein unendlich schmutziges Tier auf hölzernen Rädern.

»Von wegen Schaukelpferd«, sagte ich und wischte mir klebrige Fäden aus der Stirn. »Das ist ein Reittier, aber ich mag es gar nicht erst anfassen.«

Saskia zeigte sich erneut als Heldin, griff beherzt

in ein rotes Hundehalsband und rollte einen großen Bären aus seinem Versteck. Staub wirbelte auf, Sägespäne rieselten heraus, und zu allem Überfluss gab das Riesenspielzeug ein jämmerliches Brummen von sich.

»Gut, dass Martina nicht hier ist«, sagte sie. »Die würde sich vor lauter Schiss in die Hose machen. Wer hätte gedacht, dass diese robuste Frau so abergläubisch ist.«

»Ein wenig kann ich sie ja verstehen«, meinte ich. »Menschliche Knochen im Gemüsegarten sind schließlich keine Alltäglichkeit. Im Übrigen will ich dem Inhalt der Zinkwanne auch nicht zu nahetreten, sondern schnell zurück in unsere gemütliche Küche!«

Als wir den Reitbären mühsam hinaufbugsiert hatten, waren wir völlig verschmutzt und hatten eine ausgiebige Sägemehlspur hinter uns gelassen. Ich fegte den Dreck vorerst nur in eine Ecke und wusch mir die Hände, Saskia nahm eine gründliche Untersuchung des braunen Riesen vor. Leider fand sie keinen Knopf im Ohr und auch kein anderes Markenzeichen.

»Guck mal einer an!«, sagte sie. »Unten hat er einen eingesetzten Flicken, wohl aus einem Kartoffelsack. Den trenne ich jetzt vorsichtig heraus, vielleicht ist ja ein Schatz im Bauch versteckt.«

Ich lehnte den Besen an die Wand und beobachtete gespannt, wie Saskia die Operation vornahm. Doch ich hätte gar nicht erst kehren sollen, denn jetzt rieselte es nicht mehr, sondern quoll aus dem Inneren des Schlachttieres heraus. Von einer gelblichen Staubwolke umnebelt, mussten wir abwechselnd heftig niesen. Eifrig wühlte Saskia in den tierischen Innereien herum, förderte aber leider nichts zutage.

»Schade, Fehlalarm«, sagte sie. »War aber eine gute Idee, findest du nicht auch?«

»Lass mich auch mal«, sagte ich, denn mein Ehrgeiz war erwacht. Ich kniete nieder, fuhr mit dem Unterarm in den Bauch und tastete das kratzige Innere des altersschwachen Spielzeugs akribisch ab. An vielen Stellen kam ich nicht weiter. Zur Stabilisierung hatte man das Reittier offenbar mit einem soliden Fundament aus Gips oder Holz ausgestattet. Doch ich hatte trotzdem Glück, der Aufwand hatte sich gelohnt! Fast war ich schon im Bärenhals angelangt, als ich auf einen kleinen scharfkantigen Widerstand stieß und ihn triumphierend herausangelte.

Leider waren es weder Münzen, Ringe noch Diademe, sondern bloß ein zackiger Gegenstand, den wir neugierig betrachteten.

»Ein Orden!«, sagte ich. »Anscheinend aus dem

Zweiten Weltkrieg, vielleicht ist es ja das Eiserne Kreuz. Aber ich verstehe überhaupt nichts von solchen Abzeichen.«

Saskia nahm mir das fragwürdige Teil aus der Hand. »Jedenfalls steht 1939 darauf, Adler und Eichenlaubkranz sind zwar alte patriotische Symbole, das Hakenkreuz ist aber ein reines Nazi-Merkmal. Den Wert müssen wir noch genauer recherchieren, aber ich weiß, dass es Sammler für Militaria gibt, die ganz scharf auf dieses Zeug sind. Bär und Orden sorgen bestimmt für Kohle im Haus, und die brauchen wir demnächst für unsere Öfen.«

»Der Materialwert ist wahrscheinlich gering, es sieht nicht nach Gold und Silber aus. Aber warum wurde der Orden so gut versteckt?« überlegte ich. »Wahrscheinlich waren meine Vorfahren begeisterte Nationalsozialisten, und später war es ihnen peinlich.«

»Man sollte eigentlich nicht zu viel über die Vergangenheit seiner Familie erfahren, oft wird man bitter enttäuscht«, meinte Saskia. »Es gab überall schwarze Schafe, einige hat man nach Amerika verbannt, und dort wurden sie Millionäre, aber oft landeten sie einfach nur im Knast. In der Generation unserer Großeltern stößt man mit Sicherheit auf fanatische Mitläufer, Kriegsverbrecher oder gar KZ-Aufseher. Na komm, wir zeigen den Orden mal unseren Jungs, den Bären werde ich später wieder zunähen. Martina wird sich bestimmt um den Dreck kümmern, den wir hinterlassen haben.«

Henry und Oliver waren überzeugte Pazifisten und zeigten nur geringes Interesse an unserem Fund.

»Ich nehme mal an, dass das Eiserne Kreuz nichts Besonderes ist«, sagte auch Martina. »Wahrscheinlich wurde es in großer Anzahl vergeben und ist für Sammler uninteressant. Seltsam ist eher dieses ausgeklügelte Versteck. Überhaupt scheint deine Großtante eine ziemlich schräge Person gewesen zu sein, um es mal vorsichtig auszudrücken.«

»Kriegen wir den sagenumwobenen Zweitbären jetzt endlich auch mal zu sehen? Verbunden mit einer Tasse Tee?«, fragte Oliver. Bald darauf saßen fast alle wieder in der Küche, nur Martina putzte und kehrte um uns herum. Seufzend fegte sie Sägespäne und Holzwolle zusammen, wischte Stühle und Tisch ab und schüttelte ein paarmal missbilligend den Kopf.

Schließlich war sie fertig und meinte: »Für euren verlausten Reitbären könnt ihr keinen Cent verlangen, das ist kein Steifftier, sondern wurde höchstwahrscheinlich von einem kinderlieben Opa in Heimarbeit gebastelt. Das Fell stammt wohl von braunen Kaninchen, und die Motten haben schon ganze Arbeit geleistet. Bevor das Vieh noch mehr Unrat ausscheidet, sollte man es entsorgen und gar nicht erst euer Auto damit versauen. Wo habt ihr die Dreckschleuder überhaupt aufgestöbert?«

»Im Scheunenkeller«, sagte ich. »Übrigens müsste man den Schlüssel abziehen. Es könnte sich zufällig ein Gast oder Handwerker dorthin verirren und auf eine gewisse Zinkwanne stoßen.«

»Du hast recht«, sagte Henry. »Ich werde das gleich erledigen. Den Kleinbären könnte man dem Nürnberger Spielzeugmuseum anbieten, der Riesenbär muss auf den Sperrmüll!«

Saskia wurde trotzig. »Auf keinen Fall! Ich werde es wenigstens auf dem Flohmarkt mal versuchen. Übrigens hat mir das Bürgerbüro einen sehr guten Standplatz zugewiesen, direkt am Rodensteiner Brunnen!«

»Gut, dass wir eine perfekte Managerin haben«, lobte Oliver. »Und wo du den Teddy so charmant fotografiert hast, könntest du auch ein paar Aufnahmen von den Schränken machen. In unsere Autos passen sie einfach nicht rein, und Laufkundschaft ist wohl eher an tragbaren Stücken interessiert. Aber Fotos könnten wir ja immerhin mal herumzeigen.«

Wir berieten noch ausführlich über die komplizierte Logistik beim Transport und den Aufbau unseres Standes, über Plastikplanen zum Abdecken bei Regen, ausreichendes Wechselgeld und vor allem darüber, wer der Glückliche war, der die erste frühe Fuhre übernehmen sollte.

»Ich war schon lange nicht mehr auf einem Flohmarkt«, sagte Oliver. »Was wird denn hauptsächlich angeboten, und was wird am meisten gesucht?«

»Alles, was du dir nur denken kannst«, sagte Henry.

Aber ich verbesserte ihn: »Am häufigsten sind es Väter oder Mütter, die gemeinsam mit ihren Kindern die ausgemusterten Klamotten, Comics, Bilderbücher und Spielsachen loswerden wollen. Legosteine vor allem. Von dem eingenommenen Geld kaufen sich die Kids dann neue Stolpersteine und Staubfänger. Übrigens sind Secondhandkleider manchmal fast neu. Letztes Jahr hat Saskia eine bildhübsche Regenjacke ergattert, ich eine Seidenbluse aus Thailand. Fast geschenkt!«

»Mein Vater sammelt alte Opern-Schallplatten«, sagte Oliver. »Da werde ich mal Ausschau halten, er hat demnächst Geburtstag.«

»In der Küche fehlt eigentlich eine Salatschleuder«, sagte Martina.

»Hört auf«, sagte Henry. »Ich sehe schon, dass ihr unseren Verdienst gleich wieder ausgeben wollt, so haben wir aber nicht gewettet! Alle Einnahmen fließen in die Renovierung, damit wir uns einig sind.«

»Was denkst du nur von uns!«, sagte Martina. »Wenn wir etwas kaufen, dann selbstverständlich nur vom eigenen Geld.«

Schon am Abend vor dem Trödelmarkt beluden wir beide Autos bis unters Dach, doch mit einer einzigen Fuhre war es auf keinen Fall getan. Bei Morgengrauen starteten Henry und Oliver, Martina radelte voraus. Sie sollte bei unserem Stand ausharren, damit nichts geklaut wurde. Die Männer fuhren nach dem Abladen sofort wieder zurück, um die Wagen erneut vollzustopfen. Unterdessen verpackten Saskia und ich die zerbrechlichen Gegenstände in Zeitungspapier und betteten sie in die beiden Waschkörbe. Als schließlich nach mehrmaligen Fahrten, zwei zerbrochenen Krügen und vielen Flüchen unsere gesamte Ware an Ort und Stelle war, mussten unsere Autos wieder zu Hause abgestellt werden, denn rund um den Flohmarkt gab es keine Parkplätze. Zu Fuß erreichten Henry und ich gegen acht Uhr endgültig unseren Stand. Übernächtigt, aber strahlend berichtete Martina, dass die vier hölzernen Wagenräder so gut wie verkauft wären, der Inhaber einer ländlichen Gastwirtschaft wollte sie für die Dekoration seines Gartens verwenden und käme später wieder vorbei.

Gegen zehn füllten sich die Straßen der Altstadt, das Wetter war angenehm, die Kundschaft gut gelaunt. Wir verkauften als Erstes drei graue Tonkrüge, gleich darauf eine Sackkarre aus Holz, einen Zinnteller, eine Tabakpfeife, eine kitschige Hummelfigur und im Laufe des Tages jede Menge gestärkte Leinenwäsche. Es gab natürlich auch viele Flaneure, die zwar gafften und feilschten, dann aber doch weiterzogen. Wir hatten uns darauf geeinigt, dass abwechselnd zwei von uns an Ort und Stelle bleiben mussten, die drei anderen sich ihrerseits umschauen und bei der Rückkehr etwas Essbares mitbringen sollten.

Saskia und ich waren allein, als plötzlich Gerhard Gläser vor uns auftauchte und mich entgeistert anstarrte. Er murmelte so etwas wie eine unfreundliche Begrüßung und inspizierte dann aufmerksam unsere Angebote. Etwas versteckt hinter dem alten Brunnen stand der Reitbär, denn Saskia hatte mich am Ende weichgeklopft und ihn mitgebracht.

»Da ist er ja!«, sagte der Alte. »Der gehört mir! Was willst du denn dafür haben, Trixi?«

»Einen Ihrer Taler«, sagte Saskia frech. »Aber wieso gehört er Ihnen?«

»Weil ich ihn eigenhändig hergestellt habe«, sagte er finster, griff in die Tasche und reichte mir eine Goldmünze. Ohne noch ein Wort zu verlieren, schnappte er sich den Problembären. Mit der linken Hand auf den Stock gestützt, zog er mit der rechten das seltsame Reittier mühsam am Halsband hinter sich her. Ein paar Kinder kringelten sich vor Lachen, ein kleiner Junge wollte noch schnell aufsteigen. Seine Mutter hielt ihn gerade noch zurück. »Lass den armen Opa in Ruhe!«, zischte sie.

Völlig verdutzt starrten wir uns an. Erst als er außer Hörweite war, brachen wir in Jubelschreie aus.

»Siehste, siehste!«, rief Saskia. »Gut, dass wenigstens du auf mich gehört hast! Die anderen werden staunen!«

Ich wurde ein wenig nachdenklich. »Wenn der Gläser so ein großes Spielzeug selbst fabriziert hat, dann doch bestimmt für ein Kind. Emma hatte keine Kinder. Aber wenn es noch Nachkommen geben sollte, warum kümmert sich dann niemand um ihn?«

Kurz darauf konnten wir Henry, Martina und Oliver die Neuigkeit brühwarm erzählen.

»Wahrscheinlich ging es Gerhard Gläser gar nicht um den Bären. Er wusste vielleicht genau, dass im Inneren ein Orden steckte«, meinte Henry. »Der wird sich noch wundern! Apropos, wo hast du überhaupt das Eiserne Kreuz? Auch schon verkauft?«

»Hier«, sagte ich und zog das Abzeichen aus der Jackentasche. »Ich wollte erst mal einen Profi fragen, hier gibt es doch sicher einen Händler mit militärischen Devotionalien.«

»Wir haben sogar schon einen entdeckt«, sagte Martina. »Und außerdem haben wir euch frische Waffeln mitgebracht. Nach einem kleinen Imbiss lösen wir euch ab.«

Oliver hatte jedoch keine gute Nachricht. »Jüngere Leute scheinen sich wenig für alte Bauernsachen zu interessieren, ich habe mich mit einem Trödler unterhalten, der fast noch gar nichts losgeworden ist. Die besten Kunden, meint er, seien frischgebackene Rentner, die Zeit haben und werkeln wollen. Für selbstgemachte Marmelade und gestrickte Wollsocken scheint es Abnehmer zu geben, aber so was haben wir ja nicht im Programm.«

Etwas später erfuhren wir, dass unser Orden eine Wiederholungsspange für das Eiserne Kreuz 1914 war, aus versilbertem Tombak bestand und an Wert verloren hatte, weil das Band und das dazugehörige Kästchen fehlten. Nach zähem Handeln verkauften wir das Kreuz an einen Liebhaber, der allerdings die verlangten 500 € auf keinen Fall berappen wollte. Wir mussten uns am Ende mit der Hälfte begnügen.

Immer wieder schlenderten türkische Großfamilien an uns vorbei. Die Frauen schleppten Taschen und Säcke, prall gefüllt mit Textilien, unsere Möbelstücke würdigten sie keines Blickes. Zu meiner

Überraschung ließen sich auch meine Eltern blicken und prüften eingehend unsere Angebote.

»Ihr habt euch ja viel Arbeit gemacht«, sagte mein Vater kopfschüttelnd. »Aber wie ich die Sache einschätze, werdet ihr einen Großteil wieder mit nach Hause nehmen müssen.«

»Es gibt ja noch andere Flohmärkte in der Region«, sagte Henry freundlich. »Wir werden es halt mehrmals versuchen.«

Mein Vater behielt recht. Als wir am Abend einpackten, war es auch diesmal nicht mit einer Fuhre getan, schwitzend und fluchend wuchteten wir eine Menge unserer nostalgischen Fundstücke wieder in die Autos und zu Hause zurück in die Scheune. Nur die Leinenwäsche hatten wir rasch und ohne großes Handeln verkaufen können. Noch bevor alle geduscht hatten, saßen wir bereits am Küchentisch und zählten unser Geld. Es war nicht so viel wie erwartet, aber immerhin ein Anfang und sicherlich ausreichend für dringende sanitäre Einbauten.

Gerade als ich müde ins Bett gehen und die Klappläden unseres Fensters zumachen wollte, sah ich eine dunkle Gestalt auf der Straße stehen und an meinem Auto herumfummeln. Auf meinen Schrei hin raste Henry in Unterhosen die Treppe hinunter, um den mutmaßlichen Dieb in flagranti zu stellen.

Als er nach kaum einer Minute aus dem Tor flitzte, war keine Menschenseele mehr zu sehen, aber vor meinem Wagen stand der Reitbär und rieselte aus einer frischen Wunde. Auf meine staubige Heckscheibe hatte der wütende Alte ein Hakenkreuz gemalt.

Ich war fassungslos. »So eine Unverschämtheit«, giftete ich. »Komm, Henry, wir rollen den Bären zurück vor Herrn Gläsers Haustür.«

»Jetzt beruhige dich mal!«, sagte Henry. »Nichts ist schlimmer als ein Nachbarschaftskrieg. Der alte Mann ist nicht ganz dicht, das merkt man doch sofort. Wir nehmen das Streitobjekt wieder mit rein und stellen es erst mal in die Scheune.«

»Ein Hakenkreuz auf meiner Heckscheibe!«, empörte ich mich und wischte das schlimme Zeichen mit dem Ärmel meines Sleepshirts weg. »Was hat er sich dabei nur gedacht! Wenn jemand hier ein Nazi ist, dann doch wohl er!«

Der Bär war offenbar zum zweiten Mal geschlachtet worden, denn er rieselte ja schon wieder. Der kurze Weg von der Straße über den Hof bis zur Scheune wurde durch eine staubige Spur markiert.

Obwohl Henry vor Kälte zitterte, musste er lachen. »Nimm es doch mal von der komischen Seite, Zicklein! Immerhin hast du ein Stück pures

Gold für den Drecksack erhalten, dafür kann man wirklich mal ein bisschen kehren. Außerdem haben wir unserem bescheuerten Freund ein Schnippchen geschlagen und den Orden verkauft, hinter dem er wohl her war. Und jetzt komm ins Bett, es ist saukalt hier draußen, und wir haben fast nichts an! Außerdem bin ich hundemüde.«

Wir schliefen alle sehr lange. Beim sonntäglichen Frühstück zogen wir Bilanz. Welche Maßnahmen waren vordringlich, wie viel Geld sollte wofür ausgegeben werden und so weiter. Der Erlös für die zwölf Goldmünzen war bereits für die Fenster verplant, die Einnahmen vom Flohmarkt reichten sicherlich für Dusche und Klo im Keller, vielleicht sogar für eine dritte Toilette in der Abstellkammer. Henry hatte noch eine ganze Wunschliste vor sich liegen, Fenster für die Mansarden standen zuunterst.

»Ein hübsches Sümmchen ist noch für den Teddy zu erwarten«, sagte Saskia hoffnungsvoll. »Ich habe Fotos an das Steiff Museum geschickt und warte auf eine Einschätzung. Vielleicht wollen die ihn ja selbst kaufen …«

»Für das uralte Kochbuch haben wir immerhin 50 € bekommen«, sagte Martina. »Aber das Oetker Schulkochbuch aus dem Jahr 1950 wollte keiner haben. Also werde ich es behalten, vielleicht finde ich sogar ein sensationelles Gericht für heute Abend.«

Als sie das fettige Buch zur Hand nahm, fiel ein ausgeschnittener Zeitungsartikel heraus, den sie achtlos beiseiteschob. Ich schnappte mir das Papier, denn schon die Überschrift stach mir in die Augen: *Grausiger Fund in Odenwälder Fischteich.*

Mit einer bösen Ahnung überflog ich den Inhalt des Berichts: Nicht allzu weit von hier hatte ein Mitglied des Anglervereins beim Schneiden der Uferpflanzen einen menschlichen Schädel an Land gezogen. Die Identität des Toten konnte aufgrund der Verwesung nicht mehr festgestellt werden, allerdings sollte der Zahnstatus des unbekannten Opfers demnächst in Fachzeitschriften veröffentlicht werden. Leider waren Name und Erscheinungstag des Blättchens nicht vermerkt, aber wir hatten sofort einen schrecklichen Verdacht.

»Rolfs *missing link*!«, rief Henry.

»Es sei denn, wir finden seinen Totenkopf doch noch im Garten«, sagte Saskia, und ihr dreieckiges Katzengesicht verzog sich vor Ekel.

Martina hatte bisher keinen Ton von sich gegeben, sondern anscheinend unbeteiligt im Kochbuch geblättert. Jetzt meldete sie sich auch zu Wort.

»Ich bin mir sicher, dass es Rolfs Schädel ist«, sagte sie. »Und das ist gut so, denn dann kann ich wieder im Garten arbeiten. Sonst hätte ich mich zu sehr gegruselt.«

»Da sind wir aber froh!«, sagte Oliver.

Martina bemerkte nicht seinen leisen Spott, sondern fügte noch hinzu: »Der Geist des Toten ist mit Sicherheit nicht mehr hier, sondern dort, wo man den Kopf gefunden hat. Schließlich haben Verstand und Seele ihren Sitz im Hirn.«

»Soso«, sagte Henry. »Was du nicht alles weißt! Doch wenn der Schädel im Fischteich lag, müsste nach deiner Theorie auch die Seele abgesoffen sein.«

»Sie schwebt über den Wassern«, behauptete Martina.

»*Seele des Menschen, wie gleichst du dem Wasser, Schicksal des Menschen, wie gleichst du dem Wind!*«, steuerte ich auch noch bei, bevor ich den Frühstückstisch abdeckte. Mit Goethe-Zitaten hatte ich immer Eindruck gemacht, obwohl mein Referat in der zwölften Klasse nun schon einige Jahre zurücklag. Meine Gedanken drehten sich jedoch nur um die eine Frage: Was hatte meine Großtante wohl sonst noch auf dem Gewissen? Selbst mein bedächtiger Vater sprach manchmal von der alten Hexe, er hatte bestimmt seine Gründe. Allmählich schämte ich mich fast vor meinen Freunden.

Bei der nächsten günstigen Gelegenheit wollte ich mir Gerhard Gläser vorknöpfen. Wenn er irgendwann unter der Erde lag, würde er alle Geheimnisse mit ins Grab nehmen. Ich könnte dann nie erfahren, was es mit dem Goldschatz, mit Rolf und Hedwig, den Gebeinen im Garten und dem Eisernen Kreuz auf sich hatte. Wie konnte man ihn weichklopfen? Mit uraltem Gouda, luftgetrocknetem Schinken, mit Liedern aus seiner Jugendzeit? Falls er den Orden gesucht hatte, war es dafür allerdings zu spät – das Objekt seiner Begierde war jetzt bei einem unbekannten Händler gelandet.

Der Alte war nicht ganz bei Trost, das war uns allen klar. Andererseits war er aber auch nicht vollkommen dement, denn er kam noch ohne fremde Hilfe zurecht und war nur durch seine Sauferei gelegentlich verwirrt. Er hatte sich wahrscheinlich vor der notwendigen Operation des grauen Stars gedrückt und konnte außerdem schlecht laufen. Trotzdem hatte er es oft genug geschafft, an unerwarteten Orten aufzutauchen und sogar schwere Gegenstände wie einen Grill zu schleppen. Anscheinend hatte er weder Verwandte, Freunde noch Bekannte, die ihn besuchten. Ein Sonderling, der vielleicht in Tante Emma die einzige Vertraute oder gar Geliebte gefunden hatte. Doch er konnte auch ausrasten, hätte mit dem Stock am liebsten auf Frido eingeprügelt und hatte wie ein infantiler Halbwüchsiger ein Hakenkreuz auf meine Heckscheibe geschmiert.

In der Milchkanne hatten wir seinerzeit 49 Münzen gefunden, die unser Nachbar heimlich wieder an sich genommen hatte. Zwei hatte er Saskia und mir geschenkt, und wir hatten mit dem eingetauschten Geld großzügig eingekauft. Zwölf Taler grabschte ich später aus seiner Zuckerdose, einen gab er mir für den großen Bären. Also musste er noch 34 Münzen besitzen, die eigentlich mir gehörten. Je länger ich darüber nachdachte, desto klarer wurde mir: Ich musste mich wieder in die Höhle des Löwen begeben, ihn zuerst durch etwas Essbares milde stimmen, ihn dann ein wenig aushorchen, schließlich mit dem Knochenfund konfrontieren und vielleicht sogar ein bisschen erpressen.

In der nächsten Woche gingen die Semesterferien zu Ende, den Montagvormittag hatten wir noch gemeinsam verbracht und Organisatorisches diskutiert. Bald darauf wurde Saskia von einem ihrer Schützlinge angerufen, der einen neuen Lehrer bekommen hatte und schon für drei Uhr eine Nachhilfestunde verlangte. Auch Henry wurde vom Taxidienst gebeten, als Aushilfe eine Schicht zu übernehmen. Martina betätigte sich auf ihrem Acker, Oliver probte mit seinen Vokalisten, und ich wollte eigentlich aufräumen, mir endlich wieder meine Lehrbücher vorknöpfen und vielleicht sogar meine Eltern besuchen. Zu alldem hatte ich überhaupt keine Lust. Als unser Schreinermeister anrief und sein Kommen ankündigte, kam es mir durchaus gelegen, bis zu seiner Ankunft untätig zu bleiben. Ich kannte diesen Handwerker bereits, schließlich hatte er widerwillig die alten Fenster ausgemessen und einen Kostenvoranschlag vorgelegt. Auch diesmal schüttelte er missbilligend den Kopf und bemerkte: »Es gibt den schönen Spruch: *Wer viel Geld hat und ist dumm, kauft ein alt's Haus und baut's um!* Tut mir leid, aber Sie werden noch viele unangenehme Überraschungen erleben.«

»Wir sind weder dumm noch reich«, sagte ich ärgerlich. »Das Haus habe ich von einer Großtante geerbt, wir retten es vor dem Abbruch und machen die meiste Arbeit selbst.«

»Und der gute Papa muss noch jahrelang dafür blechen«, sagte der Mann. »An Ihrer Stelle würde ich die Finger davon lassen, doch des Menschen Wille ist sein Himmelreich. Die neuen Fenster sind übrigens fertig, morgen können wir mit dem Abbruch und Einbau beginnen, ab acht Uhr müssen Sie mit uns rechnen. – Sie sollten allerdings aufpassen, dass es nicht schimmelt, eine moderne Isolierung ist hundertprozentig dicht. Also lüften, lüften, lüften!«

Er empfahl, bereits heute alle Fensterbänke leer zu räumen und wenn möglich auch die Klappläden auszuhängen, hinterließ mir die Rechnung für eine Abschlagszahlung und verabschiedete sich. Gerade als ich das Tor hinter ihm abschließen wollte, stand Gerhard Gläser davor. Er nahm kurz die Zigarette aus dem Mund und fragte neugierig und fast freundlich:

»Kriegst du neue Fenster, Trixi?« Offenbar hatte er den großen Schriftzug auf dem Handwerkerauto gelesen.

Ich nickte und überlegte kurz, ob ich die Gelegenheit zu einem Gespräch nutzen sollte. Eigentlich war ich noch sauer wegen des Hakenkreuzes, aber vielleicht war es ganz gut, dass ich im Augenblick allein im Haus war und er bestimmt zugänglicher sein würde.

»Kommen Sie doch rein«, sagte ich. »Ich wollte mir gerade einen Kaffee machen, wollen Sie auch einen?«

»So gehört sich das, Mädchen«, sagte er erfreut und folgte mir in die Küche. Ich stellte Kekse, Zucker und Milch auf den Tisch und goss schließlich Kaffee für uns beide ein.

»Hast du kein Feuerwasser im Haus? Ein Tropfen Kognak, und es schmeckt doppelt so gut.«

»Leider nein«, sagte ich. »Wir leisten uns nur Bier oder manchmal eine Flasche Wein. Mein Vater nennt so ein Feuerwasser übrigens *Sterbehilfe*. – Aber sagen Sie mal, warum haben Sie sich nie neue Fenster gegönnt?«

»Lohnt sich nicht mehr«, meinte er und stippte den Keks in die Tasse. »Wenn ich unter der Erde liege, wird mein Haus doch sowieso eingestampft. Oder willst du es haben?«

»Ich würde es jedenfalls nicht abreißen«, sagte ich. »Alte Gemäuer haben eine Seele, Neubauten bestimmt nicht.«

»Seele würde ich es nicht nennen«, sagte er. »In alten Häusern gibt es Geister, mit denen nicht zu spaßen ist! Deine Tante Emma gibt keine Ruhe, ich weiß nicht, was sie noch alles von mir will.«

»Ich denke oft an sie«, sagte ich. »Aber ich habe sie eigentlich kaum gekannt. Bestimmt können Sie mir viel von ihr und früheren Zeiten erzählen. Übrigens – kommt Ihnen dieser Ring vielleicht bekannt vor?«

Gerhard Gläser nahm ihn mir aus der Hand. »Nein«, sagte er. »Eheringe sehen alle gleich aus.«

»Innen sind zwei Namen eingraviert: Rolf und Hedwig«, sagte ich.

Mein Gast erschrak offensichtlich. »Wo habt ihr ihn gefunden?«, fragte er.

»In der Erde. Wer war dieses Paar?«

»Kenne ich nicht«, sagte er und wollte sich mit zitternden Fingern eine neue Zigarette anmachen. Ich nahm sie ihm ärgerlich aus der Hand.

»Wir sind noch auf ganz andere Fundstücke gestoßen«, sagte ich. »Soll ich sie Ihnen mal zeigen?«

Anscheinend war er von meinem Vorschlag etwas überfordert. Neugier und Angst hielten sich wohl die Waage, aber schließlich nickte er. Ich steckte den Kellerschlüssel ein und verließ die Küche, er tappte gehorsam hinter mir her. Nach wenigen Schritten über den Hof ging es die steile Treppe in den Scheunenkeller hinunter. Gerhard Gläser tastete sich langsam und vorsichtig Stufe für Stufe in die Tiefe, hielt sich mit der rechten Hand ängstlich am Geländer fest und stützte sich mit der linken auf seinen Stock. Auch ich wartete nach jedem Schritt, ob er hinter mir herkam. Als ich die Kellertür aufgeschlossen hatte, knipste ich das Licht an, packte den Alten am Ärmel und führte ihn direkt vor die Wanne mit den erdverkrusteten Gebeinen. Er seufzte tief auf.

»Stammen diese Knochen vielleicht von Rolf?«, fragte ich und bemühte mich um einen harmlosen Plauderton. Auf keinen Fall wollte ich ihm Angst machen und wie eine hartgesottene Kommissarin auftreten.

»Trixi, ich werde dir alles erzählen«, japste der Alte. »Aber lass uns wieder nach oben gehen. Ich habe ein schwaches Herz.«

Heftig atmend landete er wieder in der Küche und verlangte erneut nach Schnaps. Ich goss ihm ein Glas Rotwein ein. Nachdem ich eine Weile geduldig gewartet hatte, fing er tatsächlich an zu reden.

»Hedwig war mit Rolf verheiratet, Emma mit Theo. Seit ihrer Kindheit waren sie Freundinnen. Ihre Männer befanden sich damals im Krieg, Rolf galt schon seit Monaten als vermisst. Als Darmstadt 1944 von der Royal Air Force fast völlig zerstört wurde, verlor auch Hedwig durch einen Feuersturm ihr Haus und flüchtete zu Emma, denn dort war Platz genug. Ich half den beiden Frauen, wo es nur ging. Es waren zwar schwere Zeiten, aber ich hatte es vergleichsweise noch ganz gut. Die Äcker hatte ich zwar verkauft, aber ich besaß einen Gemüsegarten und Hühner, heimlich schlachtete ich immer mal eines meiner Schweine. Mit Emmas Mann Theo hatte ich mich immer gut verstanden. Als er eingezogen wurde, war es für mich selbstverständlich, Emma und später auch ihre ausgebombte Freundin zu unterstützen. Du wirst es nicht glauben, Trixi, aber ich hatte mich zum ersten Mal im Leben in die hübsche Hedwig verliebt. Und sie mochte mich auch. Damals sah ich übrigens ganz gut aus, und wir wurden schon bald ein Liebespaar. Da staunst du wahrscheinlich!«

Er griff erneut nach seiner Zigarette und lächelte in Gedanken, mich hatte er fast vergessen. Ich überlegte, wie alt er wohl damals gewesen war. Wahrscheinlich kaum älter als ich.

»Aber, Herr Gläser, eines verstehe ich nicht –

warum wurden Theo und Rolf zum Kriegsdienst verpflichtet, Sie jedoch nicht?«, fragte ich höflich. Der Alte war in Fahrt geraten, jetzt galt es, verständnisvoll und freundlich zu bleiben. Ich nickte und lächelte ihm also immer wieder aufmunternd zu.

»Bei meiner Musterung fand man einen angeborenen Herzfehler, von dem ich bisher selbst nichts gewusst hatte«, sagte er. »Ich bekam eine leichte Arbeit in einer Fabrik für Soldatenstiefel zugewiesen. Ein Wunder, dass ich trotz der ungünstigen Diagnose so alt geworden bin. Die Ärzte haben mir schweres Heben und Tragen sowie Rauchen und Trinken verboten, aber ich habe mich nie daran gehalten. Von mir aus muss ich auch nicht hundert werden. Niemand außer der Katze würde meinen Tod zur Kenntnis nehmen, und selbst die würde sofort zu euch überlaufen.«

Ich ahnte schon, wie die Geschichte weiterging, und hatte recht. Völlig unerwartet klopfte eines Abends ein zerlumpter Mann an Emmas Tür und fragte nach seiner Ehefrau Hedwig. Die befand sich allerdings bei ihrem Lover.

»Ich muss es Emma hoch anrechnen«, sagte der Alte, »dass sie geistesgegenwärtig behauptete, Hedwig sei zu einer Nachbarin gegangen, um etwas Mehl auszuleihen, und käme sicher bald zurück. Emma machte dem totgeglaubten Rolf eine Graupensuppe, schickte ihn ins Bad und suchte unter Theos Kleidern rasch etwas Passendes für ihn heraus. Während sich Rolf also wusch und umzog, huschte sie blitzschnell zu mir hinüber und warnte ihre Freundin. Meine Liebste regte sich zwar schrecklich auf, tat aber doch, was Emma für richtig hielt, und verließ mich auf der Stelle. Noch nie zuvor war ich so unglücklich gewesen wie in diesem Augenblick.«

»War der vermisste Rolf aus russischer Gefangenschaft entlassen worden?«

»Nein. Im letzten Kriegsjahr galten Tausende deutscher Soldaten als vermisst, oft wurden sie anonym verscharrt. Rolf blieb beim Rückzug aus Weißrussland bewusstlos in einem Graben liegen, seine Kameraden hielten ihn wohl für tot. Als er wieder zu sich kam, fehlte ihm ein Finger der linken Hand, sonst hatte er keine schweren Verletzungen. Nachdem er sich notdürftig selbst verbunden hatte, machte er sich auf die Suche nach seiner Einheit. Doch dann beschloss er, lieber zu desertieren, denn er wollte nie wieder an die Front. Unter erbärmlichen Umständen schlug er sich nachts durch fremdes Terrain, versteckte sich tagsüber in Wäldern, stahl Kleidung und Nahrungsmittel, fror, hungerte und fand sogar eine Weile Unterschlupf bei einer mitleidigen alten Frau.«

»Das ist ja eine schreckliche Geschichte!«, sagte ich.

»Nun, Rolf hatte wohl noch Schlimmeres erlebt, wollte aber nicht drüber sprechen. So leid er uns tat, so wenig waren Hedwig und ich glücklich über seine Ankunft. Zudem durfte niemand etwas von seiner Existenz erfahren, denn auf Fahnenflucht stand die Todesstrafe.«

»Also waren Sie wieder allein«, sagte ich bedauernd. »Rolf und Hedwig wohnten jetzt wohl beide bei Emma. Doch für meine Tante war die Situation bestimmt auch nicht ganz einfach.«

»Aber ohne mich hätten sie fast verhungern müssen, denn für Rolf bekamen sie ja keine Lebensmittelkarten. Er wiederum durfte sich nicht auf die Straße wagen. Nur wenn es dunkel war, ging er manchmal in den Garten, rauchte und sah zu den Sternen. Er war ein armer Hund, leider auch ein böser. Viele Soldaten verrohten im Krieg.«

»Wie habt ihr ihn umgebracht?«, fragte ich übergangslos, denn allmählich wollte ich die ganze Wahrheit wissen.

»Du musst mir aber versprechen, dass du deinen Freunden nichts davon verrätst«, meinte er.

»Das ist doch Ehrensache«, log ich und schenkte ihm ein weiteres Glas Wein ein.

12

Semesterbeginn

Gerade als ich ihn so weit hatte, dass er alles gestehen wollte, polterte Martina herein. Gerhard Gläser verstummte mitten im Satz, warf mir einen verschwörerischen Blick zu und legte den Finger an die Lippen. Dann stand er gemächlich auf, bedankte sich für den Kaffee und ging zur Tür.

»Kannst mich ja mal wieder besuchen, Trixi«, flüsterte er und verschwand.

Natürlich war Martina neugierig. »Hast du ihn in die Zange genommen?«, fragte sie, aber ich wollte vorerst nicht über meine neuesten Erkenntnisse sprechen und schüttelte den Kopf. Ich muss ihn weiter ausquetschen, dachte ich, denn jetzt wird es spannend. Ich ahnte damals natürlich nicht, was mir noch bevorstand.

Am späten Nachmittag trudelten meine Mitbewohner wieder ein. Zu unserer Überraschung hatte sich das Steiff-Museum zwar gemeldet, nur leider keine Expertise für unseren Teddy abgegeben. Immerhin beglückwünschte man uns zu unserem

Fund, einen Schätzpreis könne man jedoch nur bei einer persönlichen Begutachtung vornehmen.

»Also versuchen wir es einfach mal bei eBay oder einer anderen Plattform«, meinte Saskia. »Übrigens, hat hier jemand geraucht?«

»Der Gläser war da«, sagte Martina und lagerte ihre müden Beine auf der Ofenbank. »Anscheinend hat er es sich hier gemütlich gemacht, aber Trixi erzählt mir ja sowieso nichts, sondern schweigt wie ein Grab.«

»Weil es nichts zu erzählen gibt«, beteuerte ich. »Außer, dass wir bei einer Tasse Kaffee das Kriegsbeil begraben haben. Allerdings hat er mich zu einem Gegenbesuch eingeladen, dann werde ich vielleicht ein paar Details über Rolfs trauriges Ende erfahren.«

»Der alte Knacker liebt dich«, sagte Henry. »Ich bin so was von eifersüchtig!«

»Wenn dein wehrloses Zicklein ihn tatsächlich aufsuchen will, solltest du es begleiten und dem Schwerenöter im Bedarfsfall eins auf die Rübe geben«, meinte Oliver und schwang drohend einen Teppichklopfer aus Rohr, mit dem man wohl schon Tante Emma als Kind gezüchtigt hatte.

»Ihr seid albern«, sagte Martina und inspizierte den fast leeren Kühlschrank. Niemand hatte für frisches Fleisch und Gemüse gesorgt, wir hatten uns blindlings auf Martina verlassen. Eigentlich hatten wir geplant, für Einkauf und Zubereitung des Essens jeden Hausbewohner in alphabetischer Reihenfolge zu verpflichten, aber seit drei Tagen nicht mehr daran gedacht.

»Ich ruf beim Inder an«, schlug ich vor.

Aber Martina lehnte exotisches Fast Food rigoros ab. »Wollt ihr lieber Bratkartoffeln und Rührei oder Hering in Tomatensauce mit Pellkartoffeln?«, fragte sie.

»Palatschinken«, sagte Henry.

»Sushi«, sagten Saskia und ich.

»Schnitzel mit Pommes«, verlangte Oliver, aber Martina tippte nur mit dem Zeigefinger an die Stirn.

»Übrigens habe ich noch eine Kleinigkeit in der Erde gefunden«, sagte sie und legte einen Metallknopf auf den Küchentisch. Sie hatte ihn bereits gesäubert und meinte, er könnte von einer Uniform stammen, es handele sich aber mit Sicherheit nicht um ein Wertobjekt.

»Morgen werden im Erdgeschoss neue Fenster eingesetzt«, sagte ich. »Vielleicht könnten die Herrschaften so freundlich sein und mir jetzt beim Abräumen der Fensterbänke helfen. Bis Martina die Heringsbüchsen öffnet, sollten wir es geschafft haben. Ab acht Uhr kann man die Handwerker bereits erwarten, wer von euch wird hier sein und ihnen die Tür aufmachen?«

Es ergab sich, dass zwar alle zu dieser nachtschlafenden Zeit noch zu Hause waren, aber spätestens um neun aufbrechen mussten, denn Vorlesungen und Seminare des Wintersemesters hatten bereits am Vortag begonnen. Uns plagte ein latent schlechtes Gewissen, weil wir in den langen Ferien fast nur gejobbt, gefeiert, gequatscht, geplant und renoviert hatten.

»Ich bin gespannt auf das Seminar *Der deutschsprachige Kriminalroman im 20. Jahrhundert*«, sagte Henry. »Da möchte ich unter keinen Umständen fehlen! 22 Mädels haben sich eingeschrieben und nur drei Typen, endlich erfüllt sich mein Traum von einem Harem! Vielleicht wird es Trixi allmählich klar, was für ein begehrtes Objekt sie in mir gefunden hat.«

»Sechs Richtige im Lotto wären ihr sicher lieber als ein Pascha«, sagte Saskia spitz.

»Da täuschst du dich aber gewaltig!«, protestierte ich. »Jede einzelne seiner Sommersprossen ist mir lieber als tausend Taler. Aber einer oder eine von uns muss hierbleiben, wenn die Handwerker kommen. Saskia und ich stehen nicht zur Verfügung.«

»Bei mir kommt Schwänzen auch nicht in Frage«, sagte Martina. »Bei uns ist alles dermaßen verschult, dass ich das Studienfach am liebsten wechseln möchte. Nach einem Semester ist das ja noch keine Schande, ich glaube, etwas Praktisches liegt mir mehr als alle Theorie.«

»*Grau, teurer Freund, ist alle Theorie. Und grün des Lebens goldner Baum*«, zitierte ich aus dem *Faust*.

»Gib nicht immer so an mit deinem Goethe«, moserte Oliver.

»In Martinas Fall rate ich zu Agrarwissenschaften, dann hat sie die Auswahl unter tausend heiratswilligen Bauern«, sagte Henry. »Aber könnte man nicht eine unserer Mütter darum bitten, dem Schreiner ein paar Stunden lang Gesellschaft zu leisten?«

Es ergab sich, dass alle Mütter entweder berufstätig waren, zu weit weg wohnten oder – wie in meinem Fall – nicht mit zusätzlichen Aufgaben belastet werden sollten. Am Ende traf es Oliver, der sich sowieso nur sporadisch in einem Hörsaal blicken ließ. Er versprach, den Handwerkern Kaffee zu kochen und das anschließende Putzen nicht wie üblich der fleißigen Martina zu überlassen.

Da eine Professorin erkrankt war, fiel am nächsten Nachmittag für Saskia und mich eine doppelstündige Vorlesung aus, und wir hätten Oliver ohne weiteres ablösen können. Meine Freundin wollte jedoch in Heidelberg bleiben und alte Bekannte treffen, während ich endlich mein Versprechen wahrmachen und meine Eltern besuchen wollte. Vater war natürlich noch nicht zu Hause, Mutter empfing mich zwar ebenso erfreut wie überrascht, musste aber kurz darauf einen Arzttermin wahrnehmen und hatte wenig Zeit für ihr einziges Kind. Vorwurfsvoll runzelte sie die Stirn, als ich ihr vom Einbau der neuen Fenster erzählte. Auf die Dauer ließ es sich ja sowieso nicht verheimlichen.

»Sag bloß, ihr habt das nötige Geld auf dem Flohmarkt verdient! Das kann ich kaum glauben und Papa sowieso nicht. Er wird sich wieder mächtig aufregen, dass ihr eure gesamten Ersparnisse in diese Bruchbude steckt!«, ereiferte sie sich, doch ich hörte fast so etwas wie Neid heraus. Natürlich verriet ich nichts vom Goldschatz und anderen brisanten Fundstücken, auch nichts von Klo und Dusche im Keller, die als Nächstes drankommen sollten. Mit einem lauwarmen Zwiebelkuchen auf dem Rücksitz fuhr ich zurück zum Bauernhaus, sah den Wagen der Handwerker noch vor der Tür stehen, parkte mein Auto in gebührendem Abstand und beschloss, mich vor möglichen Hilfeleistungen zu drücken. Schließlich hatte ja Oliver die Verantwortung übernommen. Kurz entschlossen zog ich das Backblech heraus, lief die paar Schritte zu Gerhard Gläsers Haus und klingelte. Diesmal öffnete er relativ schnell.

»Ist das für mich?«, fragte er und schnupperte gierig. »Komm rein, Trixi!«

In der Küche aßen wir gemeinsam Mutters Spezialität, ich nur ein Stück, Herr Gläser fast den ganzen Rest. Zufrieden stellte ich fest, dass die Bestechung ausgezeichnet wirkte, denn das mürrische Gesicht meines Nachbarn hellte sich zusehends auf.

»Fehlt nur noch ein Bembel mit Äppelwoi«, meinte er. »So was Feines kannst du mir jeden Tag vorbeibringen, Trixi. Hast du etwa selbst gebacken?«

»Natürlich! Und wenn Sie mir noch ein paar spannende Räuberpistolen erzählen, sorge ich für Nachschub. Sie werden es nicht bereuen, denn ich wüsste nur zu gern, woher der Goldschatz stammt!«

»Der gehört jetzt mir, aber das ist eine lange Geschichte«, sagte der Alte und überließ der Katze großzügig ein Stückchen Speck. »Ich habe dir ja schon erzählt, dass Rolf desertiert war und sich bei Emma verkrochen hatte. Schon bald erkannte ich, dass dieser Mann ein undankbarer und schlechter Mensch war. Vor der Abreise hat er die schlesische Bauersfrau, die ihn bei seiner Flucht aus reiner Barmherzigkeit eine Weile aufgenommen hatte, bestohlen und wahrscheinlich sogar umgebracht. Woher aber diese Alte so viele Taler hatte, werde ich nie mehr erfahren. Im Krieg wurden Wertgegenstände oft genug geraubt, geplündert oder wurden gegen Naturalien eingetauscht, wechselten also häufig die Besitzer. Als Rolf den Goldschatz seiner Frau zeigte, hat er sich mit seiner Schandtat auch noch gebrüstet. Wahrscheinlich glaubte er, Hedwig damit zu beeindrucken und als Held zu gelten.«

»Wie viele Taler waren es denn?«

»Weiß ich nicht mehr so genau, aber es könnten schon tausend gewesen sein«, sagte er prahlerisch.

Allein vom Gewicht her kann das gar nicht stimmen, dachte ich und beschloss, jetzt konkrete Fragen zu stellen.

»Wie ist Rolf zu Tode gekommen?«

»Es war nicht zu vermeiden«, sagte er finster, zündete sich eine Zigarette an, qualmte und schwieg vor sich hin.

»Warum?«, wollte ich wissen.

»Hedwig hat es nach wenigen Tagen nicht mehr ausgehalten und ihm gestanden, dass sie inzwischen einen anderen liebt. Sie bot ihm sogar an, ihn mit Emmas Hilfe bis zum Kriegsende zu verstecken und durchzufüttern, sich danach aber scheiden zu lassen. Daraufhin ist er ausgerastet und war nicht mehr zu beruhigen. Er brüllte wie ein Wahnsinniger, zerschmetterte Porzellan, trat nach dem Hund. Als Emma hereinstürzte und schlichten wollte, erreichte sie nur das Gegenteil und bekam selbst eine gescheuert. Da er in seiner Raserei nicht zu bremsen war, lief Emma zu mir herüber und bat um Hilfe.«

Ich ahnte nichts Gutes und bekam allmählich fast Angst, ihm weiterhin zuzuhören. Irgendwie kam es mir vor, als ob mir Gerhard Gläser mein neues Heim verekeln wollte, denn in Emmas beschaulichem Bauernhaus waren schreckliche Dinge geschehen. Aber hatten nicht viele ältere Häuser eine Vergangenheit, die weder idyllisch noch erfreulich war? Hatte es nicht in jedem alten Gebäude Todesfälle oder sogar Verbrechen gegeben? Wenn Martina alle Einzelheiten erfahren sollte, würde sie bestimmt nicht mehr bei uns bleiben wollen. In diesem Punkt war sie Gerhard Gläser nicht unähnlich, denn beide glaubten an Gespenster. Doch auch er schien jetzt an einem Punkt angekommen zu sein, wo er nicht mehr weiterreden wollte. Die Stimmung kippte.

»Schluss jetzt«, sagte er unfreundlich. »Im Grunde ist doch alles längst verjährt und geht dich gar nichts an. Wenn du nicht mit Emma verwandt wärst, hätte ich dich gar nicht erst hereingelassen. Außerdem verlange ich dein Ehrenwort, dass alles, was ich dir anvertraue, unter uns bleibt. Kein Wort an deine komischen Freunde!« Dabei hielt er mir die schmutzige Hand hin und verlangte, dass ich einschlug. Dann war ich entlassen.

Meine Mitbewohner fragten sowieso nicht, wo ich gewesen war, denn sie bewunderten die neuen Fenster im Erdgeschoss und freuten sich, dass demnächst auch das obere Stockwerk an die Reihe kam. Zufrieden konnten wir feststellen, dass es in der Küche ohne die gewohnte Zugluft viel wärmer und gemütlicher geworden war. Überdies berichtete Oliver, dass die braven Handwerker die ausrangierten Fenster und den groben Dreck eigenhändig weggeschafft und nur Mineralwasser getrunken hätten. Zur Feier öffnete er unsere letzte Flasche Silvaner.

Eigentlich wollten wir nicht mehr unbedingt jeden Tag gemeinsam essen, sondern lieber mal ins Kino gehen oder etwas anderes unternehmen. Zum Abendessen servierte Martina aber auf altväterliche Art Sauerkraut und Weißwürstchen, obwohl wir ganz gern etwas Indisches bestellt hätten. Jeder erzählte von neuen Professoren oder langweiligen Vorlesungen, und Henry neckte mich ein wenig mit seinen reizenden Kommilitoninnen.

»Dafür habe ich aber einen glühenden Verehrer besucht«, trumpfte ich auf. »Allmählich taut der Gläser ein bisschen auf, aber ich soll euch kein Wort von seinen Geständnissen verraten. Wenn man seinem Geschwätz glauben soll, müsste er noch Goldmünzen en masse besitzen, viel mehr, als wir angenommen haben. Er sprach von tausend Talern …«

»Haben wir kein Bier im Haus?«, unterbrach mich Henry. »Eigentlich heißt es ja, die Weißwurst darf das 12-Uhr-Läuten nicht hören. Auch wenn es zu spät für eine echt bayerische Brotzeit mit Brezeln und süßem Senf ist, so sollte man trotzdem keinen Wein dazu trinken!«

»Bier ist alle«, sagte Martina.

Saskia legte eine Weißwurst zwischen Daumen und Zeigefinger, biss die Haut auf und saugte das Brät laut schmatzend aus.

»So zuzelt der Profi«, erklärte sie. »Beim nächsten Besuch nimmst du mich aber mit, Trixi! Ich werde den Gläser bestimmt bezirzen! Konntest du ihm denn keinen einzigen Taler abluchsen?«

Ich schüttelte den Kopf. »Was nicht ist, kann aber noch werden. Es ist besser, wenn ich im Alleingang bei ihm antanze, er ist dann viel zugänglicher.«

»Wir schaffen es bestimmt auch ohne fremde Geldgeschenke«, sagte Henry. »Ich finde, du solltest den Tattergreis in Ruhe lassen.«

Jetzt meldete sich Oliver mit einem gewissen Stolz zu Wort. »Um das leidige Thema mit unserem irren Nachbarn zu beenden, möchte ich euch mal eine konstruktive Idee vorschlagen. Wenn ich mir die Kirsten ein wenig warmhalte …«

Er wurde von Saskia und Martina unterbrochen: »Untersteh dich!«

»Lasst mich doch erst mal ausreden! Was habt ihr überhaupt gegen die Kirsten?«, fragte Oliver irritiert.

Die Antwort der beiden kam wie aus einem Mund: »Wir können sie nicht leiden!«

Oliver schüttelte den Kopf. »Darauf kommt es doch überhaupt nicht an, ich will sie ja nicht heiraten! Aber ihr Vater ist Architekt. Der könnte das Haus fachmännisch begutachten und raten, was bei unseren Maßnahmen wirklich Priorität hat. Vielleicht gibt es schwerwiegende Mängel, die wir als Laien gar nicht erkennen. Zum Beispiel Holzwürmer im Gebälk, Schimmel in den Wänden und so weiter!«

»Stimmt«, meinte Henry. »Wir haben eigentlich nur daran gedacht, dass das Haus bewohnbar wird. Aber die Substanz könnte verrotten, ohne dass wir es merken. Kirsten soll bitte ihren Dad mal einschleusen! Noch hegt sie vielleicht die Hoffnung, bei uns ein tadellos renoviertes Mansardenzimmer zu beziehen.«

Saskia und Martina öffneten den Mund, um zu protestieren, ich brachte sie mit einer Geste zum Schweigen.

»Eigentlich hätten wir schon viel früher an den Rat eines Fachmanns denken müssen. Mein Vater kennt sich zwar ein bisschen aus, aber von Statik und so weiter versteht er natürlich auch nicht viel. Er war allerdings von Anfang an gegen unser Projekt. Aber was machen wir, wenn ein erfahrener Architekt die Hände überm Kopf zusammenschlägt?«

»Was wir bisher unternommen haben, war vielleicht bloß Stückwerk«, sagte Oliver resigniert.

»Aber mit genügend Kohle lässt sich bestimmt alles in Ordnung bringen«, meinte Saskia versöhnlich, da sie offensichtlich keinen Krach mit unserem Troubadour wollte. »Die goldenen Münzen lassen mir irgendwie keine Ruhe.«

»*Nach Golde drängt, am Golde hängt ...*«, begann ich.

»Klappe«, sagte Oliver.

Doch als Saskia am nächsten Morgen bei mir im Auto saß – denn wir mussten dank des großzügigen Geschenks meiner Eltern nicht mehr mit der Straßenbahn nach Heidelberg fahren oder uns nach Henrys Stundenplan richten –, fing sie wieder an:

»Trixi, es will mir einfach nicht aus dem Kopf, wie mühelos wir an die Taler herangekommen sind. Und das Shoppen hat uns so viel Spaß gemacht! Überleg doch mal, wir haben immer noch den Hausschlüssel vom Gläser! Es hat damals so perfekt geklappt, als er uns für Gespenster hielt, warum sollen wir es nicht noch einmal versuchen?«

»*Ihr naht euch wieder, schwankende Gestalten*«, zitierte ich.

»Ist ja gut Trixi, wir wissen inzwischen alle, was du auf dem Kasten hast.«

»*Allwissend bin ich nicht, doch viel ist mir bewusst …*«

»Geschenkt. Abgesehen davon bist du aber ziemlich naiv, wenn du die Bitch Kirsten bei uns einziehen lässt. Dieses Weib bringt nichts als Unheil ins Haus, worauf du dich verlassen kannst!«

»Ich habe mich ja noch gar nicht dazu entschlossen. Ein bisschen kommt es mir so vor, als ob Oliver nur einen Grund sucht, um Kirsten in die Kiste zu kriegen. Stabreim, hast du das überhaupt gemerkt?«

»Nee. Und falls wirklich ein Architekt hinzugezogen werden soll«, sagte Saskia, »dann gibt es noch Hunderte, die das ebenfalls können. Allerdings nicht umsonst, sondern gegen eine Gebühr. Mit ein paar neuen Talern ist das aber locker zu schaffen; Oliver muss es ja nicht unbedingt wissen.«

»Apropos Oliver! Ich bin gespannt, was es heute Abend zu essen gibt, denn unser Troubadix ist heute an der Reihe. Es wird höchste Zeit, dass wir Martina ein bisschen entlasten, am Ende schmeißt sie das Studium und haut ab, um in Australien Schafe zu züchten. In Zukunft sollten wir die Aufgaben gerechter verteilen, sonst gibt es Stunk.«

»Sehen wir es doch mal so«, sagte Saskia. »Wenn wir beide für die Kohle sorgen, ist es ja nur gerecht, wenn wir den anderen die Knochenarbeit überlassen.«

»Ich dachte, Sklaverei sei abgeschafft«, sagte ich. »Morgen bist du übrigens mit dem Kochen dran!«

13
Die Toten

Der Tisch war für sechs Personen gedeckt. Bestimmt hat sich Fridolin angemeldet, dachte ich, er hat sich schon lange nicht mehr bei uns blicken lassen. Oliver stand am Herd und machte zwar einen leicht gestressten, jedoch heiteren Eindruck.

»Wie lange müssen Shrimps und Jakobsmuscheln garen?«, fragte er. »Es gibt heute einen Salat aus Tomaten und Avocados und als Hauptgericht Spaghetti mit Meeresfrüchten in Safransauce.«

»Hey! Du legst dich aber ins Zeug!«, staunte ich. »Übersteigen die Kosten nicht unseren Etat? Allein der Safran ist ein besonders teures Gewürz!«

»Ich will auf keinen Fall als Schmarotzer gelten«, sagte Oliver. »Schließlich habe ich mich fast immer ums Kochen gedrückt, zur Feier des Tages habe ich natürlich nicht in die Gemeinschaftskasse gegriffen.«

Da haben Frido und die Katze aber Glück gehabt, dachte ich, denen geht Fisch & Co doch über alles! Aber ich hatte die Rechnung ohne den Koch gemacht. Als es klingelte, schob mich Oliver hastig beiseite, flitzte an die Haustür und führte Kirsten in die Küche. Sie überreichte mir eine Flasche Grappa als Gastgeschenk, hinter der Persona non grata schlüpfte wie erwartet die Nachbarskatze herein.

Das kann ja heiter werden, dachte ich bei diesem Anblick. Aber andererseits waren wir uns alle einig gewesen, dass Gäste in unserer WG stets willkommen sein sollten. Wir mussten also auch in diesem Fall in den sauren Apfel beißen.

»Das Essen ist fast fertig«, sagte Oliver. »Trixi, bist du so lieb und schenkst Kirsten schon mal ein Glas Chablis ein, die anderen werden sicher auch gleich kommen.«

Martina betrat als Erste die Szene, machte zwar große Augen, murmelte aber bloß ein *Guten Abend allerseits* und setzte sich an den Tisch. Kurz nacheinander erschienen Henry und Saskia, er grinste bloß, sie musterte das stramme Etuikleid der Besucherin und zog ein Gesicht wie sieben Tage Dauerregen. Bevor es zum Austausch von verkappten Unhöflichkeiten kam, stellte Oliver den bereits fertigen Salat auf den Tisch, bat aber darum, nicht gleich zuzuschlagen. Seine Kochkünste schienen ihn selbst noch nicht ganz zu überzeugen, denn er winkte Martina heran. Ich hörte ihn mit gedämpfter Stimme fragen: »Kannst du die Sauce mal probieren? Die ist irgendwie viel zu dünn und labberig!«

Martina griff zum Löffel, schmeckte ab und schüttelte missbilligend den Kopf. Kurz entschlossen holte sie einen großen Becher Crème fraîche aus dem Kühlschrank und rührte den Inhalt nach und nach in den sanft köchelnden Safransud. Oliver schleckte jetzt seinerseits den Löffel ab und nickte begeistert.

»Du bist ein Genie«, lobte er seine Assistentin. Martina lächelte stolz, schob den Topf von der Kochstelle, stülpte einen Deckel darüber und setzte sich neben mich. Endlich durften wir uns über den Salat und die gerösteten Weißbrotscheiben hermachen. Im ganzen Raum duftete es verheißungsvoll, unter dem Tisch lauerte die Katze auf das Hauptgericht.

Schließlich servierte Oliver das Ergebnis seiner Mühe, teilte höchstpersönlich aus, sah aufmerksam zu, wie alle zulangten, und erwartete Beifall, der auch sofort einsetzte: *Raffiniert, superbe, köstlich, ausgezeichnet!* Henry versuchte sogar zu reimen: »Heute gibt es ein Gericht, auf das alle sind erpicht!«

Doch Kirsten stocherte in ihrem Suppenteller herum und maulte: »Das kann ich leider nicht essen!«

Ich war die Erste und vielleicht Einzige, die sofort kapierte. Mit Martina hatte ich erst kürzlich über Kirstens angebliche Laktoseintoleranz gelästert, sie wusste also Bescheid. Plötzlich sah ich meine fleißige Mitbewohnerin in neuem Licht. Nur scheinbar hatte sie sich als gutmütige Expertin ausgegeben, insgeheim hatte sie das fette Milchprodukt nicht ohne böse Hintergedanken zum Verfeinern benutzt. Immerhin erklärte Kirsten den Tischgenossen ein wenig schuldbewusst, dass sie unter diversen Unverträglichkeiten leide, aber mit einem Klecks Tomatensauce auf ihren Nudeln vollkommen zufrieden sei. Man sah Oliver die Enttäuschung an, für uns hätte er sich kaum so angestrengt, und nun war Kirstens Portion wortwörtlich für die Katz.

»Bleib endlich mal sitzen, ich mach schon«, sagte Saskia zu Oliver, sprang auf, schabte den Inhalt aus Kirstens Teller zum Leidwesen der Katze in den Mülleimer, schaufelte große Mengen Pasta auf einen sauberen Teller und suchte den Ketchup-Spender. Schließlich plazierte sie den Nudelhaufen vor ihre Feindin und quetschte die rote Flüssigkeit schwungvoll sowohl auf die Spaghetti als auch in Kirstens tiefen Ausschnitt. »Sorry!«, sagte sie bedauernd.

Nicht ohne Vorfreude erwartete ich Kirstens hysterischen Aufschrei, aber sie blieb stumm und wie versteinert sitzen. Oliver war es, der wütend wurde. »Wie kann man bloß so dämlich sein!«, fuhr er Saskia an. »Wie willst du das jemals wiedergutmachen?«

Inzwischen hatte sich Kirsten gefangen. »Ganz einfach«, sagte sie cool. »Saskia muss mein Kleid jetzt waschen, trockenfönen und bügeln.«

Mit diesen Worten stand sie auf und zog sich das Kleid über den Kopf. Nicht nur Oliver, leider auch Henry machte Stielaugen. Außer einem schwarzen Tanga, Higheels und einer Apple Watch trug sie nichts am Leib. Kirsten war sehr schlank, aber keineswegs ein Bügelbrett. Ich raste die Treppe hinauf, um meinen Bademantel aus unserem Schlafzimmer zu holen. Als ich kurz darauf zurückkam, stand Saskia bereits vor der Spüle und versuchte mühsam, die schmierige rote Pampe wegzurubbeln. Ich schleuderte den Bademantel in Kirstens Richtung und dachte: Das war ein Eigentor, liebe Saskia!

Die beiden Männer prosteten sich zu, Henry schien das Missgeschick eher von der lustigen, Oliver von der erregenden Seite zu betrachten.

»Schade, dass du keinen Bienenstich gebacken hast, Martina, dann könnten wir jetzt noch eine Tortenschlacht machen«, sagte Henry. »Ich liebe diese alten Slapstick-Filme, die ich bei meiner Oma sehen durfte.«

»Und ich finde euch einfach nur doof«, sagte Martina. »Ich gehe jetzt ins Bett, bevor es nach der roten Saucenschlacht noch zu einer safrangelben kommt.« Und weg war sie. Am liebsten wäre ich ihr gefolgt, aber ich wollte Henry nicht neben der scharfen Kirsten zurücklassen. Doch irgendwann war ihr Kleid wieder notdürftig gereinigt und einigermaßen getrocknet, und sie zog vor aller Augen den Bademantel aus und sich wieder an. Nun hielt ich den Zeitpunkt für gekommen, gemeinsam mit Henry und Saskia die Küche zu verlassen. Es tat gut, hinter Oliver, seiner Flamme sowie einem Stapel schmutzigem Geschirr die Tür zuzuziehen.

In jener Nacht habe ich schlecht geschlafen. Ständig lauerte ich auf das Zufallen der Haustür, denn irgendwann würde Oliver seine Kirsten ja nach Hause bringen. Seit wir meistens früh aufstehen mussten, hatten wir uns in einem heiklen Punkt geeinigt: Die Männer sollten bereits am Abend, die Frauen am Morgen duschen, damit das Gedränge vor dem Badezimmer etwas entschärft wurde.

Das Bad war besetzt, als ich in aller Frühe als Erste auf die Toilette wollte. Offensichtlich war Kirsten hiergeblieben, Oliver hatte sie sich wohl die ganze Nacht über *warmgehalten*. Beim Frühstück saß sie etwas übernächtigt mit uns am Kaffeetisch, vom Architektenvater war nicht die Rede. Ein wenig heiterte es mich auf, dass die Flecken auf ihrem hellen Kleid zwar verblasst waren, aber deutlich auffielen. Eine mürrische Martina brummte, dass sie auf keinen Fall den Abwasch übernehmen würde. Oliver hatte sich auch am Morgen nicht lumpen lassen und war schon sehr zeitig zum Bäcker gefahren. Statt unser übliches Müsli zu schlabbern, durften wir uns frische Croissants, Laugenwecken, Dinkel- und Vollkornbrötchen oder Sesamhörnchen aussuchen. Außer der selbstgemachten Marmelade unserer Mütter und Henrys geliebter Nutella, standen noch gesalzene Butter, Schinken und Camembert zur Auswahl.

»Und – wie gefällt es dir bei uns?«, fragte Henry freundlich.

»Ganz nett, aber ziemlich kleines Karo und irgendwie rührend, wie ihr hundertprozentig auf Vintage macht«, sagte Kirsten und befingerte staunend unseren Brotkorb aus geflochtenem Porzellan.

»Original Hutschenreuther«, sagte ich großspurig. »Gehörte wohl mal zu einem kompletten Service, leider fehlen weitere Teile – und Saskia fehlt am Esstisch.«

Da wir demnächst starten mussten, ging ich nachsehen. Meine Freundin lag noch im Bett und sah sehr leidend aus.

»Ich bin krank«, hauchte sie. »Du musst ohne

mich fahren, und kochen kann ich heute Abend schon gar nicht.«

»Soll ich dir einen Tee machen?«

Sie nickte weinerlich. Als ich ihr schließlich ein trockenes Brötchen und Kamillentee gebracht hatte, war es zu spät für die interessante Vorlesung *Psychologie der Pädagogik*. Ich beschloss, noch ein wenig hierzubleiben und die ersten Stunden zu schwänzen. Aber bevor ich mit Saskia ausgiebig über den gestrigen Abend tratschen konnte, war sie eingeschlafen.

Also musste ich mich wohl oder übel mit dem verhassten Abwasch herumquälen, alle anderen hatten längst das Weite gesucht. Eigentlich hatten wir ja vereinbart, dass der jeweilige Koch auch spülen musste und die Küche in tadellosem Zustand dem Nachfolger übergeben sollte. Hätte ich nur ein paar weitere Goldmünzen, könnten wir uns locker eine Spülmaschine leisten! Schließlich begann ich aufzuräumen. Es waren noch viele Brötchen übrig, die ich einfrieren wollte – aber das Tiefkühlfach platzte aus allen Nähten. Da es noch relativ früh am Tag war, kam mir ein verwegener Gedanke: Sollte ich unseren Nachbarn nicht mit einem leckeren Frühstück zu weiteren Geständnissen bewegen? Der Tisch war noch nicht abgedeckt. Schade, dass er kein Telefon besaß, aber es sollte kein Problem sein, ihn herbeizulocken. Direkt vor der Haustür wäre ich fast in ein Häufchen getreten – wohl ein Souvenir von Nachbars Mieze. Niemand war auf die Idee gekommen, die Katze in der Nacht wieder ins Freie zu lassen oder gar heute früh ihre Exkremente zu beseitigen.

Eine halbe Stunde später saß Gerhard Gläser in unserer Küche und machte sich über die üppigen Reste her.

»So fein habe ich lange nicht mehr gefrühstückt, Trixi«, sagte er. »Wenn einem also Gutes widerfährt, dann ist es einen Taler wert.«

»Aber Herr Gläser, ich will doch nur hören, wie es mit Ihrer Geschichte weitergeht. Was ist überhaupt aus Hedwig geworden?«

»Es waren zwei Königskinder«, sagte der Alte. »Verdorben, gestorben.«

»Liegt Hedwigs Leiche etwa auch auf unserem Grundstück?«, fragte ich misstrauisch.

»Nein, nein! Nach Rolfs Tod wohnte sie natürlich bei mir, aber glücklich sind wir nicht geworden. Ständig lebten wir in Angst, dass alles ans Licht käme ...«

»Sie meinen den Mord an Rolf?«

»Ja, natürlich. Aber Mord würde ich es nicht nennen, er hat mich angegriffen, wir haben uns nur gemeinsam verteidigt. Da sich die Auseinandersetzung in der Küche abspielte, fand er genug Material, um damit um sich zu schmeißen. Fast das gesamte Hutschenreuther Porzellan ging in die Brüche. Emma konnte das nicht dulden, das Geschirr gehörte zu ihrem wertvollsten Besitz. Um ihn zu stoppen, hat sie ihm eine Eisenpfanne auf den Kopf geschmettert, und Rolf ging sofort in die Knie. Auch Hedwig wurde jetzt zur Furie und stach mit dem Fleischmesser auf ihn ein. Den Rest habe ich übernommen, denn wir konnten ihn weder halb tot vergammeln lassen, noch wollten wir ihn wieder gesund pflegen.«

»Also hatten Sie eine Leiche auf unserem Küchenboden liegen und waren mit der Beseitigung überfordert …«

»Wie immer wusste Emma Rat: In ihrem Rübenacker sei genug Platz für einen halben Friedhof. Doch Hedwig bekam panische Angst, dass man den Schädel finden und Rolf anhand der Zähne identifizieren könnte. Schweren Herzens tat ich ihr den Gefallen und trennte das Haupt ab, das am besten in einem See versenkt werden sollte. Da ich nicht Rad fahren kann, ist Emma losgestrampelt, um ein geeignetes Gewässer zu suchen; den Kopf transportierte sie in meinem Rucksack, eingewickelt in einen Kartoffelsack. Ich habe unterdessen die Grube ausgehoben, während Hedwig die Scherben und Blutspuren in der Küche beseitigte.« Er murmelte gedankenverloren: »Es war der schrecklichste Tag meines Lebens.«

»Für uns war es auch ein Schock, als wir beim Umgraben auf menschliche Knochen stießen«, sagte ich vorwurfsvoll. »Irgendwann musste die Wahrheit herauskommen!«

»Als der Schädel irgendwann von einem Angler herausgefischt wurde, hat man vergeblich versucht, ihn einer vermissten Person zuzuordnen. Doch jetzt ist die Sache längst verjährt«, knurrte der Alte und knetete seine knotigen Finger.

»Das gilt nicht für Mord«, wandte ich ein. »Und ein abgetrennter Kopf lässt nicht gerade auf einen natürlichen Tod schließen.«

»Willst du mich auf meine letzten Tage noch in den Knast bringen?«, fragte er gereizt und griff nach der Zigarettenschachtel.

Ich schüttelte den Kopf. Dann holte ich den Metallknopf, den Martina in der Erde gefunden hatte.

»Stammt der Knopf von Rolf?«

»In seinem Tornister fanden wir einen Orden und seine Uniformjacke, die er leichtsinnigerweise nicht weggeworfen hatte. Auf der Flucht hatte er irgendwo zivile Kleidung gestohlen, damit er nicht sofort als Deserteur erkannt werden konnte. Die

Jacke behielt er wohl bei sich, um sich nachts damit zuzudecken. Wir haben sie verbrannt, die Knöpfe habe ich ebenfalls im Acker vergraben, ihr werdet noch mehr davon finden …«

»Herr Gläser, den Goldschatz haben Sie aber bestimmt nicht verbuddelt! Wahrscheinlich hat Hedwig ihn für sich reklamiert. Oder?«

»Unter den gegebenen Umständen betrachtete sich Hedwig als rechtmäßige Erbin. Sie war allerdings eine großzügige Frau und hat Emma zum Dank für ihre Hilfe ein paar Münzen abgegeben. Ich kann mich nicht erinnern, wie viele es waren.«

Nun wollte ich endlich wissen, was aus Hedwig geworden war, und bekam eine weitere traurige Geschichte zu hören, denn sie starb schon bald an Typhus. Auch Gerhard Gläser war schwer erkrankt, Emma blieb als Einzige verschont, denn sie hatte sich beizeiten impfen lassen. Im letzten Kriegsjahr ging wohl alles drunter und drüber, ausgebombte Städter suchten eine Unterkunft, Flüchtlinge strömten in den Westen, es gab nichts zu essen und kein Brennmaterial, Todesnachrichten waren das tägliche Gesprächsthema, unterernährte Menschen starben an Seuchen und Viruskrankheiten. Das frischverliebte Paar, Gerhard Gläser und Hedwig, musste ins Krankenhaus eingewiesen werden.

So gut es ging, sorgte Emma für ihre kranken

Freunde. Weil Ziegenmilch angeblich heilen sollte, radelte sie täglich mit einer Blechkanne am Lenker zu einem Bauern, holte Milch und fuhr damit viele Kilometer bis zur Klinik. Für Hedwig kam leider alle Hilfe zu spät.

»Wir waren erst ein paar Monate zusammen«, sagte Gerhard Gläser, »da äußerte Hedwig den Verdacht, schwanger zu sein. Es war ihr angesichts der schlechten Verhältnisse gar nicht recht, zudem war ihr dauernd übel, das wenige, was wir zu essen hatten, gab sie wieder von sich. Ich aber freute mich sehr und bastelte einen großen Bären für unser Kind. Das Ende des Krieges war absehbar, ich glaubte fest an bessere Zeiten. Aber dann wurden wir beide sterbenskrank.«

Er tat mir wirklich leid. »Haben Sie nie wieder eine nette Frau kennengelernt?«, fragte ich mitfühlend.

»Nie wieder«, sagte er. »Ich habe es zwar versucht, sogar mit Kontaktanzeigen, aber es gab nur Enttäuschungen. Ein einziges Mal habe ich mich in ein junges Mädchen verliebt, sie gehörte zu einer Flüchtlingsfamilie, die vorübergehend bei Emma einquartiert wurde. Aber sie war mit einem Soldaten verlobt und nicht mehr zu haben.«

»Haben Sie selbst auch Flüchtlinge aufgenommen?«

»Da wurde man gar nicht erst gefragt. Bei mir wohnte fast ein ganzes Jahr lang eine völlig ausgehungerte Gruppe; ohne meine Erlaubnis haben sie sich in Küche und Garten bedient. Als sie endlich fort waren, fehlte so manches. Emma hatte da mehr Glück, die geflüchtete Familie ließ sogar ein paar nützliche Gegenstände zurück, selbst eine Munitionskiste wurde nicht mitgenommen, aber der Inhalt war leider wertlos.«

»Warum haben Sie nicht einfach meine Großtante geheiratet? Zwei einsame Seelen, das passt doch gut zusammen …«

»Emma und ich? Das stand nicht zur Debatte, denn ihr Mann lebte damals ja noch. Ich habe lange um Hedwig getrauert. Sie wurde übrigens auf dem hiesigen Friedhof beerdigt, eine Zeitlang habe ich das Grab gepflegt, aber als die Liegezeit nach zwanzig Jahren endete, habe ich keine Verlängerung beantragt. Im Grunde besitze ich kaum ein Andenken an sie, höchstens den großen Bären, und der war ja eigentlich für unser Kind gedacht. Mir ist nichts geblieben.«

»Aber ein Goldschatz ist doch auch nicht zu verachten«, sagte ich.

»Ach Kind, du musst noch viel lernen! Geld kann ein krankes Herz nicht heilen, es kann jedoch Freundschaften zerstören und Familien entzweien. – Übrigens glaubte Emma, Gott habe uns für unsere Sünde bestraft.«

»Glauben Sie das auch?«, fragte ich.

»Nein, nein, ich bin ein ungläubiger Thomas. Aber irgendetwas Unerklärliches gibt mir schon zu denken, weil es mich immer wieder quält. Manchmal erscheint nämlich Emmas Geist und will mir etwas sagen, meistens geht es um die goldenen Taler. Was soll ich davon halten? Trinke ich vielleicht zu viel? Apropos, hast du vielleicht noch ein Restchen Wein für mich?«

Begehrlich schaute er in eine Ecke, wo Martina die leeren Pfandflaschen in ihrem afrikanischen Rundkorb gesammelt hatte. Ich beeilte mich, ihm ein Gläschen von Kirstens Grappa einzuschenken.

14

In der Klemme

Es blieb nicht bei dem einen Glas, in der Flasche war noch genug Grappa, um mindestens sechsmal nachzuschenken. Leider wurden wir von der missmutigen Saskia gestört, die in ihrem neonpinken Schlafanzug und in Schlappen hereinschlurfte. Erstaunt entdeckte sie unseren trinkenden Nachbarn und piepste: »Ich hab auch Durst!«

Gerhard Gläser murmelte etwas, das ungefähr so klang wie: *Mann, Mann, ist die aber am Arsch!* Es passte überhaupt nicht zu seiner sonstigen Ausdrucksweise. Als sei er nicht ganz einverstanden mit der eigenen Grobheit, setzte er eine Miene des Bedauerns auf, erhob sich und wollte gehen. In puncto Alkohol war er zwar sicherlich abgehärtet, aber einen ausgiebigen Frühschoppen um 10 Uhr vormittags war er wohl doch nicht gewohnt – offensichtlich hatte er Probleme mit dem Gleichgewicht. Bevor er hinzufallen drohte, packte ich ihn am Arm.

»Ich bringe unseren Gast rasch nach Hause«,

sagte ich zu Saskia. »Danach muss ich aber schleunigst losdüsen.«

Die kurze Strecke bis zum Nachbarhaus erwies sich als Zitterpartie, ohne meine Hilfe wäre der Alte vielleicht gestürzt. Als er endlich an seinem vollgekleckerten Tisch saß, war er wohl etwas erleichtert und meinte großmütig: »Hol mir mal den Zucker aus dem Backofen!«

Anscheinend hatte er seine Taler an einem neuen Ort versteckt. Er schüttelte die schmierige Dose, bis er eine Münze fand.

»Kauf dir was Schönes zum Anziehen«, sagte er. »Ihr Mädchen habt doch nichts anderes im Kopf als neue Klamotten, und ich kann meinen Schatz sowieso nicht mit ins Grab nehmen.«

Ich bedankte mich und machte, dass ich fortkam und nachdenken konnte. In der Zuckerdose konnten höchstens ein paar weitere Taler stecken, irgendwo musste er noch ein größeres Depot angelegt haben. Doch vielleicht war auch das längst zusammengeschmolzen, denn er brauchte schließlich Geld zum Leben. Andererseits hatte er jahrzehntelang gearbeitet und bekam sicherlich eine Rente.

Als ich zurück im Bauernhaus war, hockte Saskia immer noch am Küchentisch und trank Leitungswasser.

»Ich hab mir gestern aus lauter Frust noch den

ollen Kräuterschnaps mit aufs Zimmer genommen«, erklärte sie.

Triumphierend hielt ich ihr meine Beute unter die Nase. Die meisten unserer bisherigen Goldstücke unterschieden sich in Alter, Gewicht und Inschrift deutlich voneinander.

»Ups!«, rief Saskia und las beinahe ehrfürchtig: »100 Korona, vielleicht aus Ungarn!«

»Und diese Münze ist schwerer und wahrscheinlich wertvoller als die anderen. Es hat sich also gelohnt, die Barfrau und Samariterin zu spielen«, sagte ich. »Sollen wir uns eine Spülmaschine davon kaufen?«

»Wir müssen uns unbedingt Gedanken über die Heizung machen. Selbst wenn wir nächste Woche neue Fenster bekommen, wird es dadurch nicht viel besser. Ich kann es schon jetzt nur noch unter der Bettdecke aushalten, im Winter wird es saukalt im oberen Stockwerk. In Ruhe lernen kann man auch nicht, weil alle bloß in der warmen Küche hocken wollen. Aber mach, was du willst, das tust du ja sowieso«, sagte Saskia grantig. »Hat die Kirsten etwa mit euch gefrühstückt?«

»Ja, hat sie. Und die malerischen Flecken auf ihrem Kleid kamen vortrefflich zur Geltung, falls dich das etwas aufheitert.«

»Am Ende bringt sie es in die Reinigung und

schickt mir die Rechnung. – Nie hätte ich Oliver eine solche Geschmacksverirrung zugetraut!«

»Reg dich ab, du solltest nicht scharf auf so einen Wanderpokal sein! Vom Niveau ist er doch unterste Schublade.«

Das war zwar keine ehrliche Antwort, denn ich fand Henrys Busenfreund Oliver durchaus attraktiv. Meine Worte schienen Saskia auch kaum zu trösten, sie seufzte bloß tief auf und schlappte zurück in ihr kaltes Zimmer. Ich wusste durchaus, dass ein elektrischer Heizstrahler nicht allzu teuer, andererseits aber ein gewaltiger Stromfresser ist. Henry war prinzipiell dagegen, schließlich nannten wir uns *Gegenstrom*. Am liebsten hätte er wohl in jedem Raum eine zünftige Feuerstelle mit Biomasse oder Pellets installiert und auf dem schönen alten Ziegeldach möglichst viele Solarzellen. Ich erwog, ein paar Holzöfen zu besorgen. Aber eine zentrale Gasheizung war natürlich die beste und teuerste Lösung. Auch das war möglich, wenn ich nur an Gerhard Gläsers Schatz heran käme! Den Schlüssel zu seinem Haus besaß ich immer noch, aber schließlich wollte ich nicht als Einbrecherin ertappt werden, und außerdem würde es Henry niemals verzeihen. Doch er musste ja nicht immer alles erfahren, was in meinem Kopf so vor sich ging. Die Gedanken sind frei, dachte ich und setzte mich endlich ins Auto, um nach Heidelberg zu fahren.

Auf dem Heimweg wollte ich noch einkaufen. Da Saskia heute nicht kochen konnte, war ich leider an der Reihe, aber ob wir diese aufwendige Abmachung überhaupt beibehalten sollten, war die Frage. Eigentlich war nur Martina dafür. Inzwischen aßen ja alle wieder mittags in der Mensa, da konnte man sich am Abend schließlich mit einem Salamibrot begnügen. Ich beschloss, meinen Mitbewohnern diesmal nur eine Schüssel mit Pellkartoffeln und Quark vorzusetzen und über neue Regeln zu beraten.

Das einfache Gericht wurde zwar nicht gelobt, aber ratzfatz aufgegessen. Auch Saskia war von den Toten wiederauferstanden und hungrig. Mein Vorschlag, das Kochen nur aufs Wochenende zu beschränken, wurde leider abgelehnt.

»Hör auf zu meckern, Zicklein!«, sagte Henry. »Dabei bist du doch sonst eine tolle Teamplayerin!«

»Drei- bis viermal in der Woche sollten wir auf jeden Fall zusammen am Tisch sitzen«, sagte sogar Oliver. »Aber wir können uns ja auch mal was bestellen – Pasta, Burger, Sushi und so weiter. Ich habe zum Beispiel öfter einen Auftritt oder eine Probe am Abend, und ihr wollt euch vielleicht auch mit

Freunden treffen oder ins Kino gehen. Aber an den anderen Tagen ...«

»Wer etwas anderes vorhat oder im Gegenteil sogar noch Freunde mitbringen will, sollte beizeiten eine sms schicken«, schlug Saskia vor.

»Gemeinsames Essen ist doch der Sinn unserer Hausgemeinschaft«, protestierte Martina. »Der Ersatz für eine Familie! Gemütliches Beisammensitzen! Plaudern über Gott und die Welt, unseren Nachbarn und seine Katze und natürlich unsere Zukunftspläne!«

Oliver machte jetzt eine Kehrtwendung und pflichtete ihr bei. »Ich freue mich schon den ganzen Tag auf das Abendessen, und wenn ihr die Kirsten nicht mögt, dann kann ich auf ihre Anwesenheit auch verzichten. Ich finde schon eine andere für ...«

An dieser Stelle stoppte er, und wir ergänzten im Chor: »Fürs Bett!«

»Du bist und bleibst ein alter Chauvi«, meinte Saskia und war wieder besserer Laune.

Dann berieten wir über das nächste Problem und waren uns einig, dass man in den ungeheizten Räumen den kommenden Winter nicht überleben würde.

»Egal, für welche Lösung wir uns entscheiden, es kostet Geld. Vielleicht kommt demnächst etwas in die Kasse, denn ich habe einen Interessenten für den großen Eichenschrank«, sagte Henry. »Allerdings behauptet mein Kunde, dass es ein Überangebot an solchen Möbeln gibt. In der Generation unserer Großeltern liebte man schwere alte Erbstücke, die werden inzwischen ausrangiert. Doch unsere Altersgenossen wollen mobil bleiben und auch nicht in dunklen Höhlen wohnen. Falls es sich nicht gerade um Museumsstücke handelt, kann man höchstens ein paar Hunderter verlangen und muss froh sein, wenn sich überhaupt ein Käufer findet. Dabei hab ich viel Arbeit reingesteckt …«

»Spar dir dein Referat, das wissen wir doch spätestens seit dem Flohmarkt«, unterbrach ihn Oliver. »Außerdem habe ich gerade gelesen, dass die hellen Kiefernmöbel schon wieder out sind, unsere Kinder oder Enkel werden die deutsche Eiche also neu entdecken, aber das dauert uns zu lange. Ich werde mir übrigens morgen im Baumarkt einen Radiator kaufen. Einen auf Rollen, der aussieht wie ein normaler Heizkörper. Teuer sind die Dinger nicht, aber ich weiß schon, was Henry davon hält.«

Ich wusste es auch: »Stromfresser.«

»Erdwärme wäre umweltfreundlich und ideal«, sagte Henry. »Aber das funktioniert nicht bei unserem alten Haus, ich habe mich schon schlaugemacht.«

»Außerdem braucht man auch dafür eine elektrische Wärmepumpe«, sagte Martina. »Aber ich gebe Henry recht, dass man erneuerbare Energie aus Wasser, Sonne, Luft und Erde beziehen sollte, beispielsweise Solarthermie.«

»Ich hätte lieber einen Kamin«, sagte Saskia. »Es wäre viel romantischer, abends am flackernden Feuer zu sitzen, dann käme ich mir vor wie der *kleine Lord*.«

»Und wer wird täglich die Asche ausräumen und neues Holz reinschleppen? Du bestimmt nicht!«, sagte Martina. »Außerdem ist offenes Feuer viel zu gefährlich in einem Schlafzimmer.«

Und so ging es hin und her, bis wir müde wurden und ungern in die kalten Betten krochen. Mein letzter Gedanke vor dem Einschlafen galt dem Goldschatz, mit dem ich eine moderne und effektive Zentralheizung bezahlen konnte. Im Grunde wollte ich es meinen Eltern schon immer beweisen, dass ich ebenso tüchtig war wie sie. Und erreichen, dass die Bezeichnungen *Schnapsidee* und *Bruchbude*, die beide gern in Verbindung mit unserer WG und dem Bauernhaus verwendeten, nie mehr ausgesprochen wurden. Ich wollte ihnen zeigen, dass ich durch Energie und Phantasie ein wunderschönes altes Haus gerettet, umgebaut und mit modernem Komfort ausgestattet hatte, und zwar ohne Papas Geldbeutel zu belasten. Zu diesem Zeitpunkt konnte ich noch nicht ahnen, dass mir meine Besessenheit zum Verhängnis werden würde.

Zum zweiten Mal kündigten sich die Handwerker an, dieses Mal sollte ich zu Hause bleiben, um den Einbau neuer Fenster im oberen Stockwerk zu überwachen. Der Schreinermeister und seine beiden Helfer kamen pünktlich um acht, arbeiteten flink und sorgfältig, beseitigten sogar den groben Dreck und waren dankbar für eine Tasse Kaffee. Bereits am frühen Nachmittag wurden sie fertig. Ich begleitete sie nach draußen und winkte ihnen erleichtert hinterher, als sie ihren vollgeladenen Transporter starteten und abfuhren. Gerade als ich wieder hineingehen wollte, hielt ein Taxi vor dem Nachbarhaus, ein Chauffeur stieg aus und klingelte bei Gerhard Gläser. Neugierig beobachtete ich, wie der Alte nach geraumer Zeit am Stock heraushumpelte und sich vom Fahrer zum Auto geleiten ließ. Für seine Verhältnisse trug er eine stadtfeine, aber viel zu weite Glencheck-Hose.

Arztbesuch? Einkauf? Bank?, überlegte ich. Wahrscheinlich würde er mindestens eine Stunde fortbleiben, wahrscheinlich sogar länger. Diese einmalige Gelegenheit musste ich unbedingt beim Schopf ergreifen. Mein Entschluss war zwar spontan, aber trotzdem nicht unüberlegt, denn als ich den Schlüssel für das Nachbarhaus herauskramte, stopfte ich auch Saskias rosa Gummihandschuhe in die Tasche und zog mir eine warme Jacke an. Im tiefsten Inneren wusste ich zwar, dass ich auf einer Einbahnstraße in falscher Richtung unterwegs war, aber es war zu spät zum Umkehren.

Mir klopfte das Herz ein wenig, als ich wenige Minuten später die verwahrloste Küche betrat. Als Erstes öffnete ich die Herdklappe, doch zu meiner Enttäuschung stand die Zuckerdose nicht mehr im Backofen. Ich nahm jedoch an, dass sich das neue Versteck ebenfalls in Griffweite befand, da der Alte die meiste Zeit hier an seinem unappetitlichen Sitzplatz verbrachte. Systematisch begann ich, alle Schranktüren zu öffnen und die Regale abzusuchen. Die Gummihandschuhe erwiesen sich als Segen – weniger, um keine Fingerabdrücke zu hinterlassen, sondern weil ich mich wahnsinnig ekelte. Hier hatte man seit langem nicht gekehrt, in einer Ecke lagen verschimmelte Brotrinden, unter dem Tisch eine tote Maus. Offensichtlich hatte die Katze für eine Mahlzeit ihres Herrchens sorgen wollen.

Die übrigen Räume hatte ich bisher noch nie gesehen. Nur zögernd öffnete ich die Tür ins angrenzende Zimmer. Ursprünglich diente es wohl als *gute Stube* oder Wohnraum, jetzt war das Bett hier untergebracht, ebenso ein Nachttisch samt Pisspott, ein Vertiko, zwei Schränke, eine Kommode und ein Kachelofen. Sofort erinnerte ich mich an das uralte Klischee, dass alte Menschen ihr Geld oft unter der Matratze aufbewahren. Als ich die speckige Bettdecke zurückschlug und die dreiteiligen Rosshaarpolster anhob, musste ich allerdings ein Würgen unterdrücken. Seltsamerweise lag am Kopfende ein rostiges Küchenmesser unter einem Keilkissen. Mühsam versuchte ich, die ekligen Flecken zu übersehen, den Gestank nicht zu riechen, die Armseligkeit dieses Schlafzimmers nicht wahrzunehmen und kein Mitleid zu empfinden. Doch es gelang mir nicht, immerzu musste ich denken: Wie kann man nur so elend hausen, wenn man doch genügend Geld besitzt! Aber auch hier fand ich weder die Zuckerdose noch sonst ein Versteck für den sagenhaften Goldschatz.

Im Erdgeschoss befand sich noch ein weiteres Zimmer, in dem allerhand sperriges Gerümpel lagerte: Gartenstühle aus Metall, eine Truhe voller Textilien, wie ich sie bereits von Tante Emma kannte, und anderer Krempel. In einer kupfernen Wärmflasche rappelte zwar etwas, entpuppte sich aber beim Ausleeren als Kieselsteinchen. An der Wand hing eine Zither ohne Saiten. Dieser Raum wurde wohl nur als Rumpelkammer benutzt, ich hatte ihn relativ schnell abgegrast. In der Nasszelle – denn anders konnte man das Bad nicht nennen – gab es außer dem WC und einem winzigen Waschbecken weder Wanne noch Dusche, als Toilettenpapier dienten alte Zeitungen und Werbeprospekte, als Klobürste verwendete mein findiger Nachbar einen getrockneten Gänseflügel. Neben dem Spiegel hing ein blaugrau gemustertes Grubentuch, auf einem hölzernen Hocker lag ein Kamm, denn das Ablagebrett über dem Becken hatte sich aus der Halterung gelöst und hing seitlich herunter. Einen Rasierapparat hatte ich bereits in der Küche neben der Spüle entdeckt.

Inzwischen war ich etwas mutlos geworden, denn die Treppe ins obere Stockwerk war vollgestellt mit Kisten, Eimern, Abfallsäcken, mehreren Stiefeln sowie undefinierbarem Plunder, so dass man sie kaum betreten konnte. Ich beschloss aufzugeben und wollte mich unverrichteter Dinge wieder davonschleichen. Mir war sowieso ein bisschen übel, und ich sehnte mich nach einer erholsamen Pause. Als ich schon im Windfang stand und die Haustür öffnen wollte, wurde sie plötzlich von außen aufgestoßen, und Gerhard Gläser stand vor mir. Wir starrten uns an.

»Die Tür stand offen«, stotterte ich. »Da wollte ich mal nach dem Rechten sehen …«

Der Alte hatte jedoch mit einem Blick erkannt,

dass ich einen Schlüssel in der Hand hatte. Ich fühlte mich ertappt und schämte mich in Grund und Boden.

»Komm rein«, sagte er. »Ich weiß genau, was du gesucht hast! Ihr seid doch alle nur hinter meinem Geld her, aber das wirst du ohne meine Hilfe nicht finden, du dumme Nuss.«

»Herr Gläser, ich muss jetzt in die Uni, ich komme ein anderes Mal wieder und bringe Ihnen etwas Gutes zu essen mit …«

Doch er stellte sich in den Türrahmen und ließ mich nicht durch.

»Du sollst schon deinen Taler bekommen«, sagte er. »Ich zeige dir jetzt mein geheimes Versteck, aber du darfst es niemandem verraten.«

Leider war ich dumm genug, ihm zurück in die Küche zu folgen. Suchend blickte er sich um und schien zu überlegen. Wahrscheinlich wusste er selbst nicht mehr, wo er sein Depot diesmal angelegt hatte.

»Wir müssen in den Keller«, sagte er schließlich und bewaffnete sich mit einer Taschenlampe. Mein Instinkt hätte mich warnen müssen, aber Geld- und Neugier überwogen. Die Glühbirne auf der Kellertreppe hatte irgendwann ihren Geist aufgegeben, nur im schwachen Schein der Leuchte stieg der alte Mann vorsichtig Stufe um Stufe hinunter, ich blieb ihm auf den Fersen. Ein wenig beklommen war mir schon zumute, aber die Aussicht auf einen weiteren Taler war stärker als das mulmige Gefühl.

Gerhard Gläser steuerte zielstrebig auf eine schwere Holztür zu, öffnete sie und führte mich in einen finsteren Raum, wo es aber immerhin eine winzige funktionierende Deckenlampe gab. Offensichtlich wurden hier Kohle und Holzscheite gelagert. In einer Ecke stand eine geschnitzte, hochbeinige Eichentruhe.

Der Alte deutete dorthin und sagte fast freundlich: »Mach mal den Deckel auf, Trixi. Du wirst staunen!«

Abgesehen von der gesuchten Dose und einem Papierstapel war die Truhe fast leer. Mit klopfendem Herzen fischte ich das begehrte Objekt heraus und schüttete die Würfelzuckerstücke kurzerhand auf den bröseligen Estrich. In diesem Moment schlug die Tür zu, ich vernahm ein unheimliches schabendes Geräusch, und Gerhard Gläser war auf einmal verschwunden. Mit einem Satz war ich am Ausgang, doch anscheinend hatte mein hinterhältiger Gastgeber von außen einen Riegel vorgeschoben. Panisch trommelte ich an die dicke Kellertür und brüllte, so laut ich nur konnte. Doch die schlurfenden Schritte entfernten sich schon bald, mein lautstarker Protest war sinnlos. Blöderweise hatte ich mein Handy vergessen.

Nun, er wird mich nicht verhungern und erfrieren lassen, dachte ich. Abgesehen davon würden mich meine Freunde vermissen, suchen und irgendwann auch finden. Ich durfte nur nicht die Nerven verlieren und musste ruhig abwarten. Jetzt erst besah ich mir die Zuckerwürfel auf dem Fußboden, nur eine einzige Münze war darunter. Dann schaute ich mich in dem dunklen Kellergewölbe etwas genauer um, aber so etwas wie einen Stuhl oder gar eine Liege gab es natürlich nicht. Immerhin konnte ich mich auf die Truhe schwingen und musste nicht auf dem kalten Boden sitzen, um stundenlang auf meine Rettung zu warten. Nur gut, dass ich meine Winterjacke anhatte.

Nachdem ich mir selbst ein wenig Mut zugesprochen hatte, fiel mir ein, dass Henry sich ausgerechnet heute für das Abendessen abgemeldet hatte. Er würde erst spät heimkommen, weil er beim Taxidienst eine Nachtschicht übernommen hatte. Und mein guter Hirte war der Einzige meiner Mitbewohner, auf dessen Tatkraft und Fürsorge ich mich hundertprozentig verlassen konnte.

15

Die Rettung

Fieberhaft überlegte ich, wer zuerst nach Hause kommen und sich Gedanken über meine Abwesenheit machen würde. Wahrscheinlich war es Saskia, die heute kochen sollte, da sie gestern ausgefallen war. Ich hatte ihr meinen Wagen überlassen, weil ich wegen der Handwerker zu Hause bleiben musste. Es würde ihr bestimmt gleich auffallen, dass die neuen Fenster zwar eingesetzt waren, aber überall noch Staub herumlag und auch nicht aufgeräumt war. Sicherlich würde sie mich suchen und nicht finden, dann würde sie mich wohl anrufen, nur die Mailbox erreichen und ein bisschen verwundert mit den Essensvorbereitungen beginnen. Schließlich würden Oliver und Martina eintreffen und beiläufig nach mir fragen. Es konnte lange dauern, bis sich eine leichte Ratlosigkeit oder gar Unruhe einstellen würde, vielleicht erst spät in der Nacht, wenn Henry kam und sich Sorgen machte.

Ich musste mich also auf eine lange Wartezeit einrichten. Bei dieser Aussicht meldete sich der

Hunger. Saskia hatte mir heute früh verraten, dass sie als Nachtisch *pastéis de nata* zubereiten wollte, kleine Vanillepasteten aus Blätterteig, die in Portugal allerdings zum Frühstück serviert wurden. Wahrscheinlich würden die anderen alle Törtchen verschlingen und keinen Krümel für mich übriglassen. Ich hatte seit dem Morgen nichts gegessen, mir knurrte der Magen. Grimmig sammelte ich die Zuckerstücke vom Boden auf, hielt sie aber für zu eklig, um sie in den Mund zu stecken. Die Münze wanderte in meine Jackentasche.

Um mich abzulenken, kramte ich in der Truhe herum und stieß auf einen gerahmten Spruch: *Durch Weisheit wird ein Haus gebaut und durch Verstand erhalten.* Passt haargenau zu mir, dachte ich, könnte man aber auch gut bei eBay den Häuslebauern anbieten. Aus den zahlreichen Papieren wurde ich allerdings nicht schlau. Anscheinend waren es Zeitungsausschnitte, Briefe, handgeschriebene Notizen und Artikel aus Illustrierten, aber alles verblasst oder voller Wasserflecken und im trüben Licht der Deckenfunzel sowieso nicht zu entziffern. Ein gemütlicher Leseabend schied aus, abgesehen davon, dass es noch viel kälter war als in unseren ungeheizten Schlafzimmern.

Vor meinem inneren Auge tauchte das Bild meines sommersprossigen Freundes Henry auf, den ich vielleicht mittels Fernhypnose auf meine große Not aufmerksam machen konnte. Wenn ich mich aufregte, pflegte er mit einer beschwichtigenden Geste zu sagen: »Alles gut, alles gut!« Ich versuchte, ihn mir gestochen scharf vorzustellen: seine kurzen ferkelblonden Haare, den nur angedeuteten rötlichen Bart, die weit auseinanderliegenden wasserblauen Augen, den kräftigen Wuchs, seine starken Arme. Sein Freund Oliver galt zwar als besonders gutaussehend, Typ Latin Lover, aber für mich war Henry der schönste, beste und liebenswerteste Mann. Von allen mir bekannten Menschen war er der Einzige, der bloß eine Augenbraue skeptisch in die Höhe ziehen konnte. Wenn er doch nur käme, um mich zu befreien!

Ganz ohne Lüftung war mein Kerker glücklicherweise nicht, direkt über mir gab es ein winziges Fenster. Immerhin musste ich nicht ersticken, denn die Luke stand offen und ließ kalte Luft herein, sehen konnte ich jedoch nur ein wenig dürres Gras. Ich kniete mich auf die Truhe, presste den Kopf vor das kleine Loch, rief laut um Hilfe, streckte einen Arm ein Stück hinaus und winkte mit meinem Halstuch. Es nützte rein gar nichts, so dass ich das Fensterchen schließen wollte, damit es nicht noch eisiger wurde. In diesem Moment tat sich etwas Erstaunliches: Mein zarter Schal wurde mir fast entrissen.

Es war die neugierige Katze, die das wedelnde Stück Stoff für ein lustiges Spiel hielt. Auch ich fand es tröstlich, in meinem Gefängnis mit einem Lebewesen zu kommunizieren, und erinnerte mich an einen Film, der im Knast spielte. Die Gefangenen durften sich immerhin einen Kanarienvogel halten. Ich lockte die Katze heran, ließ sie am Tuch ziehen, gab nach und spannte es wieder an. Schließlich sprang das Tier zu mir herunter, und ich schloss geistesgegenwärtig das Fenster, denn anscheinend diente ihm dieses Schlupfloch gelegentlich als Eingang. Bestimmt würde der Alte seine Katze irgendwann vermissen und hier unten nachsehen, hoffte ich. Eine Weile ließ sich meine Gefährtin kraulen, schnurrte sogar ein wenig, wollte erneut mit dem Tuch spielen und schließlich wieder ins Freie. Mit einem geübten Satz sprang sie auf das schmale Fenstersims, stieß mit dem dicken Kopf gegen das unerwartete Glas, protestierte und war mir böse.

»Sei nicht gleich beleidigt, sondern hör mir mal gut zu«, sagte ich. »Wenn du mir einen Gefallen tust, lasse ich dich gleich wieder raus. Aber hol nicht etwa dein Herrchen, das hat mich nämlich hier eingesperrt, sondern meine Freunde von nebenan. Du kriegst auch eine große Belohnung!«

Obwohl es schade war, riss ich einen langen schmalen Fetzen von meinem bunten Schal herunter, schnappte mir die Mieze und knotete ihr den Stoffstreifen dreimal eng um den Hals; sie wurde zornig, wehrte sich und verpasste mir einen gehörigen Kratzer quer über die Wange. Als ich die Klappe zu ihrem Ausgang öffnete, hüpfte sie geschickt nach oben und sauste mit affenartiger Geschwindigkeit auf und davon. Die Wahrscheinlichkeit war zwar mehr als gering, dass meine Botin den Befehl verstanden hatte, schnurstracks nach nebenan lief und meine Mitbewohner sofort den Schal erkannten, aber es war einen Versuch wert.

Als ich wieder allein war, tat es mir fast leid, nun keine Gesellschafterin mehr zu haben. Andererseits war die Chance aussichtslos, dass die Katze bei Dunkelheit gesichtet wurde – jetzt war es gerade noch hell genug. Sie konnte zum Beispiel durch unseren Garten huschen und durch ihren seltsamen Halsschmuck auffallen.

Irgendwann erinnerte ich mich an Stefan Zweigs *Schachnovelle*, die wir in der Schule lesen mussten. Der Protagonist konnte seine Isolationshaft nur ertragen, indem er mit einem imaginären Partner stundenlang Schach spielte. Ich musste mir etwas Ähnliches ausdenken, um nicht wahnsinnig zu werden. Konnte ich nicht fast den gesamten *Faust* auswendig? Als Souffleuse beim Schultheater hatte ich bei den endlosen Proben fast alle Rollen im Kopf gehabt. Wie eine Yogaschülerin setzte ich mich mit gekreuzten Beinen auf die Truhe und fing an, vor mich hin zu brabbeln, wobei ich bestürzt feststellte, dass ich sehr viel vergessen hatte. Wenn mich jemand belauscht hätte, wäre ich vielleicht in einer Zwangsjacke abgeführt worden. Doch der Text war mir nicht mehr ganz präsent, immer wieder musste ich innehalten und nachdenken.

»Mir wird von alledem so dumm, als ging mir ein Mühlrad im Kopf herum«, plapperte ich und wusste nicht mehr, wer das zu wem gesagt hatte. Die Zeit schlich so langsam dahin, dass ich anscheinend allmählich verblödete. Am besten hielt ich ein kleines Nickerchen, aber dafür war es einfach zu kalt und ungemütlich. Doch plötzlich hörte ich von fern eine vertraute Stimme – oder war es ein Traum, eine Halluzination? Im Nu kniete ich mich wieder auf die Truhe und lauschte angestrengt. Fast war ich mir sicher, dass es Saskia war, die beruhigend auf jemanden einredete. Sie musste ganz in der Nähe sein, irgendwo in der Wildnis zwischen unserem und Gerhard Gläsers Grundstück. Ich schrie wieder, so laut ich konnte, und hoffte inständig, dass mein Hilferuf bis zu ihr drang.

Tatsächlich rief sie zu meiner großen Erleichterung: »Trixi, wo steckst du? Du klingst ja voll hysterisch!«

Es dauerte eine Weile, bis ich sie an meine Fensterluke dirigiert hatte und ihr von meinem Missgeschick erzählen konnte. Ich erfuhr wiederum, dass sie mich aus purem Zufall gehört hatte: Saskia wollte für die geplanten Ofenkartoffeln Rosmarin pflücken. In Martinas Kräuterbeet traf sie auf die Katze, die sich wie wild an einem Salbeistrauch scheuerte, um mein improvisiertes Halsband abzuschaben. Saskia lachte anfangs über dieses possierliche Bild, denn sie war nicht gerade eine explizite Tierfreundin, aber dann tat ihr die Katze doch ein wenig leid, und sie erbarmte sich. Als sie das Stück Stoff in der Hand hielt, kam ihr das Muster bekannt vor. Und als sie schließlich meine klägliche Stimme vernahm, war sie alarmiert.

Natürlich war Saskia empört über meine Inhaftierung. »Das ist Freiheitsberaubung und eine Straftat!«, sagte sie. »Na warte, du alter Halunke! Jetzt kannst du was erleben! – Gleich bist du erlöst, arme Trixi!«

Eigentlich wollte ich sie bremsen, denn ich hatte die Befürchtung, dass der listige Gerhard Gläser auch Saskia einsperren könnte, aber sie war schon an seiner Haustür und klingelte Sturm. Ich wartete angespannt. Nach fünf Minuten kam sie zurück.

»Er macht nicht auf«, sagte sie. »Ich laufe jetzt nach Hause und hole unseren Schlüssel!«

»Mein Gott, bin ich doof!«, sagte ich. »Den Schlüssel habe ich doch bei mir! Hier, nimm! Schließ die Haustür auf, und geh in den Keller hinunter! Aber vorsichtig, die Treppe ist nicht beleuchtet. Der zweite Raum rechts ist verriegelt, dort findest du mich, halb erfroren und verhungert!«

Ich reichte ihr den Schlüssel durch die Luke und wartete. Es dauerte auch wirklich nicht lange, dann war Saskia wieder zurück, entriegelte die Tür und konnte sie trotzdem nicht öffnen.

»Scheiße!«, sagte Saskia wütend. »Er hat zusätzlich auch noch abgeschlossen! Es hilft nichts, ich muss den Schuft jetzt zur Rede stellen und ihm mit der Polizei drohen, falls er dich nicht sofort freilässt.«

»Willst du nicht lieber warten, bis Oliver und Martina zur Verstärkung kommen?«, fragte ich ängstlich. Aber meine Warnung kam zu spät, Saskia war schon wieder auf dem Weg nach oben. Wenn sie einmal in Zorn geriet, war sie nicht mehr aufzuhalten.

Es dauerte ziemlich lange, bis ich wieder Gepolter und Stimmen hörte. Später erfuhr ich, dass Saskia meinen Kerkermeister erst einmal wecken musste, bevor sie ihm schließlich in den Keller hinunter folgen konnte. Endlich ging die Tür auf, Gerhard Gläser und Saskia traten ein. Ich zitterte vor Kälte und Aufregung.

»Ich hätte dich sowieso jetzt freigelassen«, sagte der Alte. »Es sollte doch nur ein Denkzettel sein!«

Ich atmete tief durch und hätte ihm am liebsten eine gescheuert. Doch ehe ich mich's versah, zog mich Saskia energisch aus dem dunklen Raum. Der Alte befand sich noch darin, als sie den Riegel blitzschnell von außen wieder vorschob.

»Das ist auch nur ein kleiner Denkzettel!«, brüllte sie, und wir fielen uns um den Hals, lachten und weinten gleichzeitig.

Wir rannten nach Hause, wo ich Saskia beim Kochen helfen wollte, denn Martina und Oliver würden bald eintreffen. Ich trank erst einmal literweise heißen, zuckersüßen Pfefferminztee.

»Die beiden werden staunen, wenn wir von unserem Abenteuer erzählen«, sagte ich. »Am liebsten würde ich jetzt Henry anrufen, aber er mag es nicht, wenn er gerade Taxi fährt.«

Saskia schüttelte den Kopf. »Ich schlage vor, wir behalten die ganze Angelegenheit erst einmal für uns, auch Henry solltest du nichts erzählen. Unsere Mitbewohner wissen schließlich nicht, dass wir den Schlüssel zu Gläsers Haus besitzen, und brauchen es vorerst auch nicht zu erfahren. Den Alten haben wir bestimmt bald so weichgekocht, dass er uns hundert Taler anbietet, wenn wir ihn wieder rauslassen.«

»Du hast recht, Henry ist in diesem Punkt etwas humorlos. Er ist der Meinung, wir sollten unseren Nachbarn in Ruhe lassen und die Münzen vergessen. Außerdem findet er, wir seien alle viel zu verwöhnt und das passe gar nicht zu unserem Motto *Gegenstrom*. Und Martina gehört zum Typus Altenpflegerin, die hätte keinen Sinn für unsere kleine Rache. Wir könnten morgen das Seminar schwänzen und unsere Schatzsuche erfolgreich abschließen, ohne dass es die anderen mitkriegen.«

Saskia pflichtete mir bei. »Isso. Wenn wir dann irgendwann eine funktionierende Heizung einbauen lassen, fragen sie bestimmt nicht lange nach, woher das Geld stammt. Und eine kleine Shoppingtour wäre sicherlich auch drin.«

Es kam mir fast so vor, als wollte Saskia mit ihrem Abendessen uns alle, aber insbesondere Oliver beeindrucken. Rosmarinkartoffeln, Feldsalat und Lammkoteletts waren ganz nach seinem Geschmack, die Törtchen zum Nachtisch waren vorzüglich. Ich fiel darüber her wie eine ausgehungerte Löwin. Nur Martina schien sich über die Konkurrenz etwas zu grämen, denn bisher war sie der Star unserer Küche gewesen.

Gleich nach dem Essen fragte Oliver: »Habt ihr Lust, mit ins Kino zu kommen?«, und empfahl den neuen Film einer angesagten Schauspielerin in leuchtenden Farben.

Martina sah ihn begeistert an: »Ja, sehr gern!«

Saskia und ich wechselten Blicke. »Ich bleibe hier«, sagte ich. »Wenn der Film wirklich gut ist, kann ich ihn ja am Wochenende mit Henry anschauen. Ihr könnt aber ruhig meinen Wagen nehmen.«

»Ich bin müde«, sagte Saskia. »Geht ihr zwei mal ohne uns.«

Martina strahlte, Oliver nahm die Autoschlüssel in Empfang, und bald darauf war ich unverhofft mit Saskia allein.

»Und – worauf warten wir eigentlich noch? Was du heute kannst besorgen, das verschiebe nicht auf morgen!«, sagte sie, wir zogen uns warme Jacken an und machten uns mit einer Taschenlampe auf den Weg durch das dunkle Gestrüpp des Gartens.

Zuerst stellten wir uns vor der Kellerluke auf, klopften an die Glasscheibe und riefen: »Herr Gläser! Wir wollen mit Ihnen reden!«

Tatsächlich wurde das Fensterchen geöffnet, und der Alte brüllte wütend: »Macht sofort die Tür auf, ihr bösen Mädchen! Ich will jetzt in mein Bett!«

»Und was kriegen wir als Lohn, wenn wir aufmachen?«, fragte Saskia.

»Eine Tracht Prügel!«, rief er.

»Wo haben Sie den Schatz versteckt?«, fragte ich.

»Ich habe keine Taler mehr, alles ist längst weg!«, kam die Antwort.

»Wir glauben Ihnen kein Wort«, sagte Saskia. »Wir gehen jetzt auf die Suche! Wenn wir unseren Lohn gefunden haben, dürfen Sie schlafen gehen!«

»Da könnt ihr lange suchen!«, polterte er.

Daraufhin liefen wir zur Vorderseite des Gebäudes, schlossen die Haustür auf und traten in die Küche. Hier und im gesamten Erdgeschoss hatte ich bereits alles gründlich durchstöbert und nichts entdeckt. Also beschlossen wir, uns das obere Stockwerk vorzuknöpfen. Hier wurde wohl nie geheizt, aufgeräumt oder gar geputzt. Ähnlich wie bei Tante Emma war auch nie etwas ausrangiert oder gar weggeworfen worden. Ich seufzte tief auf, meine Hände waren schon nach zwei Minuten schwarz oder besser gesagt mumienbraun, denn diesmal hatte ich die Gummihandschuhe vergessen. Nur in einem der Zimmer sah es ein wenig besser aus, der Alte hatte es sich etwas wohnlicher eingerichtet. Direkt vor dem Fenster standen ein alter Sessel und ein Tischchen mit einem gutgefüllten Aschenbecher und einer neueren Zeitung. Obwohl es inzwischen dunkel geworden war, konnte man erahnen, dass man von hier aus ganz gut zu uns hinüberschauen konnte.

Wir zogen Schubladen auf, befühlten und schüttelten Kissen, wühlten in Kästen und Kartons herum und froren. Die Zeit verging, ohne dass wir etwas fanden, was nur im Geringsten einen materiellen Wert hatte, von einer Schatzkiste ganz zu schweigen. Ich war von den ganzen Strapazen sehr erschöpft, müde und durchgefroren. Etwas mutlos und auch sehnsüchtig blickte ich aus dem Fenster zu meinem Haus hinüber und sah plötzlich die Scheinwerfer eines Autos auftauchen. Auf meiner Uhr war es bereits Mitternacht.

»Henry kommt! Wir müssen jetzt schnell weg«, sagte ich. »Martina und Oliver sind bestimmt auch schon zurück. Sie sollen uns doch nicht ertappen!«

Hals über Kopf stürmten wir die Treppe hinunter. Als wir schon die Haustür zuschließen wollten, bekam ich doch noch Gewissensbisse. Schließlich hatte ich selbst erfahren, wie kalt und schauerlich das Kellerverlies war. Also flitzte ich noch einmal die Treppe hinunter, entriegelte die Kellertür, öffnete einen Spalt und rief hinein: »Sie können jetzt ins Bett gehen, Herr Gläser!«

In unserem dunklen Garten stießen wir verwundert auf Martina, die jedoch blitzschnell an uns vorbei ins Haus huschte. Als ich in unser ungeheiztes Schlafzimmer trat, stolperte ich über Henrys khakifarbenes T-Shirt, denn er zog sich gerade aus und warf wie immer seine Kleider auf den Boden. Verwundert fragte er: »Wo warst du denn? Ich dachte, du schläfst längst …«

»Saskia und ich haben uns ein bisschen verquatscht«, log ich und beeilte mich, so schnell wie möglich zu ihm unter die wärmende Decke zu schlüpfen.

16

Unter Schock

Am nächsten Morgen hatte ich überhaupt keine Lust, das warme Bett zu verlassen. Hatten Saskia und ich nicht beschlossen, die ersten beiden Stunden heute zu schwänzen? Henry fragte besorgt, ob ich krank sei, denn er wollte mit mir frühstücken.

»Ich habe mich wohl erkältet«, sagte ich. »Vielleicht bleibe ich noch ein bisschen liegen und fahre erst später nach Heidelberg.«

»Es ist in diesem Herbst viel zu kalt für die Jahreszeit, und wir sind alle etwas verwöhnt. Wenn es richtig Winter wird, muss ich mir etwas einfallen lassen, damit mein Zicklein nicht friert!«

Henry strubbelte mir mitfühlend übers Haar und brachte mir einen Tee ans Bett, dann hörte ich, wie er und die anderen Mitbewohner nach und nach das Haus verließen, Saskia aber offenbar nicht, denn sie wäre ja mit mir gemeinsam aufgebrochen. Gegen zehn zog ich Henrys Bademantel an und schleppte mich in die warme Küche. Kurz darauf gesellte sich Saskia zu mir.

»Weißt du, was mir heute Nacht noch eingefallen ist«, sagte ich. »In der Kellertruhe fand ich außer der Zuckerdose auch einen ganzen Haufen Papierkram. Lesen konnte ich in dem dunklen Loch aber rein gar nichts. Doch vielleicht bringen uns diese Dokumente ein wenig weiter, denn die Besitzverhältnisse der Taler sind mir bis heute noch nicht richtig klar – wie viele Münzen waren es überhaupt, wie hoch war Emmas Anteil, wo hat der Alte sein Versteck, hat er selbst schon viele verkauft oder verschenkt und so weiter. Ich würde mir den ganzen Packen gern mal herholen und bei gutem Licht gründlich durchsehen.«

»Willst du etwa *Treasure Island* spielen?«, fragte Saskia. »Erwartest du eine Schatzkarte? Wenn die Papiere wichtig wären, hätte er sie doch nicht im feuchten Keller aufbewahrt. Aber wenn du unbedingt willst, können wir uns schnell hinüberschleichen und die Akten holen, der alte Knacker wird bestimmt noch schlafen.«

Wir waren noch satt vom gestrigen Abend, verzichteten daher auf ein Müsli, zogen uns warm an und brachen auf zu neuen Abenteuern. Obwohl mir Saskia zur Seite stand, überkam mich ein beklommenes Gefühl, als wir das Nachbarhaus betraten. Auf der Fußmatte saß die Katze, wartete auf Einlass und huschte mit uns hinein. Als Erstes fiel mir auf, dass die Küchentür aufstand und der wärmende Herd anscheinend ausgegangen war, denn es war kühler als sonst. Der Alte war also noch nicht aufgestanden und würde uns bei unserer Blitzvisite nicht stören. Trotzdem wagten wir nur zu flüstern und schlichen möglichst lautlos die dunkle Treppe hinunter. Im Keller brannte immer noch Licht, weil es der Alte offenbar eilig gehabt hatte, das Gefängnis zu verlassen. Saskia riss die angelehnte Tür auf und blieb wie angewurzelt stehen. Ich öffnete den Mund zu einem Schrei, konnte aber keinen Laut herausbringen.

Direkt neben der Truhe lag der alte Mann auf dem kalten Boden und starrte mit weit geöffneten Augen ins Leere. Eine Weile verharrten wir sprachlos, dann fasste ich mir ein Herz und kniete mich neben ihn. Bisher hatte ich noch nie einen Toten gesehen, aber mir war sofort klar: Vor mir lag eine Leiche. Trotzdem nahm ich seine kalte Hand und fühlte vergeblich den Puls. Schließlich kamen mir die Tränen. »Ich habe hundertprozentig die Tür wieder aufgemacht, bevor wir weggingen«, sagte ich und fühlte mich trotzdem zutiefst schuldig.

»Hast du ihn überhaupt gesehen, als du geöffnet hast?«, fragte Saskia. Ich konnte mich nicht genau erinnern, es war alles so schnell gegangen. Eigentlich hatte ich ihn gar nicht wahrgenommen, und er hatte auch nicht geantwortet. Vielleicht war er zu diesem Zeitpunkt schon hingestürzt und wäre noch zu retten gewesen.

»Was machen wir jetzt?«, fragte ich ratlos.

»Er ist mausetot, es bringt nichts, wenn wir sofort einen Arzt oder gar die Polizei rufen. Lass uns nach Hause gehen und in Ruhe überlegen«, meinte Saskia.

Weil ich wohl unter Schock stand, nahm sie die Sache in die Hand, kramte die Papiere aus der Truhe, packte mich am Arm und zerrte mich weg. Bald darauf saßen wir wieder am Küchentisch, schlürften heißen Tee und versuchten, einen klaren Gedanken zu fassen.

»Er wurde vom Kriegsdienst befreit, weil er einen Herzfehler hatte«, fiel mir ein. »Neulich hat er mir erzählt, dass er über sein hohes Alter selbst erstaunt ist. Er hätte so oder so wohl nicht mehr lange gelebt.«

»Wir haben keine Schuld«, sagte Saskia. »Er hat dich schließlich zuerst eingesperrt. Alles in allem warst du länger eingekerkert als er, wir sind ja um Mitternacht schon wieder abgehauen.«

»Wir können ihn doch nicht einfach dort liegen lassen«, jammerte ich. »Irgendetwas müssen wir unternehmen!«

»Man sollte nichts übereilen. Wenn wir jetzt

die Polizei anrufen, müssen wir zugeben, dass wir dort waren und einen Schlüssel besitzen. Außerdem sollten wir vielleicht die einmalige Gelegenheit nutzen, um gründlicher zu recherchieren. Alle Zimmer und Kellerräume haben wir bisher nicht abgegrast, vielleicht stoßen wir doch noch auf den sagenhaften Goldschatz.«

»Stimmt, wenn die Polizei erst einmal vor Ort ist, wird die Haustür wahrscheinlich versiegelt. Ob man den Alten obduziert? Ich glaube schon, denn man muss die Todesursache ja feststellen, bevor man ihn beerdigt.«

»Nach Mord sieht die Sachlage sicher nicht aus«, sagte Saskia. »Er war schließlich sehr alt. Es kommt immer wieder vor, dass man Tote erst nach Wochen findet, wenn sie lange allein gelebt haben und sich keiner um sie gekümmert hat.«

Es wurde nichts aus unserem Plan, ein paar Stunden später doch noch zur Uni zu fahren. Erstens hatten wir null Bock – wie Saskia feststellte –, zweitens waren wir viel zu aufgeregt, um uns auf eine Vorlesung über Inklusionsprozesse zu konzentrieren. Nach einigem Hin und Her kamen wir zu dem Entschluss, doch noch ein wenig im Nachbarhaus herumzuschnüffeln, bevor es dafür keine Gelegenheit mehr gab. Und so machten wir uns schon wieder auf den Weg nach drüben, wobei uns zum Glück niemand beobachtete. Zu dieser Zeit waren die übrigen Nachbarn bei der Arbeit oder in der Schule.

Doch vor Gläsers Haus stand ein Taxi. Der Fahrer klingelte, klopfte, rief und betätigte ein Handy. Wir beobachteten ihn aus gebührender Entfernung und überlegten. Als der Taxifahrer uns entdeckte, war es aber zu spät zum Umkehren. Er winkte uns heran und fragte besorgt: »Sie wohnen doch in der Nachbarschaft? Haben Sie Herrn Gläser heute oder gestern schon mal gesehen? Ich soll ihn heute zum Arzt fahren, sonst ist er immer pünktlich.«

»Leider hat er kein Telefon«, sagte Saskia.

»Doch«, sagte der Chauffeur. »Ich habe ihm erst kürzlich ein einfach zu bedienendes Seniorenhandy besorgt. Er sollte es immer in der Hosentasche tragen, falls es ihm nicht gutgeht und er Hilfe braucht. Es gefällt mir nicht, dass ich ihn heute nicht erreichen kann. Seit die alte Frau nebenan nicht mehr lebt, muss ich fast jede Woche mit ihm Besorgungen machen, aber in letzter Zeit wird er immer seltsamer. Neulich wollte er sogar zu einem Rechtsanwalt, dabei wäre es wichtiger, er würde sich mal die Haare schneiden lassen oder zur Fußpflege gehen. Es ist mir irgendwie nicht geheuer, dass er nicht öffnet.«

»Vielleicht hat er bloß verschlafen«, sagte ich.

»Ach was, das glaube ich nicht«, sagte der Mann

und tippte auf sein Handy. »Ich bin mir nicht sicher, ob das ein Fall für den Notruf ist!«

Ich überlegte kurz, ob ich den Schlüssel herausrücken sollte, entschied mich aber dagegen. Der Fahrer telefonierte mit seinem Chef in der Zentrale, der ihm wohl befahl, an Ort und Stelle zu bleiben und auf die Polizei zu warten.

»Wir gehen dann mal wieder heim«, sagte Saskia, und wir verzogen uns. Wahrscheinlich mussten wir uns die Hoffnung auf goldene Taler ein für allemal abschminken.

Von Saskias Zimmer aus konnte man auf die Straße schauen. Wir standen beide am Fenster und behielten den Fahrer im Auge; er ging leicht nervös auf und ab und rauchte.

»Hoffentlich lässt man uns in Ruhe«, sagte ich ängstlich. »Ich könnte vielleicht die Nerven verlieren, wenn die Polizisten mir Fragen stellen. Aber schließlich sind wir nur Nachbarn und nicht von vornherein verdächtig …«

»Bei einem natürlichen Tod ist sowieso niemand verdächtig«, meinte Saskia. »Das Einzige, was mir nicht gefällt, sind die Knochen in unserem Keller, die müssten wir – ganz unabhängig vom heutigen Ereignis – irgendwann wegschaffen. Es wäre schlau gewesen, wenn wir Rolfs Gebeine noch schnell nebenan untergebracht hätten.«

Nach etwa zehn Minuten näherte sich ein Streifenwagen, eine Polizistin und ein Polizist stiegen aus und besprachen sich mit dem Taxifahrer. Dann versuchten sie, um das Haus herumzugehen, was im hinteren Bereich anscheinend nicht gelang.

»Sie kommen zu uns«, sagte ich entsetzt. Und richtig, kurz darauf klingelte es, und die junge Beamtin bat darum, durch unsere Wildnis bis in Gläsers Garten vorzudringen.

»Ist etwas passiert mit unserem Nachbarn?«, fragte Saskia.

»Das wissen wir noch nicht, es ist eine reine Vorsichtsmaßnahme«, sagte die Polizistin, und wir geleiteten sie hinaus. Neugierig spähten wir durch die Hecke und sahen, wie sie in alle Fenster hineinschauen wollte und schließlich sogar bei der Kellerluke landete. Dort ging sie in die Hocke und schien tatsächlich einen am Boden liegenden Mann zu erkennen. Jedenfalls rannte sie aufgeregt an uns vorbei und auf die Straße hinaus, um ihrem Kollegen Bericht zu erstatten. Nun hielt es Saskia nicht mehr auf unserem Beobachtungsposten, sie wollte wissen, was da draußen vor sich ging. Ich folgte ihr mit klopfendem Herzen.

Plötzlich ging alles sehr schnell. Der Polizist schlug eine Scheibe des Windfangs ein, kletterte mit Hilfe des Taxifahrers hinein und öffnete schließlich seiner Kollegin die Tür. Dann verschwanden beide im Haus.

»Wissen Sie schon etwas?«, fragte Saskia den Taxifahrer, der sich eine neue Zigarette ansteckte. Er zuckte die Achseln. Er würde sich jetzt gern vom Acker machen, meinte er, aber er müsse als Zeuge wohl noch eine Weile hierbleiben.

»Leider kommt kein Krankenwagen mit Sirenengeheul vorgefahren. Das bedeutet nichts Gutes! Schade um den alten Mann, mit sich selbst war er schrecklich geizig, aber mich hat er hin und wieder fürstlich entlohnt.«

Saskia warf mir einen Blick zu. »Sagen Sie bloß, er hat Ihnen eine goldene Münze geschenkt …?«, fragte sie.

Der Fahrer grinste und schwieg. In diesem Moment kamen die beiden Polizisten wieder heraus, die Katze huschte blitzschnell hinterher und verschwand im Gebüsch. Wir schauten die Ordnungshüter erwartungsvoll an. Die Polizistin schüttelte mit ernstem Gesicht den Kopf.

»Wir müssen jetzt auf den Doktor und die Kollegen warten«, sagte ihr Kollege. »Wissen Sie, ob Herr Gläser Angehörige hatte?«

»Keine, soviel mir bekannt ist«, sagte der Taxifahrer. »Kann ich jetzt wieder los?«

Er durfte erst, nachdem sein Name und seine

Adresse notiert waren und er alles zu Protokoll gegeben hatte, was er über den Verstorbenen wusste. Dann wurden wir gerufen und kamen mit vermutlich ähnlichen Fragen an die Reihe.

»Er hat über Herzprobleme geklagt«, sagte ich. Schließlich wurden auch wir entlassen.

Als wir endlich wieder in unserer Küche saßen, meinte Saskia: »Siehst du, das lief doch alles wie geschmiert! Ich weiß gar nicht, warum du Gewissensbisse hast, man kann uns doch wirklich nichts vorwerfen. Übrigens – wer kocht eigentlich heute Abend?«

»Henry. Aber ich halte es wahrscheinlich auf die Dauer nicht aus, ihm alles zu verschweigen. Es lag mir schon immer auf der Seele, dass ich ihm nichts von unserem Kaufrausch erzählt habe. Sicher, er ist bestimmt nicht begeistert von unseren Aktionen, aber er wird mir verzeihen. Er darf es bloß nicht irgendwann von einem Dritten hören.«

»Er wird nie etwas erfahren, ich bin doch die Einzige, die Bescheid weiß, und ich schweige wie ein Grab.«

»Wenn die Nachbarskatze sprechen könnte«, fing ich wieder an, »dann würde sie uns anklagen! Sie weiß nämlich, dass wir einen Schlüssel haben. Wir müssen uns jetzt wohl um sie kümmern, aber mich mag sie nicht. Ich werde später mal Frido anrufen, er soll sie irgendwie herbeilocken. Wenn sie hungrig ist und merkt, dass ihr Schlupfloch verschlossen ist, kommt sie aber vielleicht von allein.«

»Wir könnten uns unterdessen mal den Papierkram vornehmen«, meinte Saskia. »Auch wenn wir vorerst nicht nach dem Nibelungenschatz suchen können, finden wir vielleicht sonst einen interessanten Hinweis. Die Taler könnten zum Beispiel auch im Garten vergraben sein!«

»Du kannst ja schon mal mit dem Buddeln anfangen«, sagte ich. »Mir ist kalt, ich bin müde, wahrscheinlich werde ich jetzt wirklich krank. Es ist wohl am besten, wenn ich eine kleine Siesta einlege und mich eine Weile von der bösen Welt verabschiede.«

Ohne mich auf weitere Diskussionen einzulassen, stand ich auf, füllte heißes Wasser in eine Wärmflasche und begab mich mit diesem kleinen Trost ins kühle Obergeschoss. Ich plumpste auf die Matratze und versank in einen unruhigen Schlaf.

Irgendwann wurde ich geweckt, weil Henry besorgt meine Stirn befühlte. »Ich glaube, du hast Fieber, mein armer Schatz«, sagte er. »Ich hole mal das Thermometer.«

Aber ich krallte mich an seinen Ärmel und schluchzte: »Ich bin eine Mörderin! Ich habe Gerhard Gläser umgebracht! Zur Strafe bin ich sterbenskrank geworden!«

Henry lächelte mild. »Schatz, du hast geträumt und phantasierst, und ich weiß auch, warum. Saskia hat mir gerade erzählt, dass die Polizei bei uns war, weil der alte Gläser plötzlich gestorben ist. Ich habe mir vorhin das polizeiliche Siegel am Nachbarhaus angesehen. Wenn ein Toter in seiner Wohnung aufgefunden wird, ist das während der Ermittlungen anscheinend erforderlich. Außerdem haben sie ein Fenster mit Brettern zugenagelt.«

Kurz darauf steckte mir Henry ein Fieberthermometer ins Ohr und las die Temperatur mit einem ironischen Grinsen ab: »38,5°! Zicklein, du bist dem Tode noch mal von der Schippe gesprungen. Jetzt schluckst du brav ein Aspirin, ziehst deinen blauen Pullover wieder an und kommst in einer halben Stunde zum Essen. Martina will mir ein bisschen helfen, es gibt Pfannkuchen.«

Als ich tatsächlich etwas später bei den anderen in der Küche saß, schmetterte Oliver fröhlich ein altes Karnevalslied: *»Schnaps, das war sein letztes Wort, dann trugen ihn die Englein fort!«*

Martina starrte ihn entgeistert an. »Wie kann man nur so pietätlos sein!«, ranzte sie ihn an.

Henry kam seinem Freund zur Hilfe. »Wenn der

alte Mann im Rausch gestorben ist, dann sollten wir es ihm gönnen. Es ist schließlich nicht unser Opa, der nebenan gehaust hat, sondern ein unfreundlicher Sonderling. Wollen wir jetzt gemeinsam Trübsal blasen? Das wäre doch die reinste Heuchelei.«

»Amen«, sagte Oliver.

»Wir sollten uns um seine Katze kümmern«, sagte ich, denn ich hatte das dringende Gefühl, wenigstens in diesem Punkt etwas gutmachen zu müssen.

»Ich rufe gleich mal Frido an«, sagte Henry. »Aber erst wird gegessen. Als Hauptgang gibt es Speckpfannkuchen mit grünem Salat und zum Nachtisch süße Pfannkuchen mit Nutella.«

»Du übertriffst uns alle mit einem unvergleichlich originellen Menü«, spottete Oliver.

Irgendwie schienen wir aber immer wieder an den Toten zu denken, denn das Thema kam alle paar Minuten erneut zur Sprache.

Martina fragte nachdenklich: »Wer erbt eigentlich das Nachbarhaus? Wie ist das überhaupt, wenn jemand keine nahen Angehörigen hat? Kassiert dann der Staat?«

Oliver wusste Bescheid: »Das Nachlassgericht ermittelt, wenn sich keine direkten Nachkommen melden. Mein Vater hat mal von einem Cousin zweiten Grades ein paar Tausender geerbt, obwohl er diesen Menschen nie kennengelernt hatte. Ich nehme an, dass auch Gerhard Gläser irgendwelche Großnichten oder -neffen hat, die man finden wird. Vielleicht hat er aber auch ein Testament gemacht, obwohl ich mir das nicht vorstellen kann.«

Bei diesem Stichwort zwinkerte mir Saskia heftig zu, anscheinend wollte sie mir unter vier Augen etwas mitteilen. Unter einem Vorwand verließen wir beide die Küche. Ich begleitete sie in ihr Schlafzimmer.

»Während du gepennt hast, habe ich mich ein bisschen mit seinen Papieren beschäftigt«, sagte Saskia. »Bis jetzt habe ich nichts über den Schatz im Silbersee gefunden, aber hier – lies mal selbst!«

Auf einem vergilbten Blatt las ich in großen Lettern: ENTWURF. Der Alte hatte in zittriger Schrift so etwas wie ein Testament aufgesetzt, jedenfalls konnte man daraus entnehmen, dass er seinen gesamten Besitz meiner Tante Emma hinterlassen wollte. Dafür sollte sie ihn wiederum bis zu seinem Ableben pflegen. Datiert war der Bogen zwar nicht, aber es war klar, dass Emma zu diesem Zeitpunkt noch lebendig und rüstig gewesen sein musste.

»Aus purem Interesse möchte ich mal einen Juristen fragen«, meinte Saskia. »Ob nämlich die Erben von Emma – also deine Eltern – als Nachfolger eingesetzt würden, wenn es sich um ein gültiges

Testament handeln würde? Aber so ein Entwurf ohne eigenhändige Unterschrift ist mit Sicherheit bedeutungslos.«

Schließlich gesellten wir uns wieder zu unseren Freunden, wo Henry gerade den letzten Rest Nutella genussvoll von seiner Messerspitze ableckte.

17
Puttel

Fridolin hatte die Katze ganz ohne Flötentöne, dafür aber mit gebratenem Speck geködert. Henrys kleiner Bruder hätte sie gern adoptiert, aber seine Mutter hatte eine Allergie gegen diverse Tierhaare. Henry meinte sogar, dass die Mama über den Tod des Meerschweinchens insgeheim recht erleichtert gewesen sei. Seit er die Katze erfolgreich bei uns angesiedelt hatte, besuchte uns Fridolin fast täglich. Martina war die Einzige, die ihn nicht besonders mochte, weil er hin und wieder einen Kaugummi an ungehörigen Stellen hinterließ.

Nun saßen wir wieder mal beisammen und berieten, wie wir unsere neue Mitbewohnerin taufen sollten, denn niemand kannte ihren bisherigen Namen. Dabei erinnerte ich mich an zwei frühere Klassenkameradinnen. Es waren – rein optisch gesehen – etwas abgerissene Zwillinge, die man in der Schule mit immer neuen Spitznamen bedachte. Anfangs hießen sie nur *das doppelte Lottchen*, dann *die doppelte Cinderella*, später zur besseren Unterscheidung *Aschenputtel* und *Aschenbrödel*, kurz *Puttel* und *Brödel*. Unsere Freunde fanden, dass diese Bezeichnung auch gut zu einer etwas räudigen Katze passen würde.

»Also Puttel oder Brödel?«, fragte Oliver, und wir stimmten ab. Brödel klinge zu sehr nach Blödel, fand Fridolin, und so blieb es bei Puttel. Anscheinend spielte der Name für die Katze überhaupt keine Rolle, denn sie folgte uns sowieso nicht. Da die Wildnis schon immer ihr Revier war, schien es ihr auch egal zu sein, wo sie in der Nähe einen Schlafplatz und eine Mahlzeit fand. Henry und Fridolin sägten eine Katzenklappe in die Kellertür, so dass Puttel jederzeit ein und aus gehen konnte. Mir hatte der Kater längst verziehen, dass ich ihn kürzlich mit einem Halstuch geärgert hatte.

»Ich könnte direkt eifersüchtig werden«, meinte Henry. »So oft wurde ich noch nie gestreichelt.«

Er ahnte nicht, warum ich Puttel so dankbar war. Wir hatten ja keinem verraten, dass Saskia durch den unfreiwillig getragenen Katzenschal auf meine Notlage aufmerksam gemacht wurde.

»Eigentlich wollte ich gern ein paar Hühner halten«, meinte Martina. »Ob die sich mit Puttel vertragen würden?«

»Auf einem normalen Bauernhof lief doch früher das gesamte Viehzeug vor der Haustür herum«, sagte Oliver. »Hunde und Ziegen, Schweine, Kälber, Hühner und Katzen. Es ist alles nur eine Sache der Gewohnheit – so ähnlich wie bei einer WG.«

»Ich hätte gern eine Zweitziege«, sagte Henry und kitzelte mich dabei unterm Kinn, ich schnitt ihm eine Fratze.

Oliver begann sofort zu singen: *»An meiner Ziege hab ich Freude, 's ist ein wunderschönes Tier. Haare hat sie wie aus Seide, Hörner hat sie wie ein Stier!«*

»Ganz ohne Quatsch«, sagte Martina. »Ein nostalgischer Bonsai-Bauernhof wäre mein Traum. In der Scheune wäre doch genug Platz für ein paar Haustiere.«

»Wenn du stinkende Schweine züchten willst, ziehe ich wieder aus«, protestierte Saskia. »Wie ich dich kenne, würdest du sie niemals schlachten, sondern so lange auf unserem Sofa verhätscheln, bis sie irgendwann an Altersschwäche eingehen!«

»Das ist alles noch Zukunftsmusik«, sagte ich. »Morgen kommen mal wieder die Handwerker, damit es mit dem Einbau von Klo und Dusche endlich losgeht. Wer bleibt also hier, macht ihnen auf und übernimmt die Bewirtung, damit sie bei Laune bleiben?«

»Bullshit! Ich fürchte, diesmal bin ich an der Reihe! Natürlich will ich nicht, dass mein Zicklein meckert«, seufzte Henry.

»Nein«, sagte Martina. »Das ist nicht nötig. Morgen fällt bei uns der Unterricht aus, deswegen habe ich Zeit, um den Garten ein bisschen für den Winter vorzubereiten. Ich freue mich schon auf ein Feuerchen mit welkem Laub, dann riecht es wie in Opas Schrebergarten. Schließlich will ich im Frühjahr säen und im Herbst ernten, wenn ich schon keine Mitgift für unsere WG einbringen kann. Leider tragen meine Eltern keine Spendierhosen, sondern Billigangebote.«

Saskia warf mir einen vielsagenden Blick zu. Sie hatte neulich den Verdacht geäußert, dass Martina neidisch auf mich sei und sich ein wenig als Underdog fühle. Außerdem schmeiße sie sich neuerdings eher an Henry als an Oliver ran. Wir müssten aufpassen, dass sie nicht irgendwann keine Lust mehr hätte, die gute Seele zu spielen. Saskia ahnte nicht, wie bald ihre Befürchtung wahr werden würde.

An jenem Tag hielt ich auf dem Heimweg vor einem großen Discounter, weil Saskia ein elektrisches Heizöfchen kaufen wollte. Ich schloss mich an, aber mit gewissen Skrupeln.

»Henry wird schimpfen«, sagte ich. »Er meint, dass wir nächstes Jahr bei der Stromabrechnung auf den Rücken fallen werden, und auch die Vorauszahlungen könnten um ein Vielfaches steigen.«

»Und wie stellt er sich den Winter vor?«, fragte Saskia. »Henry soll sich nicht immer wie King Louie aufspielen, er kann doch nicht darüber bestimmen, ob wir erfrieren.«

»Das will er sicherlich nicht, aber er denkt immer noch über eine umweltfreundliche Lösung nach. Henry hat mir versprochen, dass er in den nächsten Tagen mit einem Ofenbauer Kontakt aufnimmt.«

Als wir nach und nach alle wieder zu Hause eintrafen, hatten die Klempner noch nicht allzu viel geleistet. Martina erzählte, sie hätten hauptsächlich herausgefunden, wo man die Kellerwand für die Wasserleitung durchbohren könne. Da das Fundament etwas am Hang stehe, habe das Abwasser zum Glück noch genügend Gefälle, um in der Kanalisation zu landen. Für ausreichende Belüftung sei durch ein Fenster gesorgt. Im Übrigen sei ein kleines Badezimmer rentabler als eine von der Dusche abgetrennte Toilette. Morgen ginge es erst richtig los, und es werde keineswegs so schnell fertig wie das bei den Fenstern der Fall gewesen war. Ich stöhnte, doch immerhin hatten wir inzwischen den Steiffteddy für ein ansehnliches Sümmchen verkauft, und auch der Erlös vom Flohmarkt war noch zum größten Teil vorhanden. Die Investitionen für eine zusätzliche Dusche sowie ein Klo standen nun an erster Stelle.

Kurz vor dem Abendessen winkte mich Saskia in

ihr Zimmer. »Hast du die Papiere vom Alten noch mal durchgeschaut?«, fragte sie, ich schüttelte den Kopf. Seit man das Nachbarhaus versiegelt hatte, war mein Interesse am Goldschatz weitgehend erloschen.

»Komisch«, sagte Saskia. »Irgendjemand war an meinem Kleiderschrank und hat die Papiere vom Alten herausgenommen. Eigentlich kann es nur Martina gewesen sein. Ich bin mir nämlich sicher, dass der Packen ganz unten lag, jetzt liegt er auf meinen roten Schuhen. Außerdem hängt der Kleiderbügel meines Dirndls falsch herum.«

Saskia hatte sich angewöhnt, den Haken von einmal getragener Kleidung nach vorn und von frisch gewaschener nach hinten zu drehen, so dass sie sofort erkennen konnte, welches T-Shirt sie zum zweiten Mal anziehen würde, damit es nach dem dritten Mal in der Waschmaschine landete. Ich staunte über ihr ausgeklügeltes System, erfuhr aber, dass sie diese Methode von ihrer pedantischen Mutter übernommen hatte.

»Der Klempner ist bestimmt kein Transvestit, der dein Dirndl anprobiert hat«, meinte ich. »Frag Martina doch einfach, ob sie aus einem guten Grund in dein Zimmer musste.«

»Nein, denn sie würde es niemals zugeben, es galt immer als Tabu bei uns. Es kommt mir allerdings verdächtig vor, dass sie morgen schon wieder hierbleiben möchte. Von einem Feuerchen im Garten habe ich übrigens auch nichts bemerkt, der Laubhaufen liegt immer noch an derselben Stelle.«

Nun war auch mein Misstrauen geweckt. »Wir werden ihr eine Falle stellen«, schlug ich vor. »Vielleicht nimmt sie die Gelegenheit wahr, in unserer Abwesenheit in allen privaten Zimmern herumzuschnüffeln. Aber warum?«

»Ich sagte es dir schon, sie ist wahrscheinlich neidisch. Als Einzige von uns hat sie keinen Führerschein und fährt seit Ewigkeiten mit diesem uralten schwarzen Fahrrad zum Einkaufen. Sie durfte nicht in die Tanzstunde, denn ihre Eltern sind fromm, geizig und streng. Henrys angestrebter Konsumverzicht kommt ihr gerade recht, denn sie hat sowieso nichts Hübsches zum Anziehen. Irgendwann muss sie ihr BAFÖG auch zurückzahlen. War sie eigentlich gut in der Schule?«

»Eher mittelmäßig, aber ziemlich fleißig«, erinnerte ich mich. »Richtig gut war sie nur in Bio und Sport. Doch immer sehr kameradschaftlich, deswegen auch allgemein beliebt. Ich saß neben ihr, sie ließ mich in Mathe abschreiben, dafür bin ich ihr ewig dankbar.«

Beim Abendessen, an dem auch Fridolin teilnahm, verteilte Oliver Eintrittskarten für die Premiere seines neugegründeten Vokalensembles mit einem Programm der berühmten Comedian Harmonists. Wir kannten die meisten der uralten Ohrwürmer bereits – den *kleinen grünen Kaktus*, die *schöne Isabella aus Kastilien*, die *Liebe der Matrosen* und die *Bar zum Krokodil*.

»Ist ja alles super, Olli, aber ich vermisse eine Eigenkomposition«, kritisierte Saskia.

»Gibt es auch, wird aber lieber nicht verraten«, sagte Oliver. »Es ist unsere Erkennungsmelodie.«

»Na, schieß schon los«, sagte Henry.

Oliver ließ sich nicht lange bitten und trällerte nach der Melodie von *Wochenend' und Sonnenschein*: »Niemals sind wir ganz allein, die Groupies schwirren aus und ein, denn sie wollen unsre Hasen sein, Nacht für Nacht im Kämmerlein … In der nächsten Zeile wird es aber ein bisschen unanständig.«

»Einfach nur blöde«, sagte Martina. »Frauenfeindlich. Fällt euch nichts Besseres ein?«

»Ach, das ist doch nicht ernst gemeint«, sagte Henry. »Martina, die Jungs nehmen sich doch selbst auf die Schippe. In Wirklichkeit sind ihre Groupies zwischen fünfundsechzig und neunzig.«

»Das stimmt wahrscheinlich«, sagte Oliver. »Umso wichtiger, dass ihr zur Premiere kommt und für tosenden Beifall sorgt.« Dabei lächelte er erst Martina, dann Saskia so unwiderstehlich an, dass beide dahinschmolzen und eine Debatte über singende Machos völlig vergaßen.

»Ich könnte euch vielleicht auf der Flöte begleiten«, schlug Fridolin zaghaft vor, aber Oliver schüttelte bedauernd den Kopf. »Wir sind ein A-cappella-Chor, wir singen also ohne instrumentale Begleitung. Wenn du Klavier spielen könntest, wäre es unter Umständen bei einigen Stücken möglich.«

Erst als wir zu Bett gingen, entdeckte Henry das elektrische Öfchen im Schlafzimmer. Ich beteuerte sofort, dass es nur als kurzfristige Übergangslösung gedacht war und ich es gleich wieder ausschalten würde. Trotzdem runzelte er missbilligend die Stirn, sah aber ein, dass es beim Ausziehen nicht mehr ganz so blitzschnell zugehen musste wie bisher. Ja, fast kam es mir so vor, als ob er die selbst auferlegte Askese ganz gern mal verdrängte, weil ihn auch die üblichen Klagen über meine eiskalten Füße heute nicht nervten.

Als ich am nächsten Tag mit Saskia unterwegs nach Heidelberg war, sprachen wir schon wieder über unsere Mitbewohnerin. Irgendwie tat Martina uns leid, andererseits stimmte es auch, dass sie rein gar nichts an materiellen Gütern in die WG eingebracht hatte. Aber wog ihre unermüdliche Arbeitskraft nicht alles auf? Sollten wir es ihr nicht gönnen, dass sie heimlich unsere Kleider anprobierte und sich das Aschenputtel ein paar Minuten lang vor dem Spiegel in eine Prinzessin verwandelte?

»Trotzdem mag ich nicht, dass sie in meinen Sachen herumwühlt«, sagte Saskia. »Schließlich wissen die anderen alle nichts von Gerhard Gräbers Papieren, sie ahnen überhaupt nicht, dass wir dort nach dem Schatz gesucht und den alten Mann eine Weile im Keller eingesperrt haben. Ich hoffe, du hast auch Henry nicht eingeweiht.«

Nein, das hatte ich tunlichst vermieden. »Vielleicht sollten wir heute mal das Seminar schwänzen und unverhofft heimkommen«, schlug ich vor. »Wenn wir Glück haben, können wir Martina in flagranti überraschen, außerdem ist es auch nicht verkehrt, wenn ich als Hausbesitzerin mit dem Klempner spreche und ihn und seine Helfer zur Eile antreibe.«

So kam es, dass wir bereits ein paar Stunden früher heimkamen, das Auto etwas entfernter als sonst abstellten und sehr leise unsere Küche betraten.

Wie verabredet huschten wir beide in unsere Schlafzimmer, entdeckten dort allerdings keine Indizien für Martinas heimliche Anwesenheit. Im Übrigen war sie auch in keinem anderen Raum zu finden. Die Handwerker im Keller waren dagegen fleißig gewesen und hatten Fortschritte gemacht. Martina habe sie gegen Mittag in die warme Küche geholt und ihnen Kaffee serviert.

Saskia ging in den Garten, wo erwartungsgemäß kein Feuerchen schwelte, ich gesellte mich zu ihr. »Sie kann nicht weggefahren sein«, sagte ich. »Ihr Fahrrad steht noch vor dem Windfang. Sie muss sich hier irgendwo in der Wildnis herumtreiben.«

Vorsichtig näherten wir uns der Hecke. Auf Gerhard Gläsers verwildertem Grundstück konnte man eine Gestalt erkennen, die unter einem verkrüppelten Apfelbaum Erde aushob. Neben ihr saß Puttel und schaute neugierig zu. Auf Anhieb konnten wir uns keinen Reim darauf machen, also beschlossen wir, die seltsame Gärtnerin zu überrumpeln. Ohne uns noch länger zu beraten, krochen wir durch die Hecke, schlichen durch das Gebüsch und umstellten sie. Offenbar hatte Martina uns nicht gehört, denn sie erschrak sichtlich. Die Katze floh.

»Was machst du auf fremdem Terrain?«, fragte ich. »Du wolltest doch unseren Garten für den Winter vorbereiten!«

Martina wischte sich die Hände an ihrer schmutzigen Hose ab, stützte sich auf den Spaten und überlegte eine Sekunde zu lang.

»Mir ist eine Idee gekommen, die ich schnell

umsetzen wollte, bevor sich wieder ein Polizist hier sehen lässt. Ich grabe ein Loch, um Rolfs Knochen zu beerdigen, schließlich sollten wir sie keinen Tag länger im Keller aufbewahren. Das ist kein gutes Karma.«

»Ob das wirklich so eine tolle Idee ist?«, sagte Saskia gedehnt. »Es wäre bestimmt besser, wenn man die Gebeine an einen Ort bringt, der ganz weit weg von hier ist.«

»Und wenn dich zum Beispiel die Handwerker gesucht und hier gefunden hätten, was dann?«, fragte ich. »Hättest du ihnen die ganze Geschichte erzählt?«

»Ist ja gut«, sagte Martina gedehnt. »Wenn ihr es so wollt, werde ich das Loch halt wieder zuschippen.«

Während sie also missmutig zur Schaufel griff, gingen wir ins Haus zurück. Saskia meinte: »Kann sein, dass sie es gut gemeint hat. Aber irgendetwas stört mich an ihrer Begründung, ich weiß nur noch nicht, was. Ist dir vielleicht etwas aufgefallen?«

»Stimmt, etwas passte nicht in das Bild einer Totengräberin. Martina hatte eine Klarsichtfolie mit irgendeiner Zeichnung neben sich liegen. Aber das muss überhaupt nichts bedeuten.«

»Wo sie recht hat, hat sie recht«, überlegte Saskia. »Mir ist auch nicht ganz wohl bei unserer Knochensammlung. Warum melden wir uns nicht bei der Polizei und sagen die Wahrheit? Wir haben doch nichts Unrechtes getan!«

»Stimmt, aber es bringt nichts als Unannehmlichkeiten mit sich. Die Kriminalisten würden natürlich nach weiteren Indizien oder gar Leichenteilen suchen, im Garten buddeln, Martinas Kräuterbeet umgraben, uns mit Fragen quälen und am Ende auch meine Eltern belästigen. Letzteres wäre mir am peinlichsten.«

Meine Argumente leuchteten Saskia ein.

Am Sonntag war ich bei meinen Eltern zum Mittagessen eingeladen. Wie so oft gab es das Leibgericht meines Vaters: Schweinebraten, Kartoffelklöße und Rotkohl. Meine Mutter, die eine konservative, aber erfahrene Köchin war, fragte etwas süffisant nach den Tischsitten unserer WG, wobei mir mit Schrecken einfiel, dass ich heute mit dem Kochen an der Reihe war und den nötigen Einkauf völlig verschwitzt hatte. Noch dazu, wo wir am Abend Olivers Konzert besuchen wollten und deswegen etwas früher essen mussten. Es entging mir nicht, dass meine Eltern einen kurzen, aber schadenfrohen Blick wechselten. Trotzdem war es selbstverständlich, dass mir meine Mutter aus der Patsche half.

Gemeinsam gingen wir ihre Vorräte durch, aber

ihre eingefrorenen Portionen waren meistens nur für zwei Personen gedacht. Kurz entschlossen packte mir meine Mutter fünf große Dosen *Linsentopf* und zwei Gläser Wiener Würstchen in einen großen Jutesack, nicht ohne mit feinem Lächeln zu bemerken, dass Henry ja keine Plastiktüten dulde.

Zu Hause öffnete ich klammheimlich die Dosen, gab den Inhalt in unseren größten Kochtopf und entsorgte das leere Blech umgehend in der großen Tonne, so dass der Mülleimer in der Küche jungfräulich blieb. Ebenso verfuhr ich mit den Gläsern. Leider platzten die Würstchen beim Erhitzen der Länge nach auf und verformten sich. Bei der gemeinsamen Mahlzeit wurde kommentarlos nur ein geringer Teil der graubraunen Pampe konsumiert.

»Na, hat's euch geschmeckt?«, fragte ich leichtsinnigerweise.

Schweigen. Schließlich meinte Henry: »Suchst du Streit?«, und Oliver sagte: »Kommt, lasst uns fahren. Sonst steigt mein Lampenfieber bis ins Unermessliche.«

Die Premiere fand nicht in einem Theater statt, sondern in einem evangelischen Gemeindehaus, das dank der privaten Beziehung eines Sängers kostenlos genutzt werden durfte. Henry hatte leider recht behalten: Außer uns bestand das Publikum tatsächlich nur aus älteren Frauen und einem uralten Pfarrer.

18
Martina

Mitte November war es bereits recht kalt, Henry verlor kein Wort mehr über unsere elektrischen Öfen. Seine bisherigen Ideen für eine umweltfreundliche Lösung hatten sich vorläufig als zu teuer erwiesen. Doch eines Tages griff er zu meiner Überraschung das Thema wieder auf.

»Ich mache mir ein bisschen Sorgen um Martina«, begann er. »Es kommt mir fast so vor, als ob eine dicke graue Wolke über ihr hängt. In letzter Zeit wird sie immer verbissener und stiller oder schuftet wie eine Sklavin. Als Einzige hat sie sich kein Öfchen gekauft, vielleicht bin ich mit unserem Motto *Gegenstrom* etwas übers Ziel hinausgeschossen, und sie traut sich jetzt nicht zu heizen. Du könntest ihr mal gut zureden.«

»Da höre ich ja ganz neue Töne!«, meinte ich überrascht. »Aber wenn ich es mir richtig überlege, liegt es nicht an dir. Vielleicht kann sie es sich finanziell nicht leisten, denn Oliver, Saskia und ich haben unsere Geräte vom eigenen Geld bezahlt, aber die haben auch kaum etwas gekostet. Wahrscheinlich hat Martina Angst, dass sie ihren Anteil an der Stromrechnung nicht bezahlen kann.«

»Verdient sie denn gar nichts mit ihrem Job?«, fragte Henry. »Sie schiebt doch jeden Sonntag eine gelähmte Frau im Rollstuhl durch den Park …«

»Soviel ich weiß, macht sie das aus purer Nächstenliebe. Aber du hast recht: Saskia gibt Nachhilfeunterricht, du fährst Taxi, Oliver verdient gelegentlich ganz gut durch ein Popkonzert. Natürlich bin ich privilegiert, weil ich das einzige Kind wohlhabender Eltern und außerdem die Hausbesitzerin bin, aber dafür kann ich ja nun wirklich nichts. Martina arbeitet immer nur für einen Gotteslohn, sie wurde wohl von ihrem frommen Papa frühzeitig indoktriniert.«

»Am besten sollte ich ihr noch heute einen kleinen Heizofen besorgen«, sagte Henry etwas schuldbewusst. »Ich habe mir das zwar anders vorgestellt, aber so geht es nicht weiter. Demnächst soll es Frost geben, dann kann sich Martina nicht mehr im Garten austoben und ist auf ihr Zimmer angewiesen. Das braucht sie aber so oder so, wenn sie in Ruhe lernen will.«

»Ich habe fast das Gefühl, sie will ihr Studium schmeißen. Dauernd findet sie eine Ausrede, um zu Hause zu bleiben.«

»Fährt sie eigentlich immer mit dem Rad bis zur Haltestelle und dann mit der lahmen Straßenbahn nach Heidelberg?«, fragte Henry. »Warum ist keiner von uns auf die Idee gekommen, sie mitzunehmen?«

»Als ich das Auto meiner Mutter erhielt, habe ich es ihr natürlich angeboten, aber sie wollte unabhängig bleiben und sich nicht nach unseren Terminen richten.«

»Sie ist vielleicht zu stolz, um Almosen anzunehmen«, meinte Henry. »Obwohl gegenseitige Unterstützung wirklich keine Almosen sind, aber sie empfindet es vielleicht so.«

Nun wurde ich nachdenklich. »In der Schule trug sie immer die abgelegten und bräunlich verfärbten Sachen ihrer älteren Schwester. Aber sie wurde deswegen nicht gemobbt, im Gegenteil, unsere Klassenkameradinnen meinten es gut mit ihr und haben ihr oft etwas aus dem eigenen Kleiderschrank geliehen oder ganz überlassen. Aber wahrscheinlich hat sie gerade unsere Großzügigkeit als Demütigung empfunden.«

»Hatte sie eigentlich noch nie einen Freund?«, fragte Henry. »Meistens findet sich doch für jeden Topf ein Deckelchen, so wie bei uns – der gute Hirte und sein Zicklein!«

»Bilde dir bloß nicht zu viel ein«, knurrte ich.

»Im Ziegenpelz steckt manchmal eine Wölfin, die ihren Hirten wortwörtlich zum Fressen gernhat. – Wenn ich mich richtig erinnere, hatte Martina kurz vorm Abi einen Freund und fing dilettantisch an, sich zu schminken. Näheres weiß ich zwar nicht, aber die Liebesgeschichte ging wohl rasch und unerfreulich zu Ende. Nach der Schulzeit habe ich sie eine Weile aus den Augen verloren, vor einem Jahr aber zufällig wiedergetroffen. Na ja, und schon wurde sie unsere Mitbewohnerin, vielleicht weil wir es alle für einen Glücksfall hielten.«

Bei Einbruch der Dunkelheit verließ Martina den Garten, entdeckte das Öfchen in ihrem Zimmer und eilte sofort zu uns in die Küche, wo diesmal Saskia am Herd stand.

»Wo kommt dieser Stromfresser her?«, fragte sie ebenso atemlos wie unfreundlich. »Und welche Gegenleistung erwartet ihr jetzt wieder von mir?«

Henry lächelte sie an. »Chill out! Sei mir nicht böse, dass ich ungefragt deine heiligen Hallen entweiht habe. Das neue Gerät hat meine Mutter gestiftet«, log er. »Aber wir Weicheier haben uns schon längst ein Öfchen angeschafft. Sobald wir genug Geld für eine nachhaltige Lösung haben, kannst du den gierigen Fresssack in den Keller verbannen. Außerdem wollte ich dir schon längst mal sagen, dass du die beste Köchin der Welt bist! Es wäre doch schrecklich, wenn deine großartigen Hände Frostbeulen bekämen!«

Mein Gott, was für ein begnadeter Schleimer, dachte ich bewundernd. Ebenso gut formuliert wie diplomatisch! Martina starrte aber nur mit verlorenem Blick vor sich hin und sagte nichts mehr.

Etwas später nahm mich Saskia beiseite: »Ich fürchte, unsere Sterneköchin ist gerade ein bisschen depressiv. Aber im Gegensatz zu mir hat sie noch nie über das prämenstruelle Syndrom geklagt. Irgendetwas haben wir wohl falsch gemacht. Es sollen sich doch alle hier wohl fühlen!«

»Mach dir nicht gleich ins Hemd!«, meinte ich. »Vielleicht hat sie Liebeskummer oder private Sorgen, die sie uns nicht sagen möchte. Ihre Depression hat am Ende überhaupt nichts mit uns zu tun, und wir machen uns unnötig ein schlechtes Gewissen.«

»Sie war übrigens gestern wieder in meinem Zimmer«, behauptete Saskia. »Ich habe nämlich einen kleinen durchsichtigen Plastikstreifen in meine Schranktür geklemmt, der lag am Boden. Neulich stand in der Zeitung, dass Einbrecher durch diesen Trick herauskriegen, ob die Hausbesitzer im Urlaub sind. Wenn der Streifen tagelang brav in der Haustür steckenbleibt, haben sie freie Hand. Blöde, dass wir unsere Zimmer nicht abschließen können.«

Da es in einem Bauernhaus sowieso keine Schlüssel für jeden einzelnen Raum gab, hatte ich auch keine anfertigen lassen. Es war schließlich eine selbstverständliche Voraussetzung, dass man den Mitbewohnern der WG vertrauen konnte. Ebenso, dass man anklopfte, wenn man sich besuchte, und die privaten Zimmer in Abwesenheit ihrer Besitzer nur betrat, wenn es unbedingt nötig war. Ich ärgerte mich sehr über Martinas Indiskretion.

»Eigentlich halte ich gar nichts davon, Gleiches mit Gleichem zu vergelten«, sagte ich. »Aber in diesem speziellen Fall sollten wir uns mal gemeinsam in Martinas Zimmer umsehen. Sonntags kümmert sie sich fast regelmäßig um die pflegebedürftige Frau, das wäre eine gute Gelegenheit. Vielleicht stoßen wir ja auf ein Indiz für ihr merkwürdiges Verhalten. Am Ende klaut sie Geld – oder hast du jeden Cent gezählt, den du im Nachttisch gebunkert hast?«

»Ich habe mein legendäres Vermögen teils auf der Bank deponiert, teils im Portemonnaie, da liegt nichts im Zimmer herum«, sagte Saskia. »Aber der scheußliche Schmuck meiner verstorbenen Oma, den ich niemals tragen würde, müsste noch in einem Schuhkarton stecken. Ich werde gleich mal nachschauen, ob noch alles da ist.«

Natürlich wurde ich neugierig, denn Saskia hatte mir ihr großmütterliches Erbe noch nie vorgeführt.

Leider wurde es eine herbe Enttäuschung, denn es handelte sich um Modeschmuck aus den 50er-Jahren, billig und protzig zugleich. Saskia erzählte, dass ihre Schwester Dodo ebenfalls einen Haufen ähnlicher Stücke erhalten habe.

»Deine Oma sah wohl aus wie ein amerikanischer Christmas Tree«, bemerkte ich.

»Am besten wäre es, wenn ich den ganzen Plunder auf dem nächsten Flohmarkt verticken würde«, überlegte Saskia. »Ob derzeit etwas fehlt, kann ich im Augenblick nicht sagen. Auf jeden Fall ist das Glitzerzeug nichts wert, kein Dieb könnte etwas damit anfangen. Aber du hast mich mit dem Weihnachtsbaum auf eine Idee gebracht: Wir werden dieses Jahr eine Tanne kaufen, sie mit Omas Bijouterie behängen und zum ersten Mal ohne unsere Familien feiern.«

Das wird meinen Eltern gefallen, dachte ich, denn seit langem wurden sie von einem befreundeten Paar bedrängt, den Jahreswechsel gemeinsam auf den Malediven oder sonst wo zu verbringen. Bisher hatten sie sich mit Rücksicht auf ihr einziges Kind nicht dazu entschließen können. Und dann gibt es mal keine Gans, beschloss ich, sondern etwas ganz Exotisches oder einfach nur Roastbeef oder Nutella-Crêpes, um Henry glücklich zu machen.

Am Sonntag machte sich Martina wie so oft mit dem Fahrrad auf den Weg, um die gelähmte Frau spazieren zu schieben. Henry musste Taxi fahren, Oliver war sowieso die ganze Nacht nicht da gewesen. Wir vermuteten, dass er sich übers Wochenende bei Kirsten eingenistet hatte. Die Gelegenheit war also perfekt, um unbeobachtet in Martinas Zimmer nach dem Rechten zu sehen. Seltsamerweise waren wir lange nicht mehr hier gewesen. Die knallgelben Wände täuschten Sonnenlicht vor, vielleicht hatte Martina diese Farbe ausgesucht, um ihr eingetrübtes Gemüt etwas aufzuhellen. War sie schon bei ihrem Einzug niedergeschlagen gewesen, und wir hatten es im Eifer des Neustarts übersehen?

In Tante Emmas Kleiderschrank war noch viel Platz. Saskia inspizierte Martinas spärliche Garderobe.

»Da, sieh mal an«, sagte sie. »Das Blouson stammt doch von dir, hast du es ihr geschenkt, oder hat sie es sich einfach gekrallt?«

»Ich hatte es für den Altkleidercontainer vorgesehen«, sagte ich. »Martina muss das Teil wieder aus dem Sack herausgefischt haben.«

Wir nahmen uns jetzt das Vertiko vor, das ebenfalls aus dem bäuerlichen Fundus stammte. Auch in den drei Fächern und zwei Schubladen sah es ärmlich und sehr übersichtlich aus. Saskia staunte schon wieder: »Außer meiner Großtante kenne ich keinen Menschen, der noch Socken stopft. Selbst meine Mutter könnte es nicht, von mir ganz zu schweigen!«

Wir schauten uns immer wieder etwas ratlos und schuldbewusst an. Um eine Art Schreibunterlage zu haben, hatte Martina ein Brett aus der Scheune geholt und beidseitig auf einen Turm aus Backsteinen gelegt.

»Deine kleine Schwester und Frido besitzen sicher seit ihrer Geburt ein Smartphone, aber Martina hat nur ein uraltes Handy, noch nicht einmal ein Tablet, und man kann sie über WhatsApp nicht erreichen. Hin und wieder hat sie bei mir etwas für die Uni ausgedruckt, oft war es nicht«, fiel mir ein. Aber bevor wir unsere Schuldgefühle analysieren konnten, entdeckte Saskia einen unbekannten Gegenstand unterm Bett, den sie ohne Zögern herauszog. Es war eine völlig verrostete Kassette, die wir noch nie gesehen hatten.

Sofort befiel mich eine böse Ahnung, denn dieser dreckige Klotz passte überhaupt nicht zu Martinas aufgeräumtem Ambiente. Wir sahen uns kurz an, dann stemmte Saskia den Deckel hoch und öffnete. Sekundenlang verschlug es uns die Sprache. Schließlich flüsterten wir fast gleichzeitig: »Der Goldschatz!«

Dann saßen wir fassungslos auf Martinas Bett und grübelten: Wo hatte sie diese Münzen gefunden? Warum hatte sie uns nichts davon gesagt, sondern den Schatz versteckt? Was hatte sie damit vor? Seit wann war sie überhaupt im Besitz der Kassette? Wir waren so in die unterschiedlichsten Theorien vertieft, dass wir sogar das Zählen vergaßen.

»Vielleicht sollte es die große Überraschung an Weihnachten werden«, spekulierte Saskia. »Martina will es wie im Märchen goldene Taler regnen lassen und dafür sorgen, dass wir uns eine hochwertige Zentralheizung leisten können!«

»Da bist du aber sehr optimistisch! Es würde allerdings für Martinas soziale Ader sprechen«, meinte ich. »Aber in diesem Fall hätte sie eigentlich Grund zu guter Laune und Vorfreude. Wenn ich ihr Verhalten in letzter Zeit richtig interpretiere, sieht es eher nach einem schlechten Gewissen aus.«

»Vielleicht weiß sie selbst noch nicht so genau, wie sie vorgehen soll. Übrigens kann sie die Kassette nicht in unserer Scheune oder im Haus gefunden haben, ein derart korrodiertes Kästchen lag sicherlich lange in der Erde.«

Bei diesem Stichwort erinnerten wir uns sofort an Martinas Grabung im Nachbargarten. Aber wie war sie auf die Idee gekommen, gerade unter dem Apfelbaum einen Schatz zu vermuten?

Es half nichts: Um unserer Mitbewohnerin auf die Spur zu kommen, mussten wir weitersuchen. Das Einzige, was wir bisher für absolut unverdächtig gehalten hatten, waren Martinas Lehrbücher, Vorlesungsskripte und Aufzeichnungen. Ein Teil des Studienmaterials befand sich in ihrem Rucksack, den sie an den Wochentagen mit zur Fachhochschule nahm, die größere Sammlung lagerte auf ihrem provisorischen Schreibtisch. Saskia nahm sich den Rucksack vor, ich den umfangreichen Stapel. Während ich Fachbücher durchblätterte, mich durch vegetarische Rezepte, sozialwissenschaftliche Referate und esoterische Zeitungsausschnitte über Neo-Schamanismus kämpfte, wurde meine Freundin relativ schnell auf ein paar Fotos aufmerksam, auf denen ihre Eltern und Geschwister sowie Henry und Oliver zu sehen waren, wir beide jedoch nicht. Dann entdeckte sie ein Blatt, das nicht zu den Manuskripten und sonstigen Papieren zu passen schien.

»Schau mal«, sagte sie fasziniert. »Es ist die einzige Zeichnung. Irgendwie kommt sie mir bekannt vor.«

In einer Klarsichthülle steckte die unbeholfene Skizze eines Bäumchens. Darunter stand in steiler Schrift: *Baum gepflanzt, goldenen Sarg begraben = Hoffnung + Schlussstrich*. Offenbar hatte Gerhard

Gläser dieses Blatt bei jenen Papieren aufbewahrt, die Saskia und ich aus seiner Truhe stibitzt hatten. Ich hatte mir den ganzen Packen bisher noch gar nicht richtig angeschaut und ihn Saskia überlassen. Sie wiederum hatte sich wohl auf die Zeichnung keinen Reim gemacht oder sie übersehen.

Wir rekonstruierten folgendes Szenario: Martina hatte sich in unserer Abwesenheit in Saskias Zimmer aufgehalten, um ihre Kleider, vor allem das teure Dirndl, anzuprobieren. Dabei musste sie rein zufällig auf die Papiere gestoßen sein, die sie neugierig in die eigene Bude mitgenommen und wahrscheinlich gründlich durchgesehen hatte. Es sprach für ihre Intelligenz und Kombinationsfähigkeit, dass sie die Bedeutung der Zeichnung erahnte, andererseits für ihre kriminelle Energie, dass sie uns nichts davon verriet, sondern auf eigene Faust ihr Glück versuchte. Schließlich hätte sie ja zuvor zugeben müssen, dass sie heimlich in unseren Zimmern herumschnüffelte, was für ihr Image als anständige und ehrliche Mitbewohnerin fatal gewesen wäre.

»Vielleicht hat sie noch weitere Hinweise im Papierkram des Alten entdeckt«, meinte Saskia. »Ich war ja gar nicht fertig mit der Recherche.« Und schon knöpfte sie sich den Rucksack zum zweiten Mal vor, während ich endlich damit begann, den neuen Reichtum zu zählen.

»Kaum zu glauben«, rief ich verwundert. »Es sind keine deutschen Münzen! Wenn ich mich nicht irre, ist es kyrillische Schrift! Aber aus Gold sind sie allemal – insgesamt 47 Stück, wahrscheinlich mit einem Zaren auf der Kopfseite!«

»Und ich stoße gerade auch auf weitere Rätsel«, sagte Saskia. »Hier ist zum Beispiel eine Broschüre, deren Autor von der Existenz außerirdischer Wesen ausgeht, durch die man nützliche Informationen für das Hier und Heute erhalten kann. Im Rucksack stecken auch Reiseprospekte, und zwar für Thailands Norden. Zwei Termine im Dezember und Januar sind angekreuzt. Will Martina sich aus dem Staub machen? Sie hat sich schon immer für fernöstliches Gedankengut interessiert, ist aber bis jetzt kaum aus Deutschland herausgekommen.«

»Am Ende will sie uns klammheimlich verlassen, das Gold verscherbeln und in einem buddhistischen Kloster selig werden«, meinte ich. »Uns hat sie ja nicht direkt bestohlen, sondern eigentlich nur Gerhard Gläsers Erben, falls man überhaupt irgendwelche Nachkommen findet. Aber – ehrlich gesagt – hätten wir beide ja auch keine großen Skrupel gehabt, den Fund einfach zu behalten.«

»Das ist keine Entschuldigung! Falls wir damals in Gläsers Haus auf einen Goldschatz gestoßen wären, hätten wir ihn zwar mitgenommen, aber nicht stillschweigend unter uns beiden aufgeteilt, sondern für eine anständige Heizung verwendet«, sagte Saskia.

»Nach meinen bisherigen Erfahrungen würden diese Rubel genug Kohle für unser Heizungsprojekt einbringen«, schätzte ich. »Andererseits könnte sich die anspruchslose Martina mit dem Erlös lange über Wasser halten, vor allem in einem asiatischen Land.«

Schließlich berieten wir, wie wir vorgehen sollten. Erst einmal abwarten und schauen, wie sich Martina verhielt? Kontrollieren, ob ein gepackter Koffer ihre Pläne verriet? Oder sie noch heute mit ihrer Tat konfrontieren und zur Rede stellen? Sollten wir Henry und Oliver einweihen? Allerdings müssten wir dann auch andere Dinge aufklären, die wir bis jetzt verschwiegen hatten. Ratlos sahen wir uns an, denn keine dieser Möglichkeiten gefiel uns wirklich.

19
Die Demütigung

Doch bevor wir uns zu einer effektiven Strategie durchgerungen hatten, ging viel früher als erwartet die Zimmertür auf, und Martina stand plötzlich vor uns. Mit einem einzigen Blick erkannte sie die Sachlage: Saskia und mich auf ihrem Bett, vor uns die geöffnete Kassette. Nie werde ich Martinas entsetzten Ausdruck vergessen. Sie fing an zu zittern, wurde schneeweiß im Gesicht, umklammerte die Stuhllehne wie einen Rettungsanker und brachte keinen Ton heraus. Wir übrigens auch nicht.

Schließlich sagte Saskia: »Wir warten auf eine Erklärung!«

Inzwischen hatte sich Martina eine fadenscheinige Antwort zurechtgelegt. »Als ich im Nachbargarten eine Grube für Rolfs Gebeine ausheben wollte, stieß ich irgendwann auf einen Widerstand, den ich nicht weiter beachtete. Als ihr herbeigekommen seid, habe ich das Loch wieder zugeschüttet, aber aus Neugierde vor ein paar Tagen noch einmal nachgeschaut und diese Kassette entdeckt.«

»Und was hattest du damit vor?«, fragte ich.

»Ich weiß es nicht. Ich habe mal einen Artikel über Blutdiamanten gelesen, die dem Besitzer bloß Unglück gebracht haben. Doch wahrscheinlich geht nur von Edelsteinen eine positive oder negative Schwingung aus – Gold ist dagegen ein reines und edles Metall. Abgesehen davon war ich mir nicht sicher, ob man so ein Fundstück überhaupt behalten darf«, sagte sie kleinlaut.

»Warum hast du nicht mit uns darüber gesprochen?«, fragte Saskia, auch ich hakte nach: »Du hast uns nach Strich und Faden belogen, denn es war alles andere als ein Zufall, dass du den Schatz genau an dieser Stelle gefunden hast.«

Um unseren Worten Nachdruck zu verleihen, hielt ihr Saskia die Skizze mit dem Bäumchen vor die Nase. »Diese Zeichnung lag in meinem Kleiderschrank. Ist sie durch Telekinese ganz ohne menschliches Zutun in dieses Zimmer gewandert und hat sich in deinem Rucksack eingenistet?«

Ich selbst konnte meine Augen nicht von Martinas Jacke abwenden, die einem Mann gehört haben mochte. Der beige Zweireiher stammte offensichtlich noch aus dem vergangenen Jahrtausend. Man braucht eigentlich viel Selbstbewusstsein, um so etwas Hässliches aufzutragen, dachte ich, Henry würde ihren Mut am Ende noch bewundern.

»Wieso glaubt ihr eigentlich, dass ihr ein Recht auf diese Münzen habt?«, fragte Martina trotzig. »Ich habe sie gefunden, also gehören sie jetzt mir.«

»Bisher haben wir alle Fundstücke geteilt«, sagte Saskia.

Aber nun geriet Martina in Wallung. »Wenn hier jemand lügt, dann ihr! Glaubt ihr, mir ist entgangen, dass ihr euch jede Menge teure Kleider und Schuhe angeschafft habt? Ich habe recherchiert, was eure Dirndl gekostet haben, dafür hätte man bestimmt auch einen Kaminofen kaufen können!«

»Wir können schließlich nichts dafür, dass du viele Geschwister hast und deine Eltern knauserig sind. Ich kann aber genauso wenig dafür, dass mein Vater ein erfolgreicher Geschäftsmann ist und gern für meine Kleidung aufkommt.«

Wir starrten uns giftig an. Wenn es etwas gibt, was mich immer wieder auf die Palme bringt, dann ist es Sozialneid. Allerdings muss ich zugeben, dass ich selbst nicht ganz frei davon bin. Es betrifft nicht meine Altersgenossen, deren Eltern reicher sind als meine, sondern jene, die dem sogenannten Bildungsbürgertum angehören und zu Hause eine große Bibliothek besitzen, deren Väter einen akademischen Titel haben und deren Mütter sich für Kunst und Kultur interessieren. In solchen Familien fühle ich mich als Underdog.

Bei uns zu Hause kreisten die Tischgespräche meistens um Bilanzen, geschäftliche Gewinne oder Verluste und fast nie um gesellschaftliche Probleme, alternative Lebensformen oder Politik, ganz zu schweigen von Kinofilmen, Ausstellungen oder Theateraufführungen.

Auch Saskia war längst noch nicht fertig mit der Sünderin. »Gib es zu, du wolltest den Schatz zu Geld machen und damit abhauen. Die Prospekte für Thailand sprechen eine deutliche Sprache!«

Martina konnte nun nicht mehr an sich halten. »Ihr wisst ja gar nicht, wie verwöhnt ihr seid!«, sprudelte es aus ihr heraus. »Von klein auf seid ihr mit euren Eltern in den großen Ferien verreist – nach Italien, Spanien, Frankreich, in die Türkei, nach Skandinavien und so weiter. Und ich? Immer nur zur Oma in den Odenwald oder zu einer evangelischen Freizeit in die Pampa. Schon im Gymnasium gab Trixi mit ihren Sprachreisen nach London und Montpellier an, ein paar aus der Klasse waren sogar schon in den USA gewesen. Könnt ihr euch überhaupt vorstellen, wie es ist, wenn man ständig begeisterte Reiseberichte zu hören bekommt und außer Mannheim, Frankfurt und Stuttgart noch keine größere Stadt gesehen hat?«

»Mir kommen fast die Tränen! Aber entschuldige!«, sagte ich. »Auf der Klassenfahrt nach Rom warst du dabei, das weiß ich genau. Außerdem bist du selbst schuld, wenn du dir in den Semesterferien keinen Job suchst, um dein Taschengeld aufzustocken.«

»Ja, ja, ich weiß es längst«, sagte Martina und bebte vor Erregung. »Ich verdiene den Namen Aschenputtel mehr als irgendjemand, ich bin nur gut für die Drecksarbeit und außerdem eine dumme Gans!«

Saskia und ich wechselten einen vielsagenden Blick, standen auf, schnappten uns die Kassette und verließen Martina.

In der Küche waren wir vorläufig noch allein und konnten beraten, wie wir jetzt vorgehen sollten. Als Erstes legte ich eine Münze mit dem Abbild von Nikolaus II. auf die Waage.

»13 Gramm«, sagte ich. »Allein der Goldwert ist schon beträchtlich.«

»Ich verstehe eigentlich nicht ganz, woher diese Rubel stammen«, meinte Saskia.

Zum Glück erinnerte ich mich an die Kladde, die wir in der Munitionskiste gefunden hatten. Die Seiten mit den geheimnisvollen Eintragungen hatte ich mit Eselsohren versehen, so dass ich sie rasch wiederfinden konnte: *50 Ru + 68 De*, ein andermal *118 = G.*

So schlau wie Martina war ich allemal, denn ich hatte eine fast geniale Eingebung.

»Weißt du was«, sagte ich. »Wahrscheinlich waren es 50 Rubel und 68 deutsche Münzen, die der desertierte Rolf irgendwo gestohlen hatte und als Liebesgabe seiner untreuen Frau Hedwig mitbrachte. Als er tot war und auch Hedwig starb, hielt sich Gerhard Gläser für den rechtmäßigen Erben von insgesamt 118 Talern, von denen er aus Dankbarkeit meiner Tante Emma vielleicht ein paar überlassen hat.«

»In der Kassette waren aber nur 47 Rubel«, überlegte Saskia. »Wahrscheinlich hat der Alte drei davon eingetauscht. Oder Martina hat diese drei bereits zu Bargeld gemacht. Und von den 68 Talern fehlen auch noch einige, 49 steckten in der Milchkanne, 12 haben wir uns aus der Zuckerdose geangelt, ein paar hat er uns ausgehändigt oder für den Reitbären bezahlt. Na gut, wir werden das Geheimnis nie ganz aufdröseln, denn der Alte hat bestimmt hin und wieder eine Münze in Euro verwandelt oder an hilfsbereite Mitmenschen verschenkt, zum Beispiel an den netten Taxifahrer. Aber warum hat er die russischen Münzen fast wie ein totes Kind unter einem frischgepflanzten Baum beerdigt?«

»Vielleicht hat Gerhard Gläser die Rubel deswegen vergraben, weil nach seiner Meinung Blut daran klebte. Oder er hatte Angst, dass er mit einer offensichtlichen Kriegsbeute irgendwann auffiele. Aber das sollte nach vielen Jahrzehnten kein Grund für uns sein, das Gold nicht wieder in Umlauf zu bringen«, überlegte ich.

»Meinst du, es war richtig, Martina die Kassette einfach wegzunehmen?«, fragte Saskia. »Und überhaupt – sollen wir Henry und Oliver die Wahrheit sagen? Aber das bleibt uns auf die Dauer sowieso nicht erspart, denn wir müssen irgendwann erklären, woher wir Geld für eine neue Heizung haben.«

Wir beschlossen, uns Zeit zu lassen, um das weitere Vorgehen genau abzuwägen. Es musste ja nicht schon heute alles auf den Tisch kommen, bei heiklen Fragen war Diplomatie angesagt. Eine Weile überlegten wir noch, wo wir die Kassette verstecken sollten, damit Martina sie nicht finden konnte. Nur ich besaß den Schlüssel für den Dachboden, den ich für einen sicheren Ort hielt.

Zum Abendessen stellten sich Henry und auch Oliver wieder ein. Eigentlich hätte Henry kochen sollen, aber da ein langer Arbeitstag hinter ihm lag, hatten wir getauscht. Saskia hatte mir beim Kartoffelschälen geholfen, denn von meinem berühmten Gratin konnten vor allem die Männer nicht genug bekommen. Die Schalen fielen teilweise auf den

Boden, aber wir ließen sie liegen. Sollte Martina sie doch aufheben! Ich bat meine Freundin darum, die Plastikverpackung des Parmaschinkens diskret zu entsorgen. Henry hatte dafür plädiert, stets eine Tupperdose zum Metzger mitzubringen, um den Ozean nicht mit weiterem Kunststoff zu verseuchen; leider gelang es mir nicht immer, unverpackte Lebensmittel zu finden. Schließlich saßen wir zu viert am Tisch.

»Wie findet ihr meinen neuen Intellektuellenschal?«, fragte Oliver. »Elfenbeinfarben mit lila Streifen und güldenen Fäden! Hat sich ein Groupie vom Hals gerissen und mir umgehängt!«

»Angeber! Dein Groupie heißt wahrscheinlich Kirsten. – Aber wo bleibt eigentlich die Martina?«, fragte Henry. »Sie ist doch sonst immer die Pünktlichste von uns allen!«

Oliver erbot sich nachzuschauen und kam unverrichteter Dinge wieder zurück. »Sie ist nicht in ihrem Zimmer«, sagte er und sah mich fragend an. Henry griff zum Handy, konnte sie aber nicht erreichen.

»Bestimmt wird sie gleich zur Tür hereinspazieren, Olli. Sie hat sich nicht abgemeldet«, sagte ich etwas verunsichert.

»Lasst uns schon mal anfangen«, meinte Henry. »Ich habe einen Bärenhunger, und es riecht verführerisch nach edlem Gruyère.«

Nach einer Viertelstunde war fast alles aufgegessen, und Henry plagte sein schlechtes Gewissen. »Ich schau mal nach, ob Martinas Fahrrad draußen steht; vielleicht wollte sie noch mal nach ihrer Schutzbefohlenen sehen. Es wäre eigentlich nicht fair, wenn wir ihr überhaupt nichts übriglassen.«

Nach ein paar Minuten kam er zurück. »Sie ist anscheinend mit dem Rad unterwegs, obwohl es ein bisschen schneit. Ich habe als Erstes noch mal in ihr Zimmer reingeschaut, ob sie vielleicht inzwischen doch gekommen ist. Fehlanzeige, nur Puttel schläft auf ihrem Bett. Allerdings hat sie einen seltsamen Brief auf ihrem Schreibtisch hinterlassen, der mir Rätsel aufgibt.«

Warum? An wen? Geöffnet oder verschlossen? Wir stellten eine Menge Fragen, die Henry nicht beantworten konnte. Schließlich gingen wir alle vier in Martinas Zimmer, um uns eine Meinung zu bilden. Auf ihrem Schreibtisch lag ein weihnachtlich goldener Umschlag, der kaum zu übersehen war. Wir lasen: *Bitte diesen Brief meiner Mutter übergeben. Martina.*

Keine Briefmarke war aufgeklebt, auch die Anschrift ihrer Eltern war nicht vermerkt. Die Sache wurde uns ein wenig unheimlich. Ratlos sahen wir uns an.

»Ich mache jetzt den Umschlag auf! Egal, ob sich

das gehört oder nicht«, sagte Oliver energisch und wartete trotzdem noch auf unsere Zustimmung. »Wenn wir ihr helfen können, dann müssen wir das unverzüglich tun, denn mir schwant nichts Gutes.«

Saskia versuchte, ihn etwas zu beschwichtigen. »Martina träumt von einer Reise nach Thailand. Vielleicht will sie ihre Eltern schonend von ihren Plänen in Kenntnis setzen, um sich eine mündliche Auseinandersetzung zu ersparen.«

»So wird es sein«, pflichtete ich ihr bei. »Ich finde es nicht in Ordnung, wenn wir diesen Umschlag einfach aufmachen und lesen.«

»Zicklein, du verkennst den Ernst der Lage«, sagte Henry. »Martina will anscheinend, dass wir diesen Brief ihrer Mutter überbringen. Warum tut sie das nicht selbst oder schickt ihn mit der Post? Wenn es um eine Bagatelle ginge, würde sie doch bei ihren Eltern anrufen. Olli, mach den Brief jetzt auf, es geschieht schließlich aus Sorge und nicht aus Neugierde.«

Mit seinem Taschenmesser schlitzte Oliver den Brief auf und las vor:

Liebe Mutter, du sollst nicht weinen, wenn du diese Zeilen liest. Dort, wo ich jetzt bin, geht es mir gut. Hier ist alles Licht und Liebe, es gibt keine Demütigung und Herabsetzung, nur

Gnade, Erlösung und Erleuchtung. Du bist die
Einzige, die mich verstehen wird.
In Liebe, deine Tochter Martina

»Das ist ein Abschiedsbrief«, sagte Henry fassungslos. »Aber warum? Was ist passiert? Haben wir
etwas übersehen?«

»Darüber können wir später diskutieren«, sagte
Oliver. »Jetzt müssen wir sie suchen, vielleicht ist es
noch nicht zu spät. Wie lange mag sie wohl schon
fort sein? Wie weit ist sie gekommen? Und wo
könnte sie hingefahren sein?«

»Bestimmt nicht in den Wald«, sagte ich. »Sie
fürchtet sich in der Dunkelheit und ist mit Sicherheit nur auf beleuchteten Straßen unterwegs.«

»Zum Glück fällt ihr Fahrrad sofort auf, denn
sie hat die Stangen erst kürzlich mit orange-gelben
Klebestreifen umwickelt«, sagte Henry. Man sah
ihm die Anspannung an.

Schließlich verteilte er die Aufgaben. Auf meine
dringende Bitte hin beschlossen wir, vorläufig noch
nicht die Behörden einzuschalten. Falls sich nämlich alles nur als Missverständnis erwiese, würde
uns Martina eine große polizeiliche Aktion bestimmt nicht verzeihen. Henry wollte mit seinem
Fiat Punto nach Süden, Saskia und ich sollten nach
Norden, Oliver mit dem Roller nach Mannheim

fahren. Unterwegs würden wir in ständigem Kontakt bleiben.

»Moment mal«, sagte Oliver auf einmal. »Sie ist schließlich mit dem Fahrrad unterwegs, da können wir uns die Autobahnen schenken. Es bleibt also bei der B 3 oder kleineren Straßen, die sich am besten für den Roller eignen.«

Inzwischen war mir ziemlich mulmig zumute, aber ich versuchte, es zu verbergen.

»Cool down«, sagte Henry und strich mir übers Haar, obwohl er sich bestimmt zehnmal mehr aufregte als ich.

Als wir ins Freie traten, hatte es zum ersten Mal in diesem Jahr ein wenig geschneit, immer noch wirbelten wässrige Flocken durch die Luft. Die Spur eines Fahrrads war bei genauem Hinschauen zwar noch schwach sichtbar, verlor sich aber auf der Straße. Wir stiegen also in unsere Fahrzeuge und starteten.

Nach ein paar Minuten, in denen ich langsam auf die Bundesstraße zusteuerte, während sich Saskia aufmerksam auf die Randstreifen konzentrierte, fing sie an zu spekulieren: »Leider habe ich das dumme Gefühl, dass Martina eine perfekte Inszenierung gelungen ist. Sie wusste schließlich, dass wir sie spätestens beim gemeinsamen Essen vermissen würden. Und der Brief war geschickt plaziert, sie konnte also damit rechnen, dass wir ihn demnächst finden würden. Andererseits traue ich ihr so viel Raffinesse gar nicht zu. Und was hätte sie überhaupt davon?«

»Zu einer Inszenierung gehört immer ein Theaterstück, in diesem Fall ein Drama. Martina war ganz schön hysterisch, als wir sie ertappt haben. Und wer fällt auf unglückliche Weiber am ehesten herein? Mitleidige Männer, so wie unsere braven Jungs. Aber wir beide werden ihr nicht auf den Leim gehen!«

»Vielleicht war ihre kindische Reaktion aber auch ein Hilfeschrei«, überlegte Saskia. »Ich habe mal gelesen, dass man bei Suizid drei grobe Unterscheidungen macht: Demonstration, Kurzschluss und Bilanz.«

»Bilanz war es bestimmt nicht«, sagte ich. »Viel eher ist es eine falsche Fährte, die sie wohlüberlegt für uns gelegt hat. Um es mal wieder mit Goethe zu sagen: *Die Botschaft hör' ich wohl, allein mir fehlt der Glaube.* In Wirklichkeit sitzt sie vielleicht bei ihrer Schwester und heult sich aus.«

»Fast alle Frauen in meiner Familie leiden unter dem prämenstruellen Syndrom. Wenn wir bei einem Anfall hormoneller Verzweiflung flennen mussten, pflegte mein Opa zu sagen: *Gar net erscht ignoriere!* Das wird in Martinas Fall ebenfalls die beste Lösung sein«, sagte Saskia.

Als wir nach etwa zehn Minuten die nächste Ortschaft erreicht hatten, meldete sich Oliver. Saskia ließ mich mithören.

»Regt euch bitte nicht auf«, sagte er in höchst aufgeregtem Ton. »Vielleicht ist ja alles halb so schlimm. Aber ich habe Martinas Fahrrad gefunden.«

Wo? Wollte Saskia wissen. Anscheinend ganz in der Nähe auf einer kleinen Brücke über der Eisenbahnlinie. Von Martina könne er aber in der Dunkelheit keine Spur entdecken. Ich konnte nichts dazu sagen, vor Schreck schlug mir das Herz bis zum Hals.

»Ich habe Henry schon angerufen«, sagte Oliver. »Er fährt jetzt zurück in seine Werkstatt und bringt den Bolzenschneider mit, damit wir einen Drahtzaun knacken können. Außerdem zwei Taschenlampen. Ihr dürft aber nicht mit dem Wagen heranfahren, die Brücke ist nur für Fußgänger und Radfahrer zugelassen. Henry will es trotzdem tun, Verkehrsschilder sind ihm im Augenblick scheißegal.«

Er erklärte uns kurz, wo wir hinfahren und aussteigen sollten, und legte auf.

20

Unter der Brücke

»Sieh doch mal im Handschuhfach nach«, sagte ich. »Meine Mutter hat dort immer eine uralte Taschenlampe aufbewahrt.«

Saskia kramte und wurde fündig. »Ein Lob auf die Mütter!«, sagte sie. In diesem Augenblick donnerte parallel zur B 3 ein Güterzug durch die Nacht. Vor Schreck wäre ich fast in meinen Vordermann hineingebrettert, denn es war mit Sicherheit die Bahnstrecke, die unter der bewussten Fußgängerbrücke entlangführte.

Wenig überzeugend versuchte Saskia, die Situation zu entschärfen: »Hier rast ein Güterzug nach dem anderen vorbei. Wenn Martina sich tatsächlich auf die Schienen gelegt hätte, wären längst Feuerwehr, Rettungswagen und Polizei im Einsatz, und wir würden schon von weitem das Martinshorn hören. In diesem Fall hätte Oliver uns doch gar nicht erst zu Hilfe gerufen.«

Ich schluckte und konnte nichts mehr sagen. Bis zu unserem Ziel war es nicht mehr weit, ich durfte jetzt auf keinen Fall durch Unkonzentriertheit einen Auffahrunfall verursachen.

Schließlich deutete Saskia nach links und sagte: »Dort solltest du abbiegen, in der Nähe müsste die Stelle sein, die Olli beschrieben hat. Vielleicht kannst du hier schon parken, dann gehen wir das kurze Stück zu Fuß.«

Oliver stand mitten auf der kleinen Brücke, sah uns kommen und winkte heftig, Henry war noch nicht eingetroffen. Martinas Fahrrad mit dem auffällig beklebten Gestänge lehnte an einer gemauerten Brüstung. Mit einem Blick konnten wir erkennen, dass es unmöglich war, sich direkt von der Brücke auf die Gleise zu stürzen, weil über der Mauer eine beidseitige Scheibe aus Panzerglas jedes waghalsige Herumklettern verhinderte. Ein gelbes Schild mit einem zackigen Blitz und der Inschrift: *Hochspannung! Lebensgefahr!* war überdies zur Warnung angebracht. Hier würde sich selbst ein durchgeknallter Teenager auf keine irrsinnigen Mutproben einlassen. Ich nahm Saskia die schwächelnde Taschenlampe aus der Hand und leuchtete über den leicht ansteigenden Brückenzugang. Dort begrenzte ein Gitterzaun die seitliche Böschung.

Plötzlich entdeckte ich ein Stückchen Stoff, das sich an einer Drahtspitze verfangen hatte. Es war denkbar, dass die sportliche Martina über diesen Zaun geklettert war, denn die beige Farbe des Fetzens konnte durchaus zu einem gewissen Zweireiher passen.

Erleichtert sah ich endlich die näher kommenden Lichter eines Autos, denn ich hoffte inbrünstig, dass mein guter Hirte unseren bedrohten Mikrokosmos wieder in Ordnung brächte. Henry fuhr den Wagen mit Karacho mitten auf die Brücke, stellte den Motor ab, ließ aber die Scheinwerfer brennen und stieg aus. Er übergab Oliver eine kleine Taschenlampe, er selbst leuchtete mit einer stärkeren Stablampe auf beiden Seiten in die Tiefe. »Auf den Schienen sehe ich nichts«, sagte er, schon eine Spur entspannter. »Aber neben dem rechten Pfeiler scheint außer den leeren Coladosen noch etwas anderes zu liegen …«

»Vielleicht eine Mülltüte, die jemand entsorgt hat«, meinte Oliver. Im Lichtkegel des grellen Strahls konnte auch ich einen violetten Gegenstand auf dem Schotterbett erkennen. Es handelte sich mit großer Wahrscheinlichkeit um Martinas Wollmütze. Erst bei diesem Anblick meldete sich mein schlechtes Gewissen mit so großer Gewalt, dass mir die Tränen aus den Augen schossen.

Henry und Oliver rutschten unverzüglich den steilen, schmutzigen Abhang vor der Brücke hinunter, wo sie unten allerdings vor einem weiteren Drahtzaun landeten. Um nicht drüberklettern zu müssen, betätigten sie jetzt den Bolzenschneider. Saskia nahm mich in den Arm. »Du wirst sehen, die Mütze ist auch nur ein Teil der Inszenierung«, sagte sie und glaubte wohl selbst nicht mehr daran.

Kaum eine Minute später brüllte Oliver nach oben: »Wir haben sie gefunden, ruft bitte sofort einen Notarzt!«

Doch fast wie ein Echo vernahmen wir eine klägliche Stimme: »Nein, bitte nicht! Keinen Krankenwagen!«

Ja was denn nun, dachte ich, während Saskia schon das Handy zückte.

Henry rief jetzt in voller Lautstärke: »Wartet noch mit dem Anruf!«

Wir spähten angespannt nach unten, aber da sich unsere Freunde direkt unter der Brücke befanden, konnten wir sie nicht sehen und ihre leisen Auseinandersetzungen nicht verstehen. Endlich gab es Bewegung, sie rückten jetzt in unser Blickfeld. Anscheinend wurde Martina von Oliver vorsichtig angehoben und Henry auf den Rücken gepackt. Ein Schmerzensschrei gellte uns in den Ohren, der mir aber in diesem Augenblick wie Glockengeläut erschien. So schlecht konnte es ihr nicht gehen, sie war bei Bewusstsein, konnte protestieren und lamentieren.

Oliver schob Henry mitsamt seiner Last mit beiden Händen den glitschigen Abhang hinauf, im wässrigen Schneematsch blieb eine schmutzige Spur zurück. Ein paarmal wackelte das Dreigespann bedrohlich, aber schließlich kamen sie völlig verdreckt oben an. Ich riss die Wagentür des Fiats auf, und Henry ließ Martina behutsam auf den Beifahrersitz gleiten. Dort blieb sie leise stöhnend, aber regungslos sitzen; sie trug gar nicht ihren beigen Zweireiher, sondern eine ebenso hässliche Lodenjacke. Mit klopfendem Herzen starrten Saskia und ich die beiden Männer an und warteten auf eine Erklärung.

Henry schloss die Wagentür und flüsterte: »Ich nehme an, sie hat sich nur das Bein gebrochen. Auf jeden Fall muss es geröntgt werden, deswegen fahre ich sie jetzt zur Notaufnahme ins Krankenhaus. Ich musste ihr aber versprechen, dass bloß von einem Fahrradsturz die Rede ist.«

»Sie glaubt nämlich«, ergänzte Oliver leise, »dass man bei einem Suizidversuch von einer psychischen Erkrankung ausgeht und die Patienten gleich nach der Erstversorgung in die Psychiatrie einweist. Henry will ihr das nicht antun. Deswegen soll der Arzt gar nicht erst erfahren, dass wir sie neben den Bahngleisen gefunden haben.«

Es dauerte nicht lange, dann verließen wir alle den Ort des Schreckens: Henry brachte die Verletzte in die Klinik, Oliver fuhr auf dem Roller, ich mit meinem vw und Saskia auf Martinas Fahrrad nach Hause. Um uns etwas abzulenken, erledigten wir den Abwasch vom Abendessen gemeinsam. Anschließend konnten wir aber nichts Sinnvolles mehr tun, denn wir waren mit den Nerven völlig am Ende. Also gossen wir uns reichlich Rum in den Tee, während wir angespannt auf Henrys Anruf lauerten und dabei unentwegt Spekulationen anstellten.

»Habt ihr eine Ahnung, warum sie das getan hat?«, fragte Oliver. »Wir waren doch immer nett zu ihr und vor allem dankbar, dass sie sich vor keiner Arbeit gedrückt hat. Haben wir sie nicht genug gelobt? Aber deswegen will man sich doch nicht gleich umbringen?«

»Vielleicht Liebeskummer«, schlug ich halbherzig vor.

Oliver erschrak. »Meinetwegen?«, fragte er. »Ich habe ihr niemals Hoffnungen gemacht, das könnt ihr sicherlich alle bezeugen. Es muss jemand sein, den wir gar nicht kennen …«

»So wird es sicherlich sein«, stimmte ihm Saskia zu. »Du musst dir keine Vorwürfe machen, Olli.«

»Wo habt ihr sie überhaupt gefunden?«, fragte ich. »Von oben konnte man sie doch gar nicht sehen. Und auf den Schienen lag sie ja offensichtlich nicht, sonst wäre sie jetzt nicht mehr am Leben.«

»Wir hätten den Zaun gar nicht aufschneiden müssen«, sagte Oliver. »Martina lag ein paar Meter weiter noch vor der Absperrung, wahrscheinlich ist sie bei einem Kletterversuch gestürzt und hat sich verletzt, so dass sie nicht mehr aufstehen konnte. Immerhin konnte sie noch bis unter die Brücke kriechen, um wenigstens nicht nass zu werden. Deswegen konnten wir sie von unserem oberen Standort aus auch nicht entdecken. – Mein Gott, wenn wir nicht gekommen wären ...«

»Wie lange mag sie dort gelegen haben?«, fragte Saskia. »Bei diesem Wetter holt man sich doch im Nu eine Lungenentzündung. Hat sie denn gar nichts über den Grund ihrer Verzweiflungstat angedeutet?«

»Nein«, sagte Oliver. »Aber das kriegen wir sicher noch raus! Und falls sie von einem Schuft geschwängert wurde, dann wird er von mir persönlich gesteinigt!«

»Wir sind doch nicht im Mittelalter! Gretchen hatte ihr neugeborenes Kind getötet und sollte dafür hingerichtet werden, aber Martina ist doch eine Frau von heute«, sagte ich kopfschüttelnd.

Anscheinend wollte Oliver keine Details über Gretchens trauriges Schicksal wissen, sondern stand auf und ging zum dritten Mal aufs Klo.

»Männer haben alle eine schwache Blase!«, behauptete Saskia. »Inzwischen ist Olli allerdings von unserer guten Friesenmischung zum Bier übergegangen. Übrigens würde ich zu gern wissen, was Martina deinem treuen Hirten jetzt alles erzählt.«

»Mir geht es genauso. Einerseits möchte ich natürlich, dass Martina keinen schwerwiegenden Schaden genommen hat, andererseits habe ich die Befürchtung, dass sie uns anschwärzen wird. *Zwei Seelen wohnen, ach! in meiner Brust!* Am liebsten wäre es mir, sie hätte sich keinen Knochenbruch zugezogen, sondern eine Gehirnerschütterung mit einer riesengroßen Gedächtnislücke.«

»Retrograde Amnesie nennt man es, wenn die Erinnerung für eine gewisse Zeitspanne vor und nach dem Unfall ausfällt«, wusste Saskia. »Hatte ich nämlich selbst mal, als ich auf dem Schulweg mit dem Fahrrad stürzte und erst im Krankenhaus wieder zu mir kam. Vielleicht hat mein Dachschaden dazu beigetragen, dass ich jetzt noch gelegentlich ein wenig spinne.«

Kurz darauf rief Henry an und informierte uns mit knappen Worten, dass er jetzt zurückkäme und berichten werde. Als er schließlich eintraf, war er übermüdet und wortkarg. Wir mussten ihm die Würmer aus der Nase ziehen.

»Die Ärzte wollen sie zur Überwachung vorläufig noch im Krankenhaus behalten«, sagte er endlich. »Aber es scheint sich um keine lebensbedrohliche Verletzung zu handeln. Martina bekam sofort ein Schmerzmittel, dann ging es zum Röntgen. Es ist wohl ein Wadenbeinbruch, das bedeutet mehrere Wochen Gips und Ruhigstellung. Wahrscheinlich wird sie schon bald wieder entlassen, sollte aber hier bei uns ein bisschen gepampert werden.«

»Wie hat sie denn ihre Tat begründet?«, fragte Oliver.

»Gar nicht«, sagte Henry. »Ich fand es auch nicht richtig, sie jetzt mit Fragen zu quälen. Martina wird uns schon ihr Herz ausschütten, wenn es ihr wieder bessergeht.«

»Hoffentlich hat sie sich nicht unglücklich in mich verliebt«, jammerte Oliver. »Manchmal hat sie mich so hemmungslos angeschmachtet, dass es mir fast unangenehm wurde.«

»Du wirst ja allmählich zum Pharisäer«, meinte Henry missbilligend. »Wer, wenn nicht du, hat es immer darauf angelegt, den Mädels den Kopf zu verdrehen?«

Saskia und ich wechselten einen kurzen Blick. War jetzt vielleicht der richtige Moment, den beiden Männern die Sache mit der Kassette zu beichten? Ich gab mir einen Ruck, als Henry plötzlich aufstand.

»Es bringt jetzt nichts, wenn wir noch stunden- lang herumrätseln. Ich bin todmüde, es war ein anstrengender Tag für mich, und der Montag wird bestimmt auch nicht besser, wir schreiben nämlich eine Klausur in Altenglisch. Ihr könnt ja schon mal überlegen, wer morgen ins Krankenhaus fährt und Martina vielleicht schon wieder mit nach Hause nehmen darf.«

Er stand auf, gähnte demonstrativ und verließ uns. Oliver, den offensichtlich Gewissensbisse plagten, versprach, am nächsten Vormittag nach der Patientin zu sehen. Kurz darauf trennten wir uns, und jeder ging ins eigene Zimmer.

Als ich neben dem schnarchenden Henry lag, konnte ich natürlich nicht sofort einschlafen. Alles war schiefgelaufen, Saskia und ich hatten einen gro- ßen Fehler begangen. Schuldig, schuldig, schuldig, klagte ich mich an. Wenn Martina jetzt tot wäre, würden wir uns unsere schroffe Vorgehensweise nie im Leben verzeihen. Außerdem hatte ich meinen Liebsten zwar nicht direkt belogen, ihm aber über längere Zeit und bis heute die Wahrheit verschwie- gen. Nach stundenlangem Herumwälzen und ein paar Tränen stand ich wieder auf. In der Küche war es zu dieser nächtlichen Zeit kalt und ungemütlich. Ich trank ein Glas Wasser und beschloss, leise bei Saskia anzuklopfen. Fast war ich mir sicher, dass es ihr nicht anders ging als mir, dass sie ebenfalls nicht schlafen konnte und von Schuldgefühlen gemartert wurde.

Ganz leise schlich ich mich über den Flur und spähte durch das Schlüsselloch. Innen sah ich Licht. Wie gut, dass sie auch noch wach ist, dachte ich, geteiltes Leid ist bekanntlich halbes Leid. Ohne wie üblich anzuklopfen, öffnete ich lautlos die Zimmertür und blieb sekundenlang wie angewurzelt auf der Schwelle stehen. Saskia war keineswegs allein, und ihre Position ließ nicht gerade auf Weltschmerz schließen. Eingerahmt von den einfältigen Bildern der betenden Kinder waren Oliver und meine beste Freundin so beschäftigt, dass sie mich gar nicht wahrnahmen und ich mich diskret zurückziehen konnte.

Als ich wieder neben Henry lag, musste ich zum zweiten Mal weinen. War ich etwa doch kurz eingeschlafen und hatte die peinliche Szene nur geträumt? Oder lief da schon lange etwas, ohne dass ich es mitgekriegt hatte? War Saskia nicht viel zu schade für diesen Casanova, der seine Groupies wie am Fließband vernaschte? Und ausgerechnet in dieser Nacht, wo wir doch alle von Sorgen gebeutelt wurden, musste ich meine Freunde beim Sex erwischen! Vergeblich sagte ich mir, dass es ihre Privatsache war und mich nichts anging, dass ich ihnen ein bisschen Ablenkung gönnen sollte. Ich war einfach nur wütend und wahrscheinlich auch frustriert, denn mein guter Hirte schlief wie ein Toter. Sozial- wie auch Sexualneid waren mir anscheinend beide nicht ganz fremd.

Irgendwie war ich nie ganz schlau aus Saskia geworden. Zweifellos war sie eine Hübsche mit ihren schwarzen zotteligen Locken, der zierlichen Figur, den dunklen Augen und dem strahlenden Lächeln, das sie überaus erfolgreich einsetzen konnte. Es war im Grunde verwunderlich, dass sie jetzt schon längere Zeit ohne Partner auskam. Hatte sie sich heute aus reiner Verzweiflung über ihre unfreiwillige Askese auf einen One-Night-Stand eingelassen? Und wollte der angetrunkene Oliver die günstige Gelegenheit ausnutzen?

Falls die beiden sich aber verliebt hatten und sogar ein Paar wurden, dann war es für Martina besonders schmerzlich, dass sie als Einzige noch keinen Freund gefunden hatte. Ich war mir eigentlich sicher, dass sie sich nicht aus Liebeskummer auf die Gleise legen wollte, sondern weil Saskia und ich sie ohne böse Absicht gedemütigt hatten. Doch vielleicht irrte ich mich ja, schließlich hatte Oliver den Verdacht geäußert, Martina habe aus unglücklicher Liebe zu ihm nicht mehr leben wollen. Das wäre allerdings eine ungeheure Entlastung für mich.

Am anderen Morgen wurde ich von Henry geweckt.

»Zicklein, soll ich etwa ganz allein frühstücken?«, fragte er. Ich zog mir den Bademantel über und folgte ihm in die Küche, wo er bereits den Tisch gedeckt und Wasser aufgesetzt hatte. Von Saskia und Oliver gab es noch kein Lebenszeichen, und ich wusste nicht recht, ob ich Henry über die pikanten Neuigkeiten informieren sollte. Während mir der Appetit gründlich vergangen war, hatte mein Freund anscheinend einen Bärenhunger.

Ich konnte mir eine anzügliche Bemerkung über seine beginnende Wampe nicht verkneifen. Henry grinste bloß, durch seine jahrelange Erfahrung als Taxifahrer beherrschte er den hiesigen Dialekt nahezu perfekt.

»Liewer en Bauch vum Esse wie en Buckel vum Schaffe«, sagte er und fragte: »Wann müsst ihr los?«

»Erst um halb elf«, sagte ich. »Am liebsten würde ich allerdings hierbleiben, ich habe viel zu wenig geschlafen. Olli nimmt sich frei und fährt nachher ins Krankenhaus.«

Henry gab mir einen eiligen Kuss und verschwand. Ich nutzte die Gelegenheit, das Badezimmer nicht mit dem ständigen Blick auf die Uhr in Beschlag zu nehmen. Als es schließlich zehn wurde und weder Oliver noch Saskia aufkreuzte, beschloss ich, einfach allein nach Heidelberg zu fahren. Sollte Saskia sehen, wie sie in die Uni kam! Doch im letzten Moment tauchte sie bleich und völlig erschossen auf, winkte mir nur fahrig zu und verschwand schleunigst im Bad. Ohne gefrühstückt zu haben, ließ sie sich noch in letzter Minute auf den Beifahrersitz plumpsen.

»Na, bist du heute mit dem linken Bein aufgestanden?«, spottete ich – nur um sie überhaupt mal zum Reden zu bringen. Würde sie mir von ihrem nächtlichen Abenteuer erzählen?

»Wieso fragst du?«, sagte sie misstrauisch und schien sekundenlang nachzudenken. »Bevor wir am Ziel sind, sollten wir dringend besprechen, wie wir demnächst mit Martina umgehen; vielleicht ist sie heute Nachmittag ja schon wieder hier.«

Das glaubte ich zwar nicht, aber ich sah ein, dass wir uns auf eine gemeinsame Strategie einigen mussten. Einfühlsam und mitleidig oder streng und vorwurfsvoll, weil sie uns so viel überflüssige Aufregung bereitet hatte? Und war es vielleicht gar keine schlechte Idee, die Kassette kommentarlos neben ihr Bett zu stellen? Oder sollten wir lieber jeglichen Kontakt vermeiden und sie erst einmal im eigenen Saft schmoren lassen? Wir wussten es beide nicht. Auf der Heimfahrt ging die Diskussion sofort weiter.

»Und wer ist heute mit dem Kochen dran?«,

fragte Saskia, wohl um das leidige Thema zu beenden.

»Gestern habe ich Henry vertreten, weil er Taxidienst hatte – deswegen ist unser System etwas aus dem Takt geraten. Eigentlich wäre jetzt Martina an der Reihe, aber die ist wohl für längere Zeit außer Gefecht. Vielleicht sollten wir für ein paar dringend nötige Vorräte sorgen, weil Henry bestimmt an Bier und Nutella, aber nicht an Klopapier, Waschpulver, Joghurt und frische Eier denkt.«

Also nahmen wir uns viel Zeit im Supermarkt, denn für den Rest des Tages schwante uns nichts Gutes.

21

Henrys Zorn

Als wir am Montag endlich nach Hause kamen, stand Olivers Vespa vor der Haustür. Ach, du meine Güte, dachte ich, was sind wir blöd! Falls Martina heute entlassen würde, müsste man sie natürlich mit einem Auto und nicht mit dem Roller abholen. Auf jeden Fall war ich sehr erleichtert, dass sie noch gar nicht hier sein konnte. Doch wenige Minuten später musste ich mich schon gehörig ärgern. Im Bad fehlten meine Zahnbürste, mein Kamm, mein Make-up, meine Hautcreme und so weiter. Zornentbrannt trommelte ich an Olivers Tür, auf den ich seit der letzten Nacht sowieso stinksauer war. In aller Unschuld behauptete er, meine äußerst privaten Utensilien versehentlich für Martinas Besitz gehalten zu haben. Aber er hätte bestimmt das richtige Nachthemd erwischt, da könne es keine Verwechslung geben.

»Hat sie denn nicht sofort gemerkt, dass es nicht ihre Sachen sind?«, fragte ich. »Und wann wird sie entlassen? Lohnt es sich noch, meine Kosmetika heute wieder auszutauschen?«

»Morgen können wir sie wahrscheinlich abholen. Gesundheitlich geht es ihr wohl ganz gut, das Bein ist zwar eingegipst, sie hat auch eine Schürfwunde im Gesicht und vielleicht eine minimale Gehirnerschütterung, aber psychisch macht sie keinen guten Eindruck. Martina hat nur geheult und ein Tempotuch nach dem anderen vollgerotzt. Ich habe gar nicht gewagt, sie in den Arm zu nehmen, weil sie sich dann bestimmt wieder vergebliche Hoffnungen macht. – Und wer muss heute eigentlich kochen?«

»Zur Strafe du!«, sagte ich.

»Vielleicht wird das auch für euch eine Strafe«, sagte er mürrisch. »Was haben wir denn noch für Vorräte im Haus?«

Doch ich hatte Henry unterschätzt. Kurz darauf kam auch er nach Hause, hatte eingekauft und begann unverzüglich mit den Essensvorbereitungen. Natürlich war nun wieder nicht der richtige Moment, ihn mit einer Beichte zu erzürnen. Stattdessen fing ich sofort damit an, ihm hilfsbereit zur Hand zu gehen und schon mal den Salat zu waschen. Oliver sah uns untätig dabei zu, Saskia ließ auch nicht lange auf sich warten, rückte neben ihren heimlichen Lover auf die Sitzbank und feilte sich die Nägel.

»Ach ja«, erzählte Henry, »das wird euch sicherlich interessieren: Beim Bäcker habe ich vorhin erfahren, dass Gerhard Gläser neulich beerdigt wurde. Also hat die Obduktion wohl nichts Besonderes ergeben. Wer die Bestattungskosten übernommen hat und wer das Haus erben wird, wusste die Verkäuferin allerdings nicht. Hätten wir den Termin erfahren, hätten wir ihm doch auf jeden Fall die letzte Ehre erwiesen und ein paar Blumen auf das Urnengrab gelegt. Aber das können wir ja noch nachholen.«

Schließlich aßen wir Schnitzel, aufgetaute Erbsen, Instant-Kartoffelbrei aus der Tüte und Feldsalat. Ich hegte immer noch einen Groll auf Oliver und maulte: »Heute muss ich mir wohl mit der Nagelbürste die Zähne putzen, weil unser Troubadour alle meine Waschsachen ins Krankenhaus verschleppt hat. Nun wird sich Martina mit meiner edlen Nachtcreme von Kopf bis Fuß einschmieren, und ich muss mit Nivea vorliebnehmen.«

»Zicklein, sei nicht so zickig«, sagte Henry. »Schon meine deutsche Oma ist mit Nivea groß und schön und alt geworden. Aber um des lieben Friedens willen fahre ich nach dem Essen in die Klinik und rette deine Zahnbürste. Schließlich ist mir sehr daran gelegen, dass du keinen Mundgeruch hast. Außerdem will ich wissen, wann wir Martina morgen abholen können.«

»Kann ich doch auch machen«, schlug Oliver etwas lustlos vor. Aber Henry verdonnerte ihn zum Abwasch, schluckte den letzten Bissen hinunter und wollte sich davonmachen. Saskia lief ihm hinterher.

»Halt, warte«, rief sie. »Nicht, dass du jetzt meine Waschsachen ins Krankenhaus bringst!«

Kaum war Saskia wieder in der Küche, als sie Oliver beim Abtrocknen half, was sonst nicht unbedingt ihre Art war. Ich beobachtete die beiden sehr genau, aber sie ließen sich nichts anmerken, so dass ich bald darauf ins Schlafzimmer ging. Eigentlich musste ich mich auf das morgige Seminar vorbereiten, aber je später es wurde, desto heftiger regte ich mich auf. Wo um alles in der Welt blieb Henry? Durften sich die Besucher überhaupt noch nach neun Uhr im Krankenhaus aufhalten? Die Patienten bekamen doch meistens um fünf ihr Abendbrot, um acht eine Schlaftablette, und dann war Zapfenstreich. Ich hatte ein sehr ungutes Gefühl und sollte recht behalten.

Als mein sonst so sanfter Henry kurz darauf unser Zimmer betrat, sah ich ihm sofort an, dass er mir böse war. Er pfefferte meine Kosmetika aufs Bett und herrschte mich an: »Was habt ihr mit der Kassette gemacht?«

Jetzt mussten Tränen fließen. Unter Schluchzen versuchte ich, die verfahrene Situation zu retten. Aber mein guter Hirte hatte anscheinend die Fronten gewechselt, ließ meine Entschuldigungen nicht gelten, unterbrach mich dauernd und schüttelte bei meinen Ausführungen nur ärgerlich den Kopf und bezeichnete mich als rücksichtslose Egoistin. Überdies schien es ihn besonders zu treffen, dass Saskia bei allen Aktionen meine Verbündete gewesen war und ich anscheinend mehr Vertrauen zu ihr hatte als zu ihm.

Als er sich ein wenig beruhigt hatte, wurde er sachlicher. »Rein juristisch gesehen gehören die goldenen Rubel wahrscheinlich Gerhard Gläsers Erben, er hatte seinen Schatz ja schließlich im eigenen Garten vergraben. Weder du noch Saskia habt ein Anrecht darauf, selbst Martina kann höchstens mit einem Finderlohn rechnen. Bei den Münzen, die im Besitz deiner Tante Emma waren, lässt es sich noch vertreten, dass wir sie zur Sanierung des Gebäudes verwendet haben – aber ganz koscher war das auch nicht. Eigentlich gehört dieses Haus mitsamt allem Inventar immer noch deiner Mutter und nicht dir! Martina glaubt, dass du im Nachbarhaus aus purer Geldgier regelrecht gewildert hast, so etwas hätte ich dir niemals zugetraut!«

Mit diesen Worten knallte er die Tür zu und ging

in die Küche. Ich war mir sicher, dass er sich jetzt zornig über die letzten Alkoholvorräte hermachte. Als ich mich von Saskia trösten lassen wollte, war sie nicht in ihrem Zimmer, und bei Oliver mochte ich sie ungern aufsuchen. Also legte ich mich todunglücklich ins Bett, wartete vergeblich auf Henry und schlief irgendwann ein. Kurz bevor mein Wecker schrillte, wurde ich durch einen grauenhaften Schnarcher wach. Irgendwann musste sich der stinkige Hirte doch noch neben mich gelegt haben. Ich riss die Fenster auf, denn es roch penetrant nach seiner Fahne.

Beim Frühstück an diesem Dienstag war ich mit Saskia allein und konnte ihr endlich die unerfreulichen Nachrichten überbringen. Mürrisch hörte sie sich meine Klagen an und räumte dabei leere Bierflaschen weg.

»Wenn Henry seinen Rausch ausgeschlafen hat, wird er sich mit Olli zusammensetzen und versuchen, ihn auf seine Seite zu ziehen«, vermutete sie. »Am besten sind wir dann schon über alle Berge. Sollen die beiden doch über uns herziehen und sich anschließend um Martinas Heimtransport kümmern. Übrigens muss sie bei ihrem dubiosen Selbstmordversuch ihr Handy mitgenommen haben, ich habe in ihrem Zimmer nachgeschaut, ob es irgendwo dort herumliegt. Also wollte sie sich auf jeden Fall ein Hintertürchen für ihre Rettung offenlassen, was meinst du?«

»Ach was, wir stecken doch alle aus purer Gewohnheit unsere Handys ein, das hat nichts zu bedeuten. Aber was machen wir mit den Rubeln?«, fragte ich.

»Gib sie auf keinen Fall deinem Henry in Verwahrung! Wahrscheinlich wird er nämlich vom Mitleid so überwältigt, dass er Martina doch ein paar Münzen als Trostpflaster überlässt. Er hat zwar stets hohe moralische Ansprüche, aber ich traue solchen Gutmenschen nie über den Weg«, meinte Saskia.

Über dieses Wort ärgerte ich mich. Die Bezeichnung *Gutmensch* im ironischen oder gar negativen Sinn traf auf Henry nicht zu, er war einfach nur ein guter Mensch! Es war ein unverzeihlicher Fehler, dass ich Saskia immer eingeweiht hatte und nicht ihn. Mir platzte schier der Kragen, weil sie neuerdings Geheimnisse vor mir hatte. Als wir schließlich im Wagen saßen und losfuhren, sagte ich lange Zeit kein Wort, was eigentlich selten vorkam. Auch Saskia brütete vor sich hin. Plötzlich hielt ich es aber nicht mehr aus.

»Seit wann schläfst du mit Olli?«, fragte ich so abrupt, dass Saskia vor Schreck zusammenfuhr.

»Das war eine Verzweiflungstat, eine einmalige

Entgleisung!«, stammelte sie. »Woher weißt du das überhaupt? Ach, ich kann es mir schon denken – von Henry! Wie Männer so sind, hat Olli sich wahrscheinlich mit seiner Heldentat gebrüstet.«

Ich ließ sie vorerst in diesem Glauben. »Und – gibt es eine Fortsetzung?«, fragte ich, weil mich das am meisten interessierte.

Saskia schüttelte den Kopf. »Wohl kaum«, meinte sie und verfiel wieder in düsteres Schweigen.

Am späten Nachmittag blieb uns nach den Vorlesungen nichts weiter übrig, als uns irgendwann wieder auf den Heimweg zu machen. Die Fahrzeuge von Henry und Oliver sowie die Räder von Fridolin und Martina waren nicht zu übersehen; bereits im Windfang roch es appetitlich nach Suppe. Wir schlichen uns leise herein; in der Küche befand sich keine Menschenseele, doch auf dem Herd dampfte heiße Hühnerbrühe. Sollten wir uns bedienen? Das schlechte Gewissen verdarb uns leider den Genuss, ich kippte den Inhalt meiner Tasse sogar wieder in den Kochtopf zurück. Wir sahen uns fragend an, dann mussten wir wohl oder übel auf die Suche gehen.

Martinas Zimmerchen war fast zu klein für so viele Besucher. Alle unsere Jungs waren um ihr Bett versammelt, an dem zwei Krücken mit blauen

Griffen lehnten. Wie eine Königin thronte die Verletzte auf ihrem Lager, eingehüllt in Henrys Bademantel, das eingegipste Bein dramatisch auf ein Kissen gelagert. In einer Ecke hockte Fridolin auf dem Boden und kraulte die Katze. Henry saß auf der Bettkante und hielt Martinas Hand. Oliver hatte den Schreibtischstuhl in Beschlag genommen und rührte in einer Suppentasse herum. Alle vier glotzten uns an, als seien gerade zwei Teufelinnen der Hölle entwichen, selbst Puttel sprang auf und huschte zur Tür hinaus.

»Ihr seid hier nicht erwünscht«, sagte Henry betont unfreundlich. Wir ließen es uns nicht zweimal sagen und verschwanden unverzüglich, aber ratlos.

»Wenn alles nur daran liegt, dass ich ihr die Kassette weggenommen habe«, jammerte ich, »dann spinnt sie wirklich! Ich hole die Rubel jetzt vom Dachboden und lasse die goldenen Münzen auf ihr Gipsbein prasseln. Aus Aschenputtel wird Goldmarie, vielleicht sind dann alle wieder zufrieden.«

»Nein«, meinte Saskia. »So einfach wird es nicht sein. Henry ist der Meinung, dass wir sowieso kein Anrecht auf diesen Schatz haben, weil er ja gar nicht auf unserem Grundstück gefunden wurde. Weißt du was, wo wir doch sowieso hier nicht willkommen sind, könnten wir ja auch ins Kino gehen und hinterher beim Inder essen.«

Alles schien sich gegen uns verschworen zu haben. Frustriert mussten wir nämlich feststellen, dass das Kino wegen Umbaus geschlossen hatte. Wir zogen also weiter zum Muddy's Club, wo wir uns für Karten einer *Oldtime Jazz Band* anstellten. Dabei mussten wir leider feststellen, dass wir anscheinend die Jüngsten waren, die sich für solche Musik interessierten. Gerade wollten wir aus der Schlange wieder ausscheren, als plötzlich mein Vater auftauchte und mir anerkennend auf die Schulter klopfte.

»Das finde ich ja toll, dass meine kleine Trixi endlich auf den richtigen Geschmack gekommen ist!« Er holte einen Hundert- Euro-Schein aus der Brieftasche und meinte, wir sollten uns eingeladen fühlen und für ihn und seinen Kumpel ebenfalls Karten kaufen.

»Die Mama will lieber zu Hause auf dem Sofa fernsehen«, sagte er bedauernd. »Und wo habt ihr eure Jungs gelassen?«

»Henry und Oliver müssen lernen«, log ich.

»Brav«, sagte mein Vater. »Aber man ist nur einmal jung!«

Dann saßen wir zwischen lauter begeisterten Vätern, Müttern, Omas und Opas und schielten heimlich auf unsere Uhren. Irgendwann aber geschah das Wunder, dass wir mitgerissen wurden und genauso wie die aufgekratzten Senioren frenetisch Beifall klatschten. Wieder etwas besser gelaunt traten wir erst spät den Heimweg an. Zu Hause schienen alle zu schlafen, was uns mehr als recht war. Ohne Licht anzumachen, zog ich mich aus und schlüpfte neben Henry unter die Decke. Er wurde zum Glück nicht wach. Und so gingen wir uns auch am nächsten Morgen aus dem Weg – ich stand früher auf als er und war mit Saskia bereits auf dem Weg nach Heidelberg, wenn er sich wohl erst aus dem Bett wälzte. Aber ich hoffte sehr, dass wir uns demnächst ganz ohne Streit aussprechen und anschließend liebevoll versöhnen würden. Doch es kam anders.

»Die Jungs finden es wahrscheinlich nicht fair, dass wir uns wieder aus dem Staub gemacht haben«, meinte Saskia. »Wir haben zum Beispiel nicht abgesprochen, wer heute kocht. Unser Küchenplan ist durch die Ereignisse völlig aus dem Takt gekommen. Irgendwie ist mir nicht ganz wohl dabei …«

»Was sollen wir denn machen, was schlägst du vor?«, fragte ich und wich dabei in letzter Minute einem Radfahrer aus.

»Ich rufe jetzt Olli an und sage, dass ich heute Abend für ein anständiges Essen sorgen werde«, sagte Saskia. »Wir müssen so schnell wie möglich wieder zu einem Normalzustand zurückfinden. Sobald etwas Leckeres auf den Tisch kommt, werden sich die erhitzten Gemüter beruhigen. Am besten brate ich jede Menge Steaks, dann werden unsere Fleischfresser handzahm.«

»Du hast recht, mit Speck fängt man Mäuse. Aber Martina? Wie sollen wir uns ihr gegenüber verhalten?«, sagte ich.

»Das wird sich schon irgendwie ergeben«, behauptete Saskia. »Bestimmt ist ihr sehr daran gelegen, bei uns wohnen zu bleiben. Als Hausbesitzerin könntest du sie ja auch einfach rausschmeißen! Im Grunde ist sie wahnsinnig neidisch auf uns, weil wir sexy, hübsch und lustig sind. Zum Ausgleich will sie wohl dauernd gelobt, beachtet und vor allem geliebt werden. Letzteres fällt mir nach ihrer suizidalen Demonstration allerdings schwer.« Mit diesen Worten griff sie zum Handy und rief Oliver an, wobei sich ihre Stimme schlagartig veränderte. Wenn ich es richtig deutete, war sie ungeheuer scharf auf ihn.

»Du solltest Henry auch Bescheid geben«, riet Saskia, aber ich war zu feige.

So kam es, dass wir auf dem Heimweg zwölf Koteletts und teure Keniabohnen kauften. Ich erbot mich, aus Quark, Baisers, Bananen und Nutella eine geschichtete Nachspeise beizusteuern, weil ich damit Henry hundertprozentig glücklich machen konnte. Etwas später waren wir allein in der Küche und konnten uns ungestört ins Zeug legen. Um sieben sollte üblicherweise gegessen werden, aber Saskia wollte die Koteletts erst braten, wenn sich alle versammelt hatten.

Unsere drei Mitbewohner kamen gemeinsam und pünktlich, Martina hatte ihre Krücken im Zimmer gelassen und sich bei Oliver und Henry eingehängt. Sie sah aus wie das Leiden Christi. Saskia legte sofort das Fleisch ins heiße Öl und grinste aus Verlegenheit die Essensgäste etwas dümmlich an. »Gleich ist alles fertig«, sagte sie mit dem Bemühen, fröhlich und locker zu erscheinen. Ich setzte mich auf meinen angestammten Platz neben Henry und wusste nicht recht, wie es weitergehen sollte. Schließlich bemühte ich mich – genau wie meine Freundin – etwas zaghaft, den Status quo wiederherzustellen und Martina nicht gänzlich zu ignorieren.

»Was macht dein Bein?«, fragte ich sie, doch sie antwortete nicht, weil in diesem Moment Henrys Handy klingelte. Er nahm ab, sagte etwas, das wie *Oh my god!* klang, machte ein ernstes Gesicht und verließ sofort die Küche, um ungestört reden zu können.

»Das ist wahrscheinlich seine schottische Verwandtschaft«, erklärte ich. Auch mit seiner Mutter und manchmal sogar mit Fridolin sprach Henry englisch.

»Sollen wir auf ihn warten?«, fragte Saskia und zog die Topfhandschuhe wieder aus.

»Ja«, sagte Martina. »Bestimmt ist er gleich wieder hier.«

»Nein«, meinte Oliver. »Wenn der mal mit seinem Clan quasselt, kann es ewig dauern! Du solltest Henrys Portion lieber warmstellen. Ich habe nämlich einen Bärenhunger.«

»Dann können wir es auch umgekehrt machen«, sagte ich. »Du kriegst als Vorspeise einen halbgefüllten Teller, und alle anderen üben sich in Geduld.«

So wurde es auch gemacht. Der gierige Oliver erhielt vorerst nur ein Kotelett, einen Löffel grüne Bohnen und zwei Scheiben italienisches Weißbrot. Es schien ihm zu schmecken, denn er wischte den Teller sorgfältig aus, um auch keinen Tropfen Bratfett verkommen zu lassen.

»*Ciabatta* heißt auf Deutsch *Pantoffel*«, sagte Martina belehrend. »Das kann man aber easy selber machen! Ihr solltet immer einen frischen Hefewürfel im Kühlschrank haben, Mehl und Olivenöl sind sowieso vorrätig. Das nächste Mal fragt ihr mich, bevor ihr einkaufen geht.«

»Zu Befehl«, sagte Saskia genervt.

22

Ein amtlicher Brief

Als Henry die Küche wieder betrat, schauten wir alle neugierig zu ihm hoch und warteten auf einen detaillierten Bericht.

»Shit happens«, sagte er und zog ein Gesicht wie sieben Tage Regenwetter. »Meine *favourite Granny* hatte einen Schlaganfall. Jetzt will meine Ma sofort nach Glasgow fliegen, ich soll sie morgen zum Frankfurter Flughafen fahren, denn mein Vater ist blöderweise auf Dienstreise. Das bedeutet außerdem, dass wir uns um mein Brüderchen kümmern sollen, obwohl Frido ohne weiteres ein paar Tage ohne unsere Eltern zurechtkäme. – Habt ihr etwa mit dem Essen auf mich gewartet?«

»Nur einer von uns konnte es nicht mehr aushalten«, sagte ich und half Saskia beim Auftragen. Eine Weile wurde es ganz still im Raum, denn trotz der Hiobsbotschaft fielen alle über die reichhaltige Mahlzeit her, wobei meine Nutella-Kreation besonders gut ankam. Saskia hatte richtig prophezeit, die düstere Wetterlage verbesserte sich spürbar.

Logischerweise war Oliver als Erster satt. Er ging ans Spülbecken, um seine fettigen Hände zu waschen, und bemerkte beiläufig: »Übrigens hat Trixi Post bekommen, ich hab den Schrieb aufs Fensterbrett gelegt – sieht irgendwie amtlich aus.«

Ich zuckte zusammen. Es konnte sich eigentlich nur um einen Strafzettel vom Heidelberger Ordnungsamt handeln, weil ich vor kurzem versehentlich im Halteverbot geparkt hatte. Im Übrigen bekamen wir nicht allzu viel Post. Die Ära der Urlaubsgrüße auf bunten Angeberkarten war längst vorbei, und bei unserem Einzug hatte Henry einen gut sichtbaren Aufkleber am Briefkasten angebracht, der unerwünschte Werbung verhinderte. Familienmitglieder und Freunde riefen sowieso lieber an, schickten ihre Selfies vor dem Eiffelturm oder meldeten sich über WhatsApp oder andere digitale Medien. Ein grauer Brief im Längsformat konnte eigentlich nichts Gutes bedeuten.

Missmutig riss ich das Kuvert auf und staunte nicht schlecht, als ich den Inhalt überflog: Anscheinend hatte mich Gerhard Gläser zur Alleinerbin bestimmt! Von nun an hätte ich sechs Wochen Zeit, die Erbschaft anzunehmen oder auszuschlagen. Beim ersten Durchgang konnte ich die nüchternen Formulierungen des Nachlassgerichts noch nicht richtig realisieren, und ich las den Brief beim zweiten Mal laut und langsam vor. Sprachlos hörte man mir zu, Jubelrufe blieben aus.

Schließlich sagte Martina: »Dann bist du ja endlich eine reiche Frau und eine gute Partie!«

»Das ist doch toll!«, rief ich euphorisch. »Darauf müssen wir unbedingt anstoßen! Ist noch eine Flasche Sekt im Haus?«

»Schon längst nicht mehr«, sagte Oliver. Nachdenklich blickte er zu seinem Freund hinüber, der nur missbilligend den Kopf schüttelte.

»Meine Oma stirbt wahrscheinlich«, sagte Henry schließlich und blickte mich vorwurfsvoll an. »Hast du das bereits vergessen?«

Er stand auf, zog eine warme Jacke an und ging hinaus in den dunklen Garten. Gleich darauf hangelte sich Martina an der Tischkante hoch, an ihrem plumpen Mittelfinger entdeckte ich Rolfs goldenen Ehering. Leicht autoritär wandte sie sich an Oliver: »Könntest du mir bitte möglichst schnell meine Krücken holen? Ich muss mich hinlegen, bevor ich kollabiere.«

Sie warf mir noch einen gehässigen Blick zu und war kurz darauf verschwunden, Oliver ebenfalls. Ich war jetzt mit Saskia allein und wollte mir von den miesepetrigen Mitbewohnern nicht die gute Laune verderben lassen.

»Die Erbschaft eröffnet uns ganz neue Perspektiven!«, sagte ich. »Ich werde den Nachbarschuppen verkaufen und vom Erlös mein Bauernhaus in ein kleines Juwel verwandeln – ja, es soll das schönste Haus der ganzen Stadt werden! Außerdem habe ich jetzt ein legales Anrecht auf die Rubel, das werden Martina, Henry und Olli wohl einsehen müssen. Vielleicht werde ich mit Henry eine Weltreise machen, außerdem kriegt er endlich ein besseres Auto. Wollte Martina nicht nach Thailand? Das könnte ich mir jetzt locker leisten. Ach Saskia, ist das nicht fast wie ein Lottogewinn?«

»Eines verstehe ich allerdings gar nicht«, sagte Saskia. »Warum hat der Alte ausgerechnet dich bevorzugt? Du bist ebenso wenig mit ihm verwandt wie wir anderen.«

»Du hättest es sowieso nicht verdient, denn du hast ihn schließlich im Keller eingesperrt! Ich habe immerhin die Tür wieder aufgeschlossen!«

»Davon hat er ja nichts mehr gemerkt«, sagte sie spitz und hatte eigentlich recht.

»Leider weiß ich nicht, wann er das Testament gemacht hat – vielleicht schon lange bevor wir hier überhaupt eingezogen sind. Doch dabei fällt mir ein, dass der Taxifahrer einen Besuch beim Rechtsanwalt erwähnt hatte. Aber das werden wir ja demnächst erfahren. Übrigens fällt mir noch etwas ein – sobald ich offiziell mein geerbtes Haus betreten darf, werde ich Rolfs Knochen irgendwo in seinem Keller verstecken und den Fund der Polizei melden.«

»Gute Nacht«, sagte Saskia plötzlich und ließ mich mit meinen Überlegungen allein.

Hatte mich der alte Mann wirklich so ins Herz geschlossen, dass er mir sein Hab und Gut schenken wollte? Hatte er in mir so etwas wie eine Enkelin gesehen? Oder hatte es ihm imponiert, dass ich Emmas Anwesen nicht abreißen, sondern vor dem Verfall retten wollte? Dunkel erinnerte ich mich, dass ich mal gesagt hatte, ich würde im Fall einer Erbschaft auch sein marodes Haus erhalten. Nachträglich entwickelte ich fast freundliche Gefühle für den einsamen Nachbarn. Im Augenblick sah es allerdings so aus, als wäre ich selbst ein wenig einsam, denn alle meine Freunde hatten sich verzogen.

Immer wieder spähte ich aus dem Fenster in den Hof hinunter, wo ich Oliver und Henry schemenhaft erkennen konnte. Während sie auf und ab gingen, schienen sie leise miteinander zu sprechen. Sehr gern hätte ich die beiden belauscht. Dabei kam mir etwas verspätet in den Sinn, dass ich jetzt unbedingt meine Eltern anrufen sollte. Sie waren im Augenblick die Einzigen, die meine Freude verstehen und teilen würden.

»Ich glaub's nicht!«, rief meine fassungslose

Mutter. »Warte mal, bevor du weiterredest! Ich hole den Papa und stelle auf laut!«

»Gut gemacht, geschickt eingefädelt«, lobte mein Vater. »Jetzt heißt es klug investieren! Aus dir wird bestimmt noch eine clevere Geschäftsfrau, bist ja schließlich meine Tochter!«

Im Übrigen solle ich mich genau erkundigen, ob ich die Erbschaft unbedenklich annehmen könne, denn möglicherweise sei das Haus mit Hypotheken belastet, oder es gebe noch unbekannte Schulden und Verpflichtungen.

Im Gegensatz zu meinen Mitbewohnern waren meine Eltern völlig aus dem Häuschen. Vor allem wollten sie wissen, mit welchen Tricks es mir gelungen sei, die Gunst des alten Sonderlings zu gewinnen – doch das wusste ich selbst nicht so genau, und es würde wohl auf ewig ein Geheimnis bleiben. Meinem Vater fielen sofort verschiedene Möglichkeiten ein, wie man den größten finanziellen Nutzen aus der unerwarteten Erbschaft ziehen könnte. Das brachte mich allerdings dazu, das Gespräch zu beenden. Seit ich ins Bauernhaus gezogen war, wollte ich wichtige Entscheidungen lieber ohne elterlichen Rat treffen. Wenn ich auf meinen Papa gehört hätte, wäre unsere WG wohl nie zustande gekommen, weil sich nach seiner Meinung die Renovierungsarbeiten nicht lohnten. Neulich hatte ich meinen Eltern angedeutet, dass ich zum ersten Mal die Weihnachtstage nicht mit ihnen, sondern mit meinen Freunden verbringen wolle. Zu meiner Überraschung hatten sie es mir nicht krummgenommen. Schon lange planten sie eine kleine Reise in den Süden; da ihre Bekannten abgesagt hatten, hatten sie sich jetzt für Malta entschieden. Auch sie schienen sich abnabeln zu wollen.

An jenem Abend wagte ich es nicht, mit Henry über meine unerwarteten neuen Chancen zu diskutieren. Er lag schon im Bett, als ich das Schlafzimmer betrat, und stellte sich tot. Nun ja, am nächsten Morgen musste er früh aufstehen, seine Mutter abholen und sie zum Airport bringen. Anscheinend hatte ihn seine Mama immer noch gut im Griff. Überhaupt wusste ich nicht besonders viel über seine Familie, eigentlich hatte uns immer nur Fridolin besucht, nicht aber Henrys Eltern. Wir sollten eine herzliche Einladung unbedingt bald nachholen. Bei den anderen Mitbewohnern war dieses Thema zum Glück nicht aktuell, denn Olivers Familie wohnte in Norddeutschland, Saskia hatte gerade Ärger mit den Eltern, von Martina ganz zu schweigen. Überhaupt Martina! Immer noch wusste ich nicht, ob ich auf ihre theatralische Demonstration überhaupt eingehen sollte. Bisher hatte ich es vermieden, mehr als die nötigsten Worte an sie zu richten. Auch Saskia drückte sich, so dass nur unsere Jungs der leicht behinderten Martina zu Hilfe kamen. Andererseits war sie mit einem Gipsbein auch nicht bettlägerig, nur aufs Rad konnte sie nicht steigen. Henry hatte versprochen, sie ab nächster Woche in die Fachhochschule zu fahren und auch wieder abzuholen, und zwar so lange, bis sie wieder ohne Krücken auskam. Mein guter Hirte konnte es nicht lassen, sich um das schwarze Schaf zu kümmern. Seinerseits eine nette Geste, mir aber ein Dorn im Auge. Fast kam es mir vor, als würde sich die WG in zwei Parteien spalten: Martina, Oliver und Henry gegen Saskia und mich.

Doch einige Tage später ließ mich auch noch meine treueste Freundin im Stich. Es war erst fünf Uhr nachmittags, Henry war noch in Heidelberg und wollte im Anschluss an seine eigenen Vorlesungen auf Martina warten. Übrigens hatte mich Saskia neulich darauf aufmerksam gemacht, dass wir dringend putzen sollten. Eines musste man Martina ja lassen, sie hatte stets unauffällig und diskret dafür gesorgt, dass es in den Gemeinschaftsräumen blitzsauber war. Ich werkelte lustlos und mutterseelenallein in der Küche herum, wischte hier über den

Esstisch, dort über die Herdplatte und räumte sogar ein Regalbrett aus, auf dem Marmeladengläser, Henrys Nutella und eine Flasche Rapsöl klebrige Spuren hinterlassen hatten. Plötzlich vernahm ich den leisen Gesang zweier Stimmen, begleitet von einer Gitarre. Neugierig schlich ich mich vor Olivers Zimmer, um mich zu vergewissern, dass dort wirklich live gesungen wurde. Fast konnte ich meinen Ohren nicht trauen, denn es war niemand anderes als Saskia, die mit Oliver im Duett sang. Zwar nicht so glockenrein wie ihre Schwester Dodo, doch auf jeden Fall recht einschmeichelnd, man konnte es fast zärtlich nennen. Das wehmütige schottische Lied *My Bonnie Lies over the Ocean* hatte ich bereits als Elfjährige im Englischunterricht gelernt. Es klang nach sehnsüchtigem Verlangen und traf mich mitten ins Herz.

Das gemeinsame Singen meiner Mitbewohner zeichnete sich durch eine stark erotische Qualität aus, durch die sich die beiden eindeutig als Liebespaar outeten. Anscheinend war es neulich nicht die einzige schwache Stunde gewesen, bei der ich die zwei ertappt hatte. Im Grunde hätte ich mich über ihre romantische Performance freuen sollen, aber ich fühlte mich plötzlich von allen meinen Freunden verraten und ausgegrenzt. Zum ersten Mal hatte ich nicht übel Lust, alles hinzuschmeißen und ins geborgene Elternhaus zurückzukehren. Doch der Tag war noch nicht zu Ende.

Beim Abendessen, das Saskia beim Inder bestellt hatte, trudelte auch Fridolin ein. Als wir alle versammelt waren, verkündete Oliver in bester Laune seine persönliche frohe Botschaft: »Wir sind engagiert! Und zwar auf einem Kreuzfahrtschiff! Zwischen Weihnachten und Silvester sieben Tage auf hoher Fahrt durch den Persischen Golf!«

»Wer ist wir?«, fragte ich misstrauisch.

»Na unsere Boygroup, die soundsovielte Comedian Harmonists Revival Band! Ist das nicht wie ein Traum?«

»Da wären wir wohl alle gern mit an Bord«, meinte Saskia, die sicherlich bereits Bescheid wusste.

»Ist das etwa so ein Riesenkahn für zigtausend Passagiere, der Luft und Meere mit Abgasen, Plastikmüll, Stickoxid und Feinstaubemissionen verpestet und Venedig zerstört?«, fragte Henry und setzte eine strenge Miene auf.

»Nein, nein, du kannst dich wieder einkriegen. Es ist ein kleines, feines Schiff, auf dem höchstens zweihundert betuchte Witwen ihre Rente verjubeln. Unser Nostalgieprogramm würde überhaupt nicht zu einer jugendlichen Spaßgesellschaft passen. Wir kriegen kein Honorar, doch die teure Reise ist umsonst. Außerdem ist es eine ausgezeichnete Werbung, damit wir allmählich bekannter werden.«

»Ich gratuliere und gönne es dir von Herzen«, sagte Martina, die bisher geschwiegen hatte. Das Tandoori-Chicken mit schwarzen Linsen und Basmatireis schien ihr nicht zu schmecken. Nur Henry glaubte, Saskia hätte selbst gekocht, und fand, sie hätte es mit dem Salz etwas zu gut gemeint. Auch der nichtsahnende Fridolin konnte sich einen abgedroschenen Scherz über verliebte Köchinnen nicht verkneifen. Henry warf ihm einen missbilligenden Blick zu, den ich durchaus zu deuten wusste. Anscheinend war mein guter Hirte längst über Ollis und Saskias Liaison informiert und hatte es auch seinem Brüderchen gesteckt, nur mit mir hatte er über die sensationelle Neuigkeit noch nie gesprochen. Allerdings hatte ich ihm auch nicht gestanden, dass ich die beiden im Bett ertappt hatte. Ich hätte mich nicht gewundert, wenn auch Martina bereits eingeweiht war.

Seit Tagen war Henry damit beschäftigt, sich die kleine Rumpelkammer als Arbeitsplatz einzurichten. Ich hatte meine Hilfe angeboten, aber er lehnte sie ab. Neuerdings hatte er kaum Zeit für mich, es wunderte mich fast, als er mich an einem ungemütlichen Dezembertag beinahe förmlich zum

Hinsetzen aufforderte. Seine ernste Miene ließ darauf schließen, dass er wieder von seiner schwerkranken Oma berichten wollte, obwohl mich sein schottischer Clan nicht besonders interessierte. Es ging aber um ein ganz anderes Thema.

»Mir ist eine Idee gekommen«, sagte er. »Martina hat einen Anspruch auf Finderlohn, sie hat schließlich die Rubel in Gläsers Garten entdeckt und ausgegraben. Ich bin der Meinung, sie sollte sich dringend bei einer Psychotherapeutin anmelden, damit sie ihre Depression in den Griff bekommt. Falls die Krankenkasse keine Behandlung übernimmt, könnte sie sie mit diesem Geld privat bezahlen.«

»Will sie das überhaupt?«, fragte ich ebenso überrascht wie gekränkt.

»Ich habe sie bereits überredet«, sagte Henry. »Vielleicht ist sie ja nach wenigen Stunden schon geheilt, hoffe ich.«

»Da kenne ich aber andere Fälle«, widersprach ich. »So eine Therapie schleppt sich jahrelang hin und kostet ein Vermögen. Dafür müssten Martinas Eltern aufkommen, die für die Fehlentwicklung ihrer Tochter schließlich verantwortlich sind.«

»Wir sind auch verantwortlich«, behauptete Henry. »Wir haben sie ausgenutzt und gar nicht bemerkt, dass sie äußerst sensibel ist und kein sehr robustes Naturell hat, sondern durch ihre aufopferungsvolle Arbeit unsere Anerkennung und Liebe erlangen wollte.«

»Jetzt redest du aber ziemlich geschwollen daher!«, erwiderte ich ungehalten. »Wir haben sie schließlich nicht versklavt, sie hat sich freiwillig eingebracht und war stolz darauf, dass sie uns in praktischen Dingen oft haushoch überlegen war.«

»Ja, das stimmt schon, aber es ist genau das gleiche Muster, unter dem sie schon in ihrer Familie gelitten hat. Sie hat mir von Vorfällen aus ihrer Kindheit berichtet, die traumatisch nachwirken müssen.«

»Was denn zum Beispiel?«

»Ich habe ihr versprochen, dass ich es für mich behalte«, sagte Henry. »Und ich bitte dich, dass du weniger hart über Martina urteilst, sondern großzügig ein paar Rubel herausrückst. Sie sind nicht für teure Dirndl gedacht.«

Also hatte Martina auch über unsere heimlichen Einkäufe mit Henry geredet beziehungsweise gepetzt. Nach seiner Sonntagspredigt fiel mir kein Argument mehr ein, ich zuckte nur ratlos mit den Schultern, ging in unser sogenanntes Wohnzimmer und schaltete wütend den Fernseher ein. Dieses Gerät wurde selten genutzt, meistens nur für ein angeblich spannendes Fußballspiel, das wir uns gemeinsam anschauten. Eine Sendung über barocken

Weihnachtsschmuck ließ mich meinen Ärger ein wenig vergessen. Wir haben ja völlig verdrängt, dass wir demnächst schon den zweiten Advent haben, schoss es mir durch den Kopf. Saskia, unsere leidenschaftliche Dekorateurin, hatte noch nicht mal für einen grünen Kranz gesorgt! Neulich hatte sie doch die lustige Idee, den Tannenbaum mit ihrem geerbten Glitzerschmuck zu behängen. Kurz entschlossen verließ ich das durchgelegene Sofa, um mich mit meiner Freundin über so erfreuliche Dinge wie das anstehende Fest zu beraten. Doch sie war natürlich wieder bei Oliver und sang mit ihm: *Petit papa Noël.* Diesmal war es selbst in der Küche nicht zu überhören.

23
Advent

Kaum saßen wir an einem eisigen Morgen frierend im Auto, als Saskia schon lossprudelte: »Bevor du von allein darauf kommst, muss ich dir etwas beichten. Ich wollte nur warten, bis wir ganz unter uns sind und Martina nichts davon mitkriegt. Oliver probt jetzt täglich mit mir, er will dem Creative Manager, der fürs Entertainment auf dem Kreuzfahrtschiff zuständig ist, einen super Vorschlag machen. Olli und ich möchten nämlich einen Workshop für die Passagiere anbieten: *Europäische Volkslieder und Shantys zum Mitsingen.* Vielleicht klappt es ja, und ich darf mit auf die Reise. Beim gemeinsamen Singen könnte ich sehr gut das Dirndl tragen.«

»Dann seid ihr ja beide an Weihnachten nicht hier ...«

»Oliver sowieso nicht, der ist bereits fest engagiert. Bei mir dagegen wäre es ein Wunder, denn ich bin auf diesem Gebiet noch ein totales Greenhorn! Wir haben ein paar Sampler aufgenommen und gestern abgeschickt. Drück mir die Daumen, Trixi!«

»Seid ihr denn jetzt richtig zusammen, oder bist du nur ein Groupie unter vielen anderen?«

»Ich hoffe doch sehr, dass ich ihm mehr bedeute als die kreischenden Teenies. Wir verstehen uns echt gut, und das Singen ist die reinste Freude.«

»Ohne dich muss ich an Weihnachten wohl Trübsal blasen, das kannst du mir nicht antun! Henry ist im Augenblick ein schlechter Hirte, jedenfalls was mich betrifft. Anscheinend fühlt er sich als Retter für ein verirrtes Schaf, das er aus dem Abgrund bergen muss.«

»Ich habe ja die Theorie«, sagte Saskia, »dass die meisten Gutmenschen im Grunde ganz große Egoisten sind. Sie opfern ihr letztes Hemd nämlich nur, um sich über uns Normalos erheben zu können. Es ist viel ehrlicher, wenn man für sein Engagement auch Kohle verlangt – wie ich zum Beispiel für die Nachhilfestunden. Findest du nicht?«

»Für einen Gotteslohn würde selbst Henry nicht Taxi fahren. Du redest Quatsch«, sagte ich, und Saskia lachte fröhlich.

Am Abend wollte Martina zum ersten Mal wieder kochen, denn ihr Bein war jetzt vom Gips befreit und einigermaßen funktionsfähig. Da sie aber noch nicht Rad fahren sollte, hatte Henry das Einkaufen übernommen. Außerdem hatte er – wohl auf ihr

Geheiß – Tannenzweige besorgt, über die Saskia beim Heimkommen stolperte und fast hinstürzte. Vermutlich hatte er in Gläsers Garten einen halben Baum abgeholzt. Ein riesiger Haufen kratziges Gestrüpp lagerte vor der Haustür, woraus wohl ein Adventskranz gebunden werden sollte. Und so kam es, dass wir zu fünft am Küchentisch hockten und nach Saskias Anweisung die Tannenzweige mit Blumendraht zusammenschnürten. Das Ergebnis war ein viel zu großes Wagenrad, auf dem sich die vier roten Kerzen ein wenig mickrig und vor allem wackelig ausnahmen. Saskia steckte sie in leere Bierflaschen, die sie mit Alufolie umwickelte, und war von da an wieder in ihrem Element, schmückte das Ungetüm mit ihrem geerbten Glitzerschmuck und streute Haselnüsse, zerrupfte Strohhalme, kleine Äpfel und Spitzenreste in die Mitte. Schließlich suchte sie sogar in der Scheune nach originellem Firlefanz.

»Schade, dass Frido heute nicht mit seiner Flö-te angetreten ist, denn jetzt wird gesungen!« b-ahl sie und steckte alle vier Kerzen an. Oliver mmte *Last Christmas* an, und ich summte ei sschen mit, denn eigentlich mochte ich dies d nicht. Doch die Stimmung wurde bereits ngle Bells zusehends entspannter und so frö wie ich es mir für unsere WG erträumt hat en in unsere improvisierte Adventsfeier klingelte es bei Henry, er nahm ab, sagte *Hi, Mum!* und verließ die Küche. Wir hörten abrupt mit unserem Singsang auf und blickten fragend in die Runde.

»Wahrscheinlich ist seine Großmutter gestorben«, vermutete Oliver. »Aber das wäre bestimmt die beste Lösung, denn allein kommt sie sowieso nicht mehr zurecht.«

»Was für ein dummes Geschwätz!«, giftete Martina und drohte ihm mit der Krücke, die sie immer noch ostentativ benutzte. »Soll man etwa alle alten Menschen umbringen, wenn sie nicht mehr ohne Hilfe leben können? Und alle Behinderten ebenso?«

»Das hat Olli doch nicht so gemeint«, verteidigte Saskia ihren Lover. »Du solltest ihm dankbar sein, dass er dich nach deinem perfekt inszenierten Unfall von vorn bis hinten bedient. Übrigens riecht es gerade arg verbrannt – was brutzelt da eigentlich in der Pfanne?«

Es varen rote Paprikastücke, die qualmten und schwarz wurden. So etwas war Martina noch nie passiert, und es lag sicherlich daran, dass sie nicht gleichzeitig singen und kochen konnte. Missmutig humpelte sie an den Herd und schabte das verschmorte Gemüse in den Mülleimer. Niemand half ihr, Oliver war beleidigt, und Henry kam gerade erst wieder herein.

»Meine Mutter ist mit der Krankenbetreuung total überfordert und hat mir die Ohren zugedröhnt. Sie kann ja nicht ewig in Glasgow bleiben, schließlich will sie so bald es geht zurück zu Frido und unserem Vater. Also sucht sie nun eine palliative Pflegeeinrichtung für die Oma. Aber das ist auch in Schottland nicht ganz leicht, obwohl das erste stationäre Hospiz in England gegründet wurde.«

Ich atmete auf. Henrys Großmutter war offenbar aus dem Krankenhaus entlassen worden. Insgeheim hatte ich schon die Befürchtung, mein Hirte müsse demnächst zur Beerdigung nach Glasgow fliegen. Doch es blieb leider nicht bei dieser Nachricht. Schon am nächsten Tag gab es erneut ein längeres Telefonat zwischen Henry und seiner Mum. Wie meistens hatte mein Freund unser Zimmer verlassen, weil er offenbar nicht wollte, dass ich mithörte. Als er zurückkam, sah ich ihm sofort an, dass er etwas mit mir bereden wollte.

»Meine Oma wird bald sterben«, begann er. Ich nickte und setzte eine mitfühlende, ernste Miene auf. Henry ließ sich seufzend auf der Bettkante nieder.

»Früher ist sie an Weihnachten immer zu uns nach Deutschland gekommen, Frido ist ihr Ein und Alles. Diesmal ist eine Reise völlig ausgeschlossen, sie hat darum gebeten – sozusagen ihr letzter

Wunsch –, dass unsere Familie das Fest in Glasgow feiert. Ich weiß, dass du jetzt enttäuscht bist, aber ich habe meiner Mutter versprochen, dass ich mich nicht drücke. Unsere Grandma hat ja nichts davon, wenn wir erst zur Beisetzung antanzen.«

Nun musste ich ein paarmal schlucken. Falls Saskia auf die luxuriöse Kreuzfahrt mitdurfte, war ich dann mit Martina ganz allein! Ich starrte Henry an: »Und ich?«, brachte ich mühsam hervor.

»Du kannst es ja genauso machen – deine Alten würden sich bestimmt freuen, wenn ihr einziges Kind ihnen noch einmal die Ehre gibt«, meinte Henry. »Wir alle werden noch viele Jahre ohne unsere Eltern feiern, vielleicht ist es jetzt das letzte Mal.«

»Meine Eltern haben gerade eine zehntägige Reise nach Malta gebucht, es wäre für sie eine bittere Enttäuschung, wenn ich ihnen das vermassele«, sagte ich. »Am besten, ich fliege einfach mit euch nach Schottland, ohne dich kann ich es hier sowieso nicht aushalten.«

»Das wäre natürlich auch eine Möglichkeit, aber wenn ich es mir recht überlege, dürfen wir Martina in ihrem labilen Zustand nicht völlig sich selbst überlassen«, meinte Henry. »Sie wird nämlich auf keinen Fall in ihrem Elternhaus Zuflucht suchen.«

»Dann kannst du sie ja mitnehmen!«, schrie ich

wütend, sprang auf, knallte die Tür zu und verließ unser gemeinsames Zimmer. Für Henry war Martinas Seelenheil offenbar wichtiger als meines, und er fand es völlig in Ordnung, wenn ich die Weihnachtstage ohne ihn, aber in ihrer Gesellschaft verbrachte.

Obwohl es nicht besonders nett von mir war, wünschte ich mir inständig, dass mir wenigstens Saskia zur Seite stehen würde, aber – *shit happens* – Pech für mich, Glück für sie. Schon wenige Tage später erhielt sie bei unserer gemeinsamen Heimfahrt einen begeisterten Anruf von Oliver. Die Reederei sei mit seinem Vorschlag einverstanden, und Saskia dürfe mit auf große Fahrt. Allerdings nicht in einer Luxussuite, sondern einer engen, fensterlosen Mannschaftskabine. Meine große Enttäuschung über Saskias Glück mochte ich ungern zugeben, schließlich will niemand als Neidhammel gelten. Deswegen kam mir die Idee, den Spieß einfach umzudrehen und Saskia zu begleiten, was ich aber ebenfalls nur in Gedanken durchspielte. Was sprach eigentlich dagegen, wo ich ja schon bald eine reiche Frau war? Ich könnte mir von meinem Vater Geld leihen und als zahlende Passagierin mitreisen, am besten sogar als Überraschungsgast. Nicht ohne Genugtuung stellte ich mir die verblüfften Gesichter von Saskia und Oliver vor, wenn sie mich plötzlich an Bord entdeckten – malerisch ausgestreckt auf einem Deckchair, wo mir gerade ein Steward ein kühles Getränk servierte.

»Du bist so still«, sagte Saskia. »Gönnst du es mir nicht? Wenn du demnächst das Nachbarhaus verkauft hast, willst du ja mit Henry auf Abenteuerreise gehen, das wird bestimmt viel spannender, als vor den Augen reicher alter Säcke über Bord zu kotzen. Ich werde nämlich mit Sicherheit seekrank! Als Teenager wurde ich mal von meinen Eltern auf eine Fähre nach Norwegen verfrachtet und bin fast gestorben. Aber ich hoffe natürlich, dass so ein modernes Kreuzfahrtschiff Stabilisatoren besitzt und nicht so schrecklich schaukelt ...«

»Deine Sorgen möchte ich haben! Ich muss mit Martina ganz allein hier ausharren, das ist schlimmer als Seekrankheit.«

»Du bist nicht mit ihr allein, du vergisst den hungrigen Puttel«, meinte sie.

Warum mir die Gesellschaft von Martina allmählich zur Qual wurde, mochte ich Saskia nur ungern verraten. Doch wenn ich ehrlich war, musste ich mir eingestehen, dass ich Martina inzwischen hasste und maßlos eifersüchtig war. Für meinen Liebsten war sie seit ihrem lächerlichen Selbstmordversuch zur wichtigsten Person geworden, alles drehte sich nur noch um ihr Wohlbefinden, um ihre Genesung. Täglich fuhren Henry und Martina gemeinsam los und kamen zusammen wieder zurück, was mochten sie wohl alles miteinander besprechen? Anscheinend hatte dieses psychotische Weib meinen guten Hirten zum Beichtvater und Therapeuten auserkoren. Henry hatte noch nicht mal die Zeit gefunden, um mit mir über meine neue Erbschaft nachzudenken. Dabei gab es doch so viel, was wir gemeinsam besprechen sollten: Man könnte das Nachbarhaus behalten, ebenfalls instand setzen und eine zweite Studenten-WG neben der unseren gründen. Oder mit dem Verkauf eine perfekte Renovierung meines Bauernhauses und eine gemeinsame Weltreise ermöglichen. Auch meine anderen Mitbewohner interessierten sich leider nicht für meine Belange und hatten bloß eigene Probleme im Kopf, dabei verdankten sie mir im Grunde ein mehr oder weniger warmes Nest. Ich fühlte mich von den Freunden im Stich gelassen und seufzte tief auf. Saskia reagierte auf meine Einsilbigkeit, indem sie ebenfalls kein Wort mehr sprach; an ihrem glücklichen Lächeln konnte ich aber ablesen, wie sehr sie sich auf die Schiffsreise freute.

Kaum waren wir zu Hause, als ich mich vor den Laptop setzte und recherchierte, ob es auf der bewussten Kreuzfahrt noch freie Kabinen gab. Das Ergebnis trug nicht gerade zur Verbesserung meiner Laune bei: Das eher kleine Schiff war total ausgebucht, denn das Angebot war attraktiv. Ganz abgesehen davon wäre Henry kaum damit einverstanden, wenn ich einfach abhauen und Martina allein lassen würde. Am Ende würde er dann sogar den Letzten Willen seiner Großmutter ignorieren und selbst hierbleiben.

Aus purer Verzweiflung fiel mir noch eine andere Möglichkeit ein, um Martina für eine Weile loszuwerden: Ich könnte ihr großzügig eine Fernreise spendieren und sie höchstpersönlich zum Bahnhof fahren. In diesem Fall würde Henry ja nichts dagegen haben, wenn ich mit ihm und seiner Familie nach Schottland flog. Falls es bei seiner Oma zu eng würde, könnte ich auch in einem Hotel unterkommen. Kurz entschlossen holte ich die Rubel vom Dachboden und begab mich in Martinas Zimmer, um ihr ein paar goldene Münzen für eine esoterische Reise auf den Schreibtisch zu legen. Sollte sie es ruhig als Bezahlung für ihre Sklavenarbeit auffassen.

Vielleicht hätte ich meine Stippvisite besser unterlassen sollen, denn mein forschender Blick fiel sofort auf einen kleinen dunkelgrünen Zweig. Die Stechpalme mit den leuchtend roten Beeren gehört ja – ebenso wie die Mistel – zu der beliebtesten Weihnachtsdekoration in England. Von dort stammt wohl auch die rührende Legende, die Henry mir im vorigen Jahr erzählt hatte: In der Heiligen Nacht machte sich auch ein schwaches Lämmchen auf den Weg zur Krippe, denn es folgte seinem guten Hirten, der es gepflegt hatte. Auf seinem beschwerlichen Weg wurde das Lamm von stachligen Blättern verletzt, und seitdem trägt der Ilex seine roten Beeren wie Blutstropfen. Niemand anders als Henry konnte dieses weihnachtliche Symbol im Nachbargarten abgeschnitten, in Tante Emmas Milchkännchen gesteckt und in Martinas Zimmer aufgestellt haben. Ein erneuter Beweis, dass mein guter Hirte jetzt kein Zicklein mehr hütete, sondern ein Lämmlein.

Da gab es doch allerhand Redensarten und Zitate – *unschuldig wie ein Lamm, das Lamm auf der Schlachtbank, ein Lamm unter Wölfen oder auch ein Wolf im Schafspelz.* Doch auch mit einem Ziegenfell konnte sich eine wehrhafte Wölfin bestens tarnen. Zum Glück hatte ich ja die Rubel noch in der Tasche, denn es war vielleicht besser, Martina nicht in ein buddhistisches Kloster, sondern auf eine Reise ohne Wiederkehr zu schicken. Auf ein paar Knochen mehr oder weniger kam es auf meinem Grundstück auch nicht an.

Aber wie sollte ich es anstellen, ohne dass man

mir auf die Schliche kam? Ich dachte an meine Großtante Emma, die ihre Freundin Hedwig bei Rolfs Beseitigung tatkräftig unterstützt hatte. Ihr Blut zirkulierte auch in meinen Adern. Rohe Gewalt lag mir allerdings fern, bei einem Handgemenge mit der starken Martina würde ich auf jeden Fall den Kürzeren ziehen. In vielen Märchen war es eine List, mit der spindeldürre Schneider, Däumlinge & Co. ihre riesigen Gegner besiegt hatten. Gift? Ein manipulierter Unfall? Das war alles eine Nummer zu groß für mich. Mutlos gab ich meine finsteren Pläne wieder auf und beschloss zähneknirschend, in den sauren Apfel zu beißen. Henry würde ja nicht wochenlang in Schottland bleiben, es ging nur um wenige Tage, die ich und natürlich auch Martina lebend überstehen mussten. Weihnachten ist schließlich das Fest der Liebe, dachte ich und weinte.

Henry verhielt sich plötzlich zugewandter und wurde wieder freundlicher zu mir. Es kam mir fast so vor, als hätte er meine geheimsten Gedanken erraten und hätte nun ein schlechtes Gewissen, weil er mir den Schwarzen Peter zugeschanzt hatte.

»Soll ich euch eine Tanne besorgen?«, fragte er fürsorglich. Ich wusste, dass er gegen diesen Brauch stets Einwände erhoben hatte und es nicht mochte, wenn Nadelbäume in Massenproduktion gezüchtet wurden.

»Hinter dem ganzen Weihnachts-Hype stecken doch nur kommerzielle Interessen, es wird Zeit, dass man überholte Traditionen an unsere beschädigte Umwelt anpasst«, hatte er noch kürzlich argumentiert.

Ich ging auf sein Angebot nicht ein und sagte: »Ein paar Ilexzweige tun es auch.«

Nach dem Abendessen wurde jetzt oft gesungen, weil Saskia und Oliver ihr Programm verbessern und mit einem Publikum testen wollten. Fridolin war stets dabei und begleitete uns auf der Flöte. Wie Schulkinder sangen wir *Il était un petit navire* und grölten wie besoffene Matrosen *What shall we do with the drunken sailor,* wir lernten sogar ein paar Zeilen kroatisch und intonierten *Kad si bila mala Mare.* Wir hatten viel Spaß dabei, vorübergehend vergaß ich sogar meinen Kummer. Henry und ich machten unsere Sache fast so gut wie die Profis, bloß Martina traf keinen Ton.

»Nimm es mir nicht übel, aber du solltest lieber die Klappe halten«, sagte der musikalische Fridolin. »Du singst leider grottenfalsch und bringst alle anderen aus dem Takt.«

24
Finale

Zwei Tage vor Heiligabend verabschiedete sich Henry bereits früh am Morgen, um mit Vater und Bruder nach Schottland zu fliegen. Etwas später verließ ich mit Saskia und Oliver das Haus, weil ich versprochen hatte, sie zum Airport nach Frankfurt zu bringen. Auf meiner Rückfahrt plante ich den dritten Abschied, denn ich wollte noch bei meinen Eltern vorbeischauen und ihnen gute Erholung und viel Vergnügen für ihren Urlaub wünschen.

Natürlich hatte meine Mutter Plätzchen für uns gebacken und fünf Blechdosen damit gefüllt. »Die sind im Nu verputzt«, meinte sie. Außerdem erhielt ich noch ein paar liebevoll verpackte Geschenke und musste versprechen, sie unter den Tannenbaum zu legen und erst bei der Bescherung zu öffnen.

Bei dieser Vorstellung kamen mir die Tränen, meine Eltern starrten mich verunsichert an. Bisher hatte ich ihnen tapfer verschwiegen, dass es bei mir keinen Baum, keinen Henry, keine Freunde, keine Gans und nur die Gesellschaft einer streunenden

Katze geben werde. Plötzlich konnte ich nicht mehr an mich halten, fühlte mich in den Armen meiner Mutter wieder wie ein Kind und konnte endlich bei zwei mitfühlenden Menschen über meine Leidensgeschichte jammern. Allerdings blieb die Akte Martina verschlossen, ich erwähnte weder ihren Selbstmordversuch noch die Folgen für unsere WG, weder Henrys Engagement für die psychisch Kranke noch meine Eifersucht. Ich ließ meine Eltern im Glauben, auch Martina verbringe Weihnachten bei ihrer Familie. Schon immer konnte ich meine Mutter bei praktischen und meinen Vater bei finanziellen Problemen um Rat fragen, doch in Liebesdingen hatte ich es stets vermieden.

Meine Mutter strich mir mitfühlend über den Rücken, mein Vater schüttelte dagegen ärgerlich den Kopf.

»So geht das auf keinen Fall!«, rief er und ballerte mit der Faust auf den Tisch. »Deinen Henry werde ich mir mal vorknöpfen! Und mein Töchterchen wird Weihnachten nicht einsam und unglücklich wie eine alte Witwe verbringen, darauf könnt ihr wetten!«

Er stand auf und ging in sein Büro. Was er dort vorhatte, konnte ich zwar nicht wissen, aber mir schwante nichts Gutes.

»Hoffentlich versucht er nicht, Henry zu erreichen«, flüsterte ich ängstlich, denn das konnte nur negative Folgen haben.

»Nein, das glaube ich nicht«, sagte meine Mutter. »Er versucht wahrscheinlich, unsere Reise zu stornieren, dann können wir wieder wie früher zusammen feiern, einen Baum kriegt man noch in letzter Minute. Das ist doch im Grunde viel gemütlicher als in einem wildfremden Hotel!«

Mutter fuhr zwar fort, mich beruhigend zu streicheln, zeigte sich aber mit meinem Vater solidarisch: »Eines ärgert mich doch sehr! Henry war in unserer Familie von Anfang an ein gerngesehener Gast, warum bist du nicht ebenso willkommen bei seinen Leuten? Es wäre doch eine Selbstverständlichkeit, dich für ein paar Tage nach Schottland einzuladen! Oder mag man dich nicht, weil du eine Deutsche bist?«

Nun musste ich ihr allerdings widersprechen. »Henry ist doch selbst ein Deutscher! Und seine Mum hat mit Sicherheit nichts gegen mich …«

Doch insgeheim musste ich über ihre Worte nachdenken. Es stimmte, dass Henry oft bei uns zu Hause gewesen war, ich aber nur einmal bei ihm. Ob mein Freund seine Eltern im Glauben gelassen hatte, ich sei nur eine belanglose Affäre für ihn?

Es dauerte relativ lange, bis mein Vater wieder auftauchte. Er strahlte.

»Kinder, es ist mir gelungen! Unsere Beatrix kommt mit nach Malta, ich habe sowohl einen Last-Minute-Flug als auch ein Hotelzimmer ergattert! Ja, da staunt ihr! Aber meine Tochter kann auf ihren Papa zählen, er wird seine kleine Prinzessin niemals im Stich lassen!«

Meine Mutter juchzte auf und sprang hoch. Beschämt stellte ich fest, dass ihr Pullover – in ihrer Lieblingsfarbe Fuchsia – von meinen Tränen durchnässt war. Sie umarmte meinen Papa so enthusiastisch, als habe er gerade den Nobelpreis erhalten. Und dann zählte mein Vater begeistert auf, was mir alles bevorstand: Kultur und Natur sowieso, eine Hafenrundfahrt, ein Ganztagesausflug in die Hauptstadt Valletta, der Besuch dreier alter Städte, ein festliches Diner am Heiligabend und ebenso an Silvester und natürlich tägliche Spaziergänge am Sandstrand, Wellness, Massage und Wassergymnastik im Hallenbad.

»Und den Hinflug sogar zum ermäßigten Preis!«, rief er stolz. »Morgen um diese Zeit sitzen wir schon im Flieger! Nur wir drei, wie in alten Zeiten! Freust du dich denn gar nicht, Trixi?«

»Doch«, sagte ich. »Vielen Dank, Papa. Aber es kommt mir jetzt fast zu plötzlich. Ich muss sofort nach Hause und packen!«

Eigentlich hätte mich mein Vater zuerst fragen

können, bevor er mich vor vollendete Tatsachen stellte, dachte ich missmutig.

Was nun? Auf keinen Fall wollte ich meine Eltern enttäuschen. Obwohl ein Urlaub mit der Generation Ü50 nicht gerade verlockend war, so war es immerhin besser, als mit Martina Weihnachtslieder zu singen. Aber wie sollte ich ihr meinen Entschluss schonend beibringen? Und wie sollte ich mich vor Henry rechtfertigen?

Am liebsten wäre ich ihr erst einmal aus dem Weg gegangen, aber Martina saß in der Küche, schien auf mich zu warten und legte sofort los: »Henry hat bereits den Großeinkauf mit mir erledigt, aber vielleicht fehlt doch noch dies und das, woran wir nicht gedacht haben. Was meinst du, sollten wir – bevor die Geschäfte alle dichtmachen – noch mal in den Supermarkt fahren?«

»Ich glaube, wir haben Vorräte für vier Wochen gebunkert«, sagte ich. »Henry hat anscheinend ein Hamster-Gen.«

Jedenfalls war Martina gut mit Lebensmitteln versorgt, ich brauchte mir um ihr leibliches Wohl keine Sorgen zu machen, aber darum ging es ja nicht. Wie Puttel um den heißen Brei, so schlich ich um die unangenehme Pflicht herum, reinen Wein einschenken zu müssen. Doch mitten in meine

Überlegungen hinein maulte sie: »Ohne unseren Henry ist Weihnachten ja sowieso nur ein Trauerspiel. Von mir aus brauchen wir keinen Aufwand zu betreiben.«

Als sie von *unserem Henry* sprach, sah ich nur noch rot. Am liebsten hätte ich Martina angebrüllt oder ihr sogar eine Ohrfeige verpasst, aber ich brachte es nicht fertig.

»So ein Mist, ich habe Kopfschmerzen und muss mich ein bisschen hinlegen«, murmelte ich und ging in mein Zimmer, um den Koffer zu packen. Zuerst musste ich allerdings googeln, wie das Wetter auf Malta wurde und ob der Wintermantel überflüssig war. Kurz darauf rief Henry an.

»Wir sind jetzt bei meiner Oma angekommen. Ach Zicklein, sei froh, dass du nicht hier bist! Es ist wirklich traurig, die alte Frau so hinfällig im Rollstuhl zu sehen. Sie weint andauernd, umklammert Fridos Hand und will sie nicht mehr loslassen. Abgesehen davon gibt es viel zu wenig Platz für uns vier Besucher. Meine Mutter hat bisher nur das Krankenzimmer herrichten können, sonst ist alles total verschmutzt, schimmelig, nichts eingekauft. Frido und ich müssen auf Luftmatratzen in der Küche schlafen, meine Eltern auf dem Wohnzimmersofa. Morgen gibt es viel Unangenehmes für uns zu tun, das wäre bestimmt nichts für dich. Leider

kann ich noch nicht genau sagen, wann ich zurück-
komme. – Und wie geht's zu Hause? Sind Olli und
Saskia gut weggekommen?«

»Alles klar auf der Andrea Doria«, äffte ich meinen Vater nach und ließ den gesamten Clan grüßen.
Dann begann ich hektisch, meine sieben Sachen für
das Urlaubsgepäck auf einen Stapel zu legen. Im
Augenblick waren es auf Malta 17°, also frühlings-
haftes Wetter, und man brauchte wohl nur eine
Steppjacke und keine Wintersachen. Als ich mir fast
sicher war, dass nichts mehr fehlte, schob ich den
fertiggepackten Koffer in den Kleiderschrank und
verschloss ihn provisorisch mit einem Klebeband.
Da mein Arrangement etwas auffällig aussah, hängte
ich noch einen Pullover zur Tarnung darüber, falls
es Martina wagen würde, in den wenigen Stunden
bis zu meiner Abreise hier herumzuschnüffeln. Inzwischen hatte ich vor, sie von meinem Plan vorerst gar nicht in Kenntnis zu setzen. Das sollte am
besten in letzter Minute erfolgen, damit keine Zeit
für unangenehme Diskussionen blieb. Meine Sympathie hatte sie sich endgültig verscherzt, als sie von
unserem Henry gesprochen hatte. Was bildete die
sich eigentlich ein? Trotz alledem stellte ich eine
von Mutters Plätzchendosen mitten auf den Küchentisch, niemand sollte mir vorwerfen, ich hätte
keine soziale Ader.

Für das Abendessen hatte Martina zwar gesorgt, aber offenbar ohne Ambitionen. Es gab eine tiefgefrorene Lasagne, die man nur in den Ofen schieben musste.

»Wenn du nicht satt geworden bist, kannst du dir ja noch eine Apfelsine schälen«, sagte sie, stand auf und wünschte mir mürrisch eine gute Nacht, was mir im Grunde sehr gelegen kam.

An jenem 23. Dezember stand ich früh auf, war froh, dass Martina wohl noch in den Federn lag, schlabberte mein Müsli und trug klammheimlich meinen Koffer ins Auto. Um zehn Uhr sollte ich bei meinen Eltern aufkreuzen, um gemeinsam mit ihnen zum Flughafen zu fahren. Um neun lag meine Mitbewohnerin wohl immer noch in der Kiste, sollte ich sie wecken? Hin- und hergerissen zwischen Feigheit und Gewissensbissen wartete ich bis zur letzten Minute, ob sie nicht doch noch im Bad zu hören war. Schließlich musste ich los. Kurz entschlossen legte ich zwei Goldmünzen neben die Plätzchendose und schrieb auf einen Einkaufszettel:

Mit diesen Rubeln kannst du sicherlich auch eine schöne Reise machen, ich fliege nämlich mit meinen Eltern nach Malta.
Gruß Trixi

Dann setzte ich mich in den Wagen und düste ab. Erst als ich bei meinen Eltern angekommen war, stellte ich fest, dass ich mein Handy vergessen hatte. Es war jedoch zu spät, um noch einmal umzukehren.

Meine Mutter meinte tröstend: »Du kannst jederzeit mein Smartphone benutzen, wenn du Henry anrufen willst. Aber eigentlich solltest du ihn ruhig ein bisschen schmoren lassen.«

Mein Vater steckte noch seine Lieblingszeitschrift in die Reisetasche und sagte: »Mama hat recht wie immer! Gerade habe ich einen klugen Satz von Albert Einstein gelesen, denn nicht nur dein geliebter Goethe hat die Weisheit mit Löffeln gefressen. Hör gut zu, Trixi: *Die reinste Form des Wahnsinns ist es, alles beim Alten zu lassen und gleichzeitig zu hoffen, dass sich etwas ändert.* Das solltest du dir auch mal hinter die Ohren schreiben, denn ohne meine Initiative wärst du jetzt in deiner Bruchbude versauert.«

Natürlich habe ich den elterlichen Rat nicht befolgt und meinen abtrünnigen Hirten am 24. Dezember angerufen. »Gut, dass du dich meldest«, sagte er. »Ich habe schon ein paarmal vergeblich versucht, dich zu erreichen. Hast du mein Geschenk schon ausgepackt und die Kerzen angezündet? Was macht

Martina? Kommt ihr klar miteinander? Gib sie mir auch mal, damit ich ihr alles Gute wünschen kann …«

»Geht jetzt nicht, sie ist gerade auf dem Klo«, log ich. »Übrigens habe ich mein Handy verloren, deswegen konntest du mich nicht erreichen.«

»Ich habe es auch übers Festnetz versucht – Fehlanzeige! Wahrscheinlich wart ihr einkaufen.«

O Schreck, dachte ich, er wird es natürlich wieder versuchen, Martina wird abheben und mich auf hundsgemeine Art anschwärzen.

»Tante Emmas Telefon hat leider den Geist aufgegeben«, behauptete ich. »Es hat keinen Zweck mehr, diese Nummer zu wählen. Aber keine Sorge, ich habe mir ein Handy von meinem Kusinchen geliehen, um dir täglich auf den Wecker fallen zu können. Schließlich will ich genau wissen, wie man X-mas auf schottische Art feiert.«

In diesem Moment hatte ich einfach nicht die Kraft für eine große Beichte und die mit Sicherheit folgenden Vorwürfe. Warum sollte ich uns beiden diesen Abend verderben, wenn sich die Probleme vielleicht auch von selbst erledigten. Anscheinend war Henry gerade dabei, sich in Gesellschaft seines Vaters einen kleinen Rausch anzutrinken, was bei ihm eine absolute Ausnahme war. Zum Glück konnte er mich nicht sehen, wie ich in Malta auf einem kleinen Balkon stand und hinaus aufs dunkle Meer schaute, von einer sanften Brise umweht. Das festliche Christmas-Eve-Gala-Buffet-Dinner mit Truthahn und Plumpudding wartete auf uns, in den Straßen von Valletta hatten wir am Vormittag den Santa Claus höchst persönlich getroffen, überall sprach man englisch. Durch die fast britische Atmosphäre fühlte ich mich Henry auf einmal sehr nahe, und ich beschloss, vor dem Einschlafen noch ein Glas Guinness auf sein Wohl zu trinken. Bestimmt wäre es besser gewesen, wenn ich dann doch noch versucht hätte, Henry meine feige Flucht zu erklären. Vielleicht wäre unsere Freundschaft zu retten gewesen.

Ungern erinnere ich mich an die Urlaubstage auf Malta, obwohl meine Eltern alles taten, um mich zu verwöhnen. Im Unterbewusstsein spürte ich durchaus, dass sich eine Katastrophe anbahnte, und ich sollte recht behalten.

Henry verriet nämlich nicht, dass er mich überraschen wollte und bereits am 30. Dezember wieder zurückflog, um Silvester mit mir zu feiern. Er betrat ein kaltes, dunkles Haus und wurde nur von Puttels anklagendem Maunzen begrüßt. In der Küche standen mehrere Näpfe mit Katzenfutter und Wasser, die wohl für einige Tage ausgereicht hätten. Als Henry gleich darauf die Goldstücke entdeckte und den Zettel las, auf dem ich meine Reise nach Malta ankündigte, verstand er die Welt nicht mehr. Natürlich versuchte er als Erstes, mich telefonisch über die frisch gespeicherte Nummer zu erreichen, was aber nicht gelang. Meine Mutter nahm ihr Smartphone bei gemeinsamen Ausflügen nicht mit, denn mein Vater hatte seines stets in der Jackentasche.

Mit einer bösen Vorahnung lief Henry schließlich in Martinas Zimmer und glaubte in der ersten Schrecksekunde, eine Tote vorzufinden. Bleich und regungslos lag sie im Bett, in den Händen den kleinen Stechpalmenzweig. Sie war nicht ansprechbar, reagierte auch nicht auf Schütteln und lautes Rufen, schien aber noch schwach zu atmen. Henry alarmierte sofort den Rettungsdienst und hörte bereits nach zehn Minuten das Martinshorn. Kurz darauf wurde Martina auf einer Trage in den Krankenwagen überführt, wo bereits die Erstversorgung erfolgte. Mit eingeschalteter Sirene wurde sie anschließend in die Klinik gebracht.

Henry war klar, dass sie sich mit einer Überdosis hatte umbringen wollen. Später stellte sich heraus, dass sie wohl den gesamten Schlafmittelvorrat der gelähmten Dame eingenommen hatte.

Zum Glück konnte Martina gerettet werden. Wenn Henry allerdings – wie erwartet – erst einige Tage später zurückgekommen wäre, hätte man ihr nicht mehr helfen können. Nach der Stabilisierung auf der Intensivstation wurde Martina in die geschlossene Abteilung der Psychiatrie eingewiesen. Wann sie entlassen werden kann, steht noch in den Sternen.

Als ich schließlich von diesem erschütternden Ereignis erfuhr, waren seit Henrys Entdeckung zwar schon einige Stunden vergangen, er stand jedoch immer noch unter Schock. Mein Vater sorgte dafür, dass ich am nächsten Tag nach Hause fliegen konnte. Schon damals befürchtete ich, dass diese Tragödie das Ende unserer Wohngemeinschaft bedeuten könnte. Henry machte mir keine Vorwürfe, es war viel schlimmer: Er weinte und klagte sich selbst und nicht mich an.

»Ich hätte hierbleiben müssen«, sagte er ein ums andere Mal. »Martina war völlig verzweifelt! Es ist meine Schuld, ich habe die Zeichen nicht richtig gedeutet.«

Spät in jener Nacht hatte Henry nämlich noch einen Abschiedsbrief unter seinem Kopfkissen gefunden.

Mein geliebter Henry,
schon als wir einträchtig zusammen in der Scheune
gearbeitet haben, habe ich gehofft, dass wir für-

einander bestimmt sind. Aber das war wohl ein
großer Irrtum, sonst hättest du mich nicht mit
Trixi allein gelassen. Ich weiß, dass deine Freundin
mich am liebsten aus dem Weg räumen würde, sie
ist eifersüchtig und selbstgerecht. Für mich ist diese
Welt nicht mehr zu ertragen, ich glaube aber fest
daran, dass wir uns auf einer spirituellen Ebene
nie verlieren werden.
In Liebe,
deine Martina

Inzwischen ist es Frühling geworden. Im Garten
wuchert das Unkraut und verdrängt fast die Erd-
beerpflanzen, aber ich habe keine Lust, Martinas
Beete zu pflegen. Henry studiert jetzt in Glasgow,
besucht regelmäßig seine Oma im Pflegeheim oder
fährt sie im Rollstuhl durch den Botanischen Garten. Als er hier auszog, meinte er traurig: »Vielleicht
waren wir noch nicht reif für eine WG. Das Zusam-
menleben kann nur wie in einem demokratischen
Staat funktionieren: Man muss Verantwortung
übernehmen, teilen lernen und andere Meinungen
respektieren.«

Auch Saskia und Oliver haben ihre Zelte abge-
brochen; sie haben den Vertrag für ein halbjähr-
liches Engagement auf dem Kreuzfahrtschiff in der
Tasche und wollen anschließend nach Hamburg

ziehen. Alle sind fort, selbst Puttel ist zu einer kinderreichen Familie übergelaufen. Zurzeit lebe ich allein in meinem Bauernhaus und schmiede Pläne, wie es weitergehen soll. Mein Vater rät dazu, beide Häuser abzureißen, einen Kredit aufzunehmen und einen großen modernen Wohnblock auf dem gesamten Terrain zu errichten.

»Mit der Miete kannst du die Schulden problemlos abstottern«, meint er. »Und irgendwann machst du nur noch Gewinn und kannst sorgenfrei in die Zukunft blicken. Ein neuer Mann findet sich dann fast von selbst, dieser Schotte war sowieso nicht der Richtige.«

Soll ich mich darauf einlassen, das Studium schmeißen und ein Leben als Hausbesitzerin und Geschäftsfrau führen? Ob Vaters Idee völlig uneigennützig ist, kann ich sowieso nicht beurteilen.

Unentschlossen und traurig schaue ich zum Fenster hinaus – es hat tatsächlich noch einmal geschneit, das hoffnungsvolle Grün draußen ist wieder verschwunden. Mir fällt ein seltsames Zitat aus dem *Faust* ein, aber niemand ist hier, um es sich anzuhören oder gar zu erklären: *Erquickung hast du nicht gewonnen, wenn sie dir nicht aus eigner Seele quillt.*

Bitte beachten Sie
auch die folgenden Seiten

Die Apothekerin

Roman

Die Apothekerin Hella Moormann liegt in der Heidelberger Frauenklinik – mit Rosemarie Hirte als Bettnachbarin. Um sich die Zeit zu vertreiben, vertraut Hella der Zimmergenossin die abenteuerlichsten Geheimnisse an. Rosemarie Hirte wird zur unberechenbaren Beichtmutter.

»Ihre mordenden Ladies verbreiten beste Laune, wenn sie sich daranmachen, lästige und langweilige Störenfriede beiseite zu schaffen.«
Anne Linsel / Die Zeit, Hamburg

»Die Unverfrorenheit, mit der Ingrid Noll ihre Mörderinnen als verfolgte Unschuld hinstellt, ist grandios. Was für ein subversiver Spaß!«
Wilhelmine König / Der Standard, Wien

Kalt ist der Abendhauch

Roman

Die dreiundachtzigjährige Charlotte erwartet Besuch: Hugo, ihren Schwager, für den sie zeit ihres Lebens eine Schwäche hatte. Sollten sie doch noch einen romantischen Lebensabend miteinander verbringen können? Wird, was lange währt, endlich gut? Ingrid Nolls Heldin erzählt anrührend und tragikomisch zugleich von einer weitverzweigten Familie, die es in sich hat. Nicht zufällig ist Cora, die ihren Liebhaber einst in der Toskana unter den Terrazzofliesen verschwinden ließ, Charlottes Enkelin…

»Ein wunderbar melancholisch-bitterer Roman, aufgemischt mit einer ordentlichen Prise Ironie.«
Nina Ruge / Freundin, München

»Sehr unterhaltsam. Raffiniertes Erzählen.«
Arnd Rühle / Frankfurter Allgemeine Zeitung

Röslein rot
Roman

Rosenkrieg in der deutschen Provinz! Wieder einmal klappt Ingrid Noll eine ihrer bitterbösen Beziehungskisten auf – und beim Zuklappen liegt natürlich eine Leiche drin. Als die brave Hausfrau Annerose hinter das Dreifachleben ihres spießigen Ehemanns kommt und sich selbst auf den Kriegspfad begibt, zeigt sich, wozu bürgerliche Gattinnen fähig sind.

»Ingrid Noll hat in bester deutschsprachiger Erzählkultur die perfekte Mischung zwischen bürgerlicher Idylle und blankem Grauen gefunden.«
Duglore Pizzini/Die Presse, Wien

Selige Witwen
Roman

Gute Mädchen kommen in den Himmel, Maja und Cora im Gespann kommen überallhin: Nicht nur in der Toskana gilt es so manche Schlacht um Villen und Vermögen zu schlagen. Auch in Frankfurt am Main ist das Pflaster hart: Die Freundinnen helfen anderen Frauen im Kampf gegen einen Zuhälter und einen Anwalt mit engsten Verbindungen zum Rotlichtmilieu. Durch spektakuläre Taten macht Maja auch auf Cora wieder Eindruck...

»Ein bitterböses und zugleich skurril-komisches Kammerspiel um die Abgründe der weiblichen Psyche.« *Dagmar Kaindl/News, Wien*

Rabenbrüder
Roman

Der verträumte Paul und der jüngere, lebenslustige Achim sind Rabenbrüder, und auch in der Familie herrscht nicht ewiger Friede, als man sich zum Totenschmaus im Mainzer Elternhaus versammelt. Wie schon ein altes Sprichwort sagt: Wenn Gott mit dem Tod kommt, dann naht der Teufel mit den Erben!

»Familien sind teuflische Gemeinschaften. Besonders, wenn dabei Ingrid Noll die Hände im Spiel hat. Ingrid Noll erweist sich einmal mehr als Meisterin des schwarzen Humors: ein kriminelles Vergnügen.«
Annabelle, Zürich

Falsche Zungen
Gesammelte Geschichten

»Die Zunge ist ein Dolch aus Fleisch«, sagt ein spanisches Sprichwort. Aber was geschieht, wenn Mutter und Sohn mit falschen Zungen reden und sich gegenseitig nach Strich und Faden belügen? Von seltsamen Müttern und merkwürdigen Männern handeln Ingrid Nolls gesammelte Geschichten.

»Surrealistisch, aberwitzig, herrlich schwarzhumorig.«
Markus Thiel / Münchner Merkur

»Ingrid Noll bringt diebische Freude in den Lesealltag.« *Andreas Speen / Rheinische Post, Düsseldorf*

Ladylike
Roman

Sich im Alter ladylike in sein Schicksal bescheiden? Von wegen. Lore und ihre Freundin Anneliese wollen mit 73 noch etwas erleben. Jetzt, wo Männer und Kinder glücklich aus dem Haus geschafft sind, gründen sie eine Frauen-WG. Und sie brechen noch einmal auf, zu einer Reise durch Deutschland.

»*Ladylike* besticht durch schwarzen Humor und das bitterböse Spiel mit der männlichen Urangst vor weiblicher Selbständigkeit.« *Stern, Hamburg*

Kuckuckskind
Roman

Ein Häuschen mit Garten, eine glückliche Ehe und vor allem zwei Kinder, das war der Lebensplan von Anja, Ende dreißig und Deutsch- und Französischlehrerin. Statt am Ziel ihrer Träume ist sie im ›Rattenloch‹, wie sie die Bleibe nennt, in der sie sich nach der Scheidung verkrochen hat. Als ihre Kollegin Birgit schwanger wird, wird Anja den Verdacht nicht los, ihr eigener Exmann könne der Vater sein. Sie überredet Birgits Mann zu einem heimlichen Vaterschaftstest. Die Nebenwirkungen sind nicht unbedenklich. Und doch wird dieser Test bei weitem nicht der letzte sein…

»Ein herrlich böses Buch. Ingrid Noll verwandelt das Thema der Kinderlosigkeit in einen spannenden Krimi.« *Elmar Krekeler / Die Welt, Berlin*

Ehrenwort
Roman

Drei Generationen unter einem Dach: Student Max, die Buchhändlerin Petra, Ingenieur Harald und Willy Knobel, hochbetagt. Trautes Heim, Glück allein? Zwischen Maxiwindeln und mörderischer Eisenstange spielt diese bitterböse Kriminalkomödie. Ingrid Noll erzählt von einer Familie, die das Altern anpackt – auf unkonventionelle Art.

»Sie hat es wieder getan: leise und subtil gemordet, die Spuren elegant verwischt und die Motive fein säuberlich und wortgewandt unter den Teppich gekehrt. Mehr davon, bitte!« *Tages-Anzeiger, Zürich*

Über Bord
Roman

›Nonnenkloster‹ nennen die Leute das Haus, in dem Amalia, Ellen und Hildegard wohnen. Ein idyllisches

Zuhause – bis zu dem Tag, als es klingelt und ein Fremder vor der Tür steht, der behauptet, ein Halbbruder von Ellen zu sein. Man sticht gemeinsam in See, um sich näher kennenzulernen. Über Bord geht dabei so allerlei.

»Spannende Sommerunterhaltung vom Feinsten, und das für Frauen und Männer und nicht nur für Kreuzfahrer!« *Christel Freitag* / NDR *Kultur, Hamburg*

Hab und Gier
Roman

Der kinderlose Witwer Wolfram macht seiner ehemaligen Kollegin Karla ein Angebot: Wenn sie ihn pflegt bis zu seinem Tod, vermacht er ihr sein halbes Erbe, bringt sie ihn wunschgemäß um, sein ganzes, eine Weinheimer Villa inklusive...

»*Hab und Gier* zählt zum Schwärzesten und Komischsten, das Ingrid Noll je verfasst hat.«
Dagmar Kaindl / *News, Wien*

Der Mittagstisch
Roman

Um Kinder allein aufzuziehen, braucht man Geld. Da Nelly, Mitte dreißig, Platz hat und gut kochen kann, holt sie sich zahlende Mittagsgäste ins Haus. Ein paar Frauen, aber auch die verschiedensten Männertypen: Da ist ein Kapitän, der lange nicht zur See gefahren ist, ein braungebrannter Sportlehrer, ein Versicherungsmann und ein ebenso hübscher wie patenter Elektriker. Leider ist er in Begleitung. Doch die hat eine Erdnussallergie... In *Der Mittagstisch* wird das Familienleben bald ebenso turbulent, wie der Menüplan abwechslungsreich ist.

»Deutschlands erfolgreichste Krimi-Autorin.«
Der Spiegel, Hamburg

Halali

Roman

Natürlich sind Karin und Holda auf Männerjagd, schließlich wollen sie nicht alleine bleiben. Doch auch auf sie wird Jagd gemacht: Eine ganz besondere Sorte Romeos ist im Bonn der Nachkriegszeit im Einsatz. Halali – das Sekretärinnendasein wird zum Abenteuer, der graue Alltag ist vorbei. Wehe dem, der ins Visier gerät.

»*Halali* von Ingrid Noll ist eine amüsante Zeitreise in die fünfziger Jahre – mit mörderischen Zwischenfällen.« *Christel Freitag / NDR Kultur, Hamburg*

Goldschatz

Roman

Fünf junge Leute wollen es der Wegwerfgesellschaft zeigen: Tante Emmas altes Bauernhaus soll nicht abgerissen, sondern in eine alternative Studenten-WG verwandelt werden. Doch für die Renovierung fehlt das Geld. Da taucht in Emmas Trödel ein Säckchen mit wertvollen Goldmünzen auf. Aber der Schatz holt sie nicht etwa aus der Bredouille. Im Gegenteil, er führt sie mitten hinein und macht sie mit den unschönen Regungen des menschlichen Herzens bekannt.

»Erwachsenwerden war zu allen Zeiten schwierig. Ich denke, dass es die heutige Jugend trotz oder sogar wegen größerer Freiheiten und Wahlmöglichkeiten nicht leichter hat als meine Generation oder die meiner Kinder.« *Ingrid Noll*

Außerdem erschienen:

Die Rosemarie-Hirte-Romane

Der Hahn ist tot / Die Apothekerin
Ungekürzt gelesen von Silvia Jost
2 MP3-CD
Gesamtspieldauer 15 Stunden